대군 사랑을 얻다

2

대군

사랑을 그리다

2

왼쪽주머니

한 여인을 둘러싼 두 왕자의 핏빛 로맨스...

동생을 죽여서라도 가지고 싶었던 사랑!

그 누구도! 이 세상 아무도 다가올 수 없게 만들고 싶었던, 그 여자...

그들의 뜨거웠던 욕망과 순정의 기록

작가의 말

아버지는 단종애사를 좋아하셨다. 어린 나를 앉혀놓고 조카를 죽인 수양대군이 얼마나 나쁜 사람인지, 보위에서 쫓겨나 비참하게 죽어간 단종이 얼마나 가여운지 열변을 토하셨다. 혼자 여행을 할 수 있는 성년이 되어 내가 제일 처음으로 가본 곳이 영월의 청령포다. 한쪽은 절벽이요 나머지는 온통 물로 가로막힌 유배지. 도망칠 수 없는 곳. 단종이 앉아 있곤 했다는 나무둥치를 보며 소년이 얼마나 무서웠을지, 깊이 외로웠을지, 한없이 슬펐을지 짐작이 되었다. 나는 울었다. 그늘 짙은 청령포 숲속에서 세상에 제 편이 하나도 없는 소년의 공포를 실감하며 아버지가 단종애사를 즐겨 읽으셨던 이유를 비로소 깨달았기에. 일찍 부친을 여의고 고아나 다름없이 자라며 부당한 세상과 싸워온 아버지는 단종의 고독에 누구보다 더 절절이 공감했던 것이다. 숙종은 14세에 보위에 올랐고 성종은 13세에 보위에 올랐다. 12세에 보위에 오른 단종도 모후가 살아 있고 보호세력이 든든했다면 숙부였던 수양대군에게 그리 밀려나지는 않았을 것이다.

수양대군 이유. 그의 화려한 욕망과 반전의 일생은 이미 많은 영화와 드라마에서 다각도로 다뤄진 바 있다. 수양대군은 권좌를 차지하기 위해 조카뿐 아니라 안평대군과 금성대군 등 친동생들도 가차 없이 죽였고 김종서 이하 사육신과 생육신으로 일컬어지는 수많은 조정의 대신들을 희생시켰다. 살생부를 만들어 하룻밤 새 반대파들을 모조리 쓸어버린 살육극 계유정난은 대개 왕좌에 눈멀었던 수양대군의 권력욕으로 해석되지만 혹자는 세종이 죽고 나서 문종에서 소년왕 단종을 거치며 약화되어간 왕권을 되찾기 위한 구국의 결단으로 미화시키기도 한다.

수양대군의 라이벌로 당대 사교계와 정가의 압도적인 지지와 인기를 누리며 백성들에게도 흠모의 대상이었던 안평대군. 형과 마찬가지로 왕위를 노리다가 경쟁에서 지고 만 동생으로, 반역을 도모했다는 누명을 쓰고 사사당한 비운의 왕자 정도로 알려져 있으나 실록에는 그에 관해 눈을 의심케 하는 기록이 한 줄 남아 있으니......

> 의정부(議政府)에서 아뢰기를,
> "이용(李瑢)의 모역(謀逆)한 정상을 대소 인민이 혹 알지 못하니, 청컨대 조목(條目)을 자세히 열거하여 중외에 효유(曉諭)하소서."
> 하니, 그대로 따랐다.
> "용(瑢)이 성녕대군(誠寧大君)의 후사(後嗣)가 되어, 성녕의 부인 성씨(成氏)를 간통하였고..."

안평대군 이용을 사사하는 이유로 그가 반역 모의한 조목을 열거한 내용이다. 헌데 그 죄목 가운데 양모였던 성씨 부인과의 간통죄가 적시되어 있는 것이 아닌가!

성씨 부인은 태종 이방원의 늦둥이 막내, 성녕대군의 부인이다. 일설에는 막내의 영특함이 후일 보위에 오른 충녕대군을 능가하여 왕실의 총애를 한 몸에 받았다고 한다.

성씨는 열 살 어린 나이에 성녕대군의 부인이 되었으나 합방을 할 수 있을 만큼 자라기도 전에 과부가 되는 비운을 겪는다. 조선조 최고의 미모라는 칭송이 덧없어진 것이다. 태종은 요절한 막내아들의 제사를 위해 손자 안평대군으로 하여금 사후 양자가 되게 하니... 안평대군은 조선에서 가장 아름다운 처녀과부의 양아들이 되어 한 집에서 살아갔던 것이다. 나이 차이도 별반 나지 않는 양어머니와 아들. 안평대군은 부인이 죽어도 장례에 참석하지 않을 만큼 부부 사이가 좋지 않았다. 형 수양대군이 칼을 빼어 든 계유정난의 밤. 안평대군은 성씨 부인 앞에 악사를 데리고 찾아가 거문고를 타고 있었다 한다. 악사는 그 자리에서 베어졌고, 안평대군은 난군에게 끌려갔다. 끌려가는 안평을 따라 양화진 나루터까지 갔다는 성씨 부인... 양아들 안평대군이 사사되자 자결로 생을 마감하는데...

교동도에서 사약을 받던 당시, 안평대군은 모반의 죄목보다 간통의 죄목을 더 억울해하며 피를 토했다고 전한다. 그들에게 씌워진 오욕의 굴레는 과연 사실이었을까? 아니면 수양대군이 당시의 대세남이었던 동생을 깎아내리기 위해 인격살인을 한 것일까... 실록은 안평에게 씌워진 간통죄의 치욕만을 기록하고 이면의 진실은 말하고 있지 않다. 오늘날까지 시신을 찾을 길 없는 안평대군은 왕자의 신분에도 불구하고 묘조차 남아 있지 않으며 조선의 르네상스를 꽃피웠던 무계정사, 담담정, 비해당 등 그와 관련된 모든 유적은 그 터만 짐작게 할 뿐 자취도 없이 사라지고 없다. 그의 꿈을 기록한 시대의 명작 〈몽유도원도〉는 어느 결에 조선 땅에서 일본으로 넘어가 있으며 사가들은 역사서와 문집에서 그의 이름을, 관련된 기록들을 모조리 삭제하였다. 대체 그때에 무슨 일이 있었던 것일까.

실제로 모반을 시도했다기보다 왕위를 탐낸 수양대군에 의해 누명을 쓴 것으로 회자되는 안평대군. 수양대군은 그에게 어떤 위협을 느껴 동복의 핏줄을 사사까지 시켰을까. 김종서, 황보인 등의 고명대신들과 결탁하여 수양대군과 맞섰다 하지만 안평이 정말로 왕위를 탐냈는지에 대한 의심, 그리고 뭇사람들이 권력욕으로만 해석하는 형제의 난 뒤에 한 여자를 둘러싼 두 남자의 격정이 비극의 역사를 만들어냈을지도 모른다는 상상에서 이야기는 시작되었다. 질투에 눈멀어 아내를 죽여버리고 만 셰익스피어 비극의 오셀로처럼, 조선조 왕자들의 일생에도 한 여자를 사이에 둔 피 튀기는 암투가 왕권 경쟁으로 이어진 것이라는 해석을 시도한 것이다. 성녕대군의 미망인이자 안평대군의 양모였던 절세가인 성씨. 이 여인을 둘러싼 두 형제의 욕망과 열정이 조선조의 돌이킬 수 없는 비극을 낳았다는 설정으로 정사 중심의 전형적인 사극에서 탈피한 강렬하고 매혹적인 연애사극을 써보고 싶었다. 그러나 이미 전작에서 단종과 세조의 시대를 조명한 바 있는 연출자는 결말이 새드 엔딩으로 이미 정해진 기획에 난색을 표했다. 애초에 불멸의 연인이라는 제목으로 이승에서는 죽어가지만 사랑에서는 승리했던 비극의 카타르시스를 구현하고자 했던 나는 연출자의 이견에 고민이 깊어졌다.

수많은 논의와 고심 끝에 수양과 안평의 이름을 버리고 왕자인 두 형제의 갈등이라는 모티브만 취하기로 했다. 어려운 선택을 하고 나니 새로운 길이 열렸다. 단종을 복위시키고 세조를 벌하는 결말이 가능해진 것이다. 가지 않은 길을 밟으며 자유롭게 상상력을 펼쳐 보이는 작업은 작가에게 또 다른 지평을 열어주었다. 대본을 처음부터 다시 써나갔다. 다시 아버지를 생각했다. 어쩌면 당신에게 위로가 되는 드라마가 만들어질 수 있지 않을까...

가슴에 사랑을 품고 불가능한 현실과 싸우며 그래도 포기하지 않는 사람들의 이야기를 하고 싶었다. 생과 사를 넘나드는 고난에도 흔들리지 않았던 주인공 휘와 자현을 사랑해주고 결핍과 상처의 영혼 강을 이해해준 시청자들에게 감사한다. 눈물 나게 고맙고 벅찼다. 부족한 대본을 캐릭터에 대한 애정으로 덮어준 그분들에게 감사를 전하기 위해 이 책을 엮는다.

등장인물 소개

은성대군 이휘 (윤시윤) · 남/10–30대/조선의 왕자
사자(死者)가 되어 돌아온 사랑의 화신

내가 어떻게 죽지 않았느냐고?
언 손으로 땅을 파고! 맨발로 눈밭을 디디고!
뱀과 들쥐를 잡아 연명하며 벌레처럼 버텼어.
추적자들을 산처럼 베어가며 파저강(婆豬江)을 피로 물들였어.
왜 그랬느냐고? 어떻게 포기하지 않았냐고?
당신 때문에!
당신에게 돌아오려고!

조선 사교계 최고의 신랑감.
왕위계승 서열 3위의 고귀한 신분에 절대미모를 자랑하는 초절정 인기남.
시와 그림에 능했으며 서체는 중국 명필 조송설의 환생이라 칭송되어 중국 사신들이 앞다투어 가져갈 정도.
차남 진양대군이 왕재로 보이고자 강건한 무인으로 이미지 메이킹을 하는 것과 정반대로 휘는 자신이 왕재가 아니라는 것을 보여주고자 기를 썼다.

성자현 (진세연) · 여/10–20대/휘의 연인
모두가 사랑한 조선의 국가대표 미녀

감히 나를 의심해? 내 사랑이... 그리 우스워?
당신의 무덤을 찾아 같이 묻히는 것이 마지막 소원이었어!
차라리 날 죽여.
그렇게 못 믿겠으면, 차라리 죽여버려!

어릴 적부터 미모로 유명세를 탄 소녀.

가히 조선 제일의 미색이라 전국 팔도에서 구혼자가 줄을 이었다.

고운 자태와는 별개로 그녀의 성정은 대쪽 같은 선비였던 아버지를 빼다 박았다.

남의 일에는 정의로운 측은지심을 보이고 자신의 일에는 불같은 열정으로 일단 저지르고 보는 막가파다.

진양대군 이강 (주상욱) · 남/10-30대/휘의 형, 제2의 이방원을 꿈꾸는 도전자
야망이 넘치는 이미지 메이킹의 대가

왕은 무치요, 왕만이 세상 모든 것을 가질 수 있다 했으니...

허면, 왕이 되겠다!

그리하여 내 그대를 가지리라!

태어나 보니 왕의 아들이었다. 그러나 그는 만년 2인자였다. 장자인 형은 자동으로 세자위요, 팔방미인 천재 동생은 노력도 없이 쉽게 쉽게 뭇사람들의 사랑을 받는다. 억울했다. 장자가 아니면서도 왕위에 오른 부왕이 자랑스러워 어렸을 때 멋모르고 '비록 차남으로 태어났으나 보위에 오르신 아바마마를 닮겠다'고 했다가 요주의 인물로 낙인찍혀 경계를 샀다. 그렇게 미운털이 박힌 뒤, 일평생을 자기 존재의 증명에 바쳤다. 부왕의 사랑과 관심이 세자인 형에게 쏠리니 그가 할 수 있는 건 편애를 뛰어넘을 부단한 노력뿐.

윤나겸 (류효영) · 여/10-20대/진양대군의 부인, 자현의 동무
사랑보다 권력을 원하는 야심가

사랑 따위... 오뉴월 한 볕이지.

어차피 사라지고 말 감정놀음 같은 거 없어도 돼.

내가 원하는 건 힘이야.

권력이 있으면 사랑이 없어도 살아져.

힘이 없으면 사랑이 있어도 죽는 거야. 버러지처럼.

명문거족이나 벼슬은 한미했던 파평 윤씨 윤번의 둘째 딸이다. 3남 7녀의 대가족 속에서 차녀로 태어나 주목받지 못한 설움이 있다. 늘 부모의 관심과 애정에 목말랐던 터라 2인자인 진양대군의 허기를 누구보다 잘 이해한다. 명문가 여식들인 자현, 설화와 교제하며 스스로 수준을 높이기 위해 애쓴다.

루시개 (손지현)·여/10대 후반-20대 초반/여진족 혼혈아
은성대군 휘의 호위무사

오랑캐 계집이라고? 내가? 나, 계집 아냐. 휘의 개야.
휘 옆을 한시도 떠나지 않고 그가 주는 먹이를 받아먹고
낯선 이가 다가오면 막아서고 덤비는 놈 있으면 찢어 죽이는,
휘밖에 모르는 미친개.

압록강의 지류인 파저강 유역에 사는 여진족 소녀. 어미는 정벌 나갔다 잡혀 온 조선 여인이었고 아비는 누군지 알 수 없으나 추장 이만주일 거라는 설이 지배적이다. 몸을 풀자마자 자결해버린 어미 덕에 천덕꾸러기로 자랐다. 살아남기 위해 인간이기보다는 짐승에 가까운 본능으로 간신히 생존에 성공했다.

초요경 (추수연)·여/10-20대/기녀, 진양대군의 세작, 궁중 악무 전수자
조선판 살로메요, 희대의 팜므파탈

군께서 무에 그리 잘나셨소?
삼신할미의 점지로 왕가에 태어난 행운이 그리도 빼길 일이오?
나도 부모만 잘 골라 태어났으면 공주 옹주 소리 듣고 살았겠지!
두고 보시오.
바닥의 천기가 하늘 같은 왕자님 끌어내리는 꼴을!

태어나 보니 기루여서 고민할 것도 없이 동기 수업을 받고 기녀가 되었다. 빼어난 미모와 따라올 자 없는 춤솜씨로 한양 교방 최고의 기대주다. 미모와 필명이

대국에까지 이르는 조선 제일남 은성대군에게 허신하여 머리를 올리고자 하였으나 보기 좋게 거절당하고 자존심을 다친다.

박기 특(재호) · 남/10-20대/내관 출신 휘의 시종
아무도 모르는 저 혼자 호위무사, 자칭 행랑의 왕자

휘가 궁에서 자랄 때 그의 상직소환이었다. 가난하고 식솔 많았던 본가에서 있어도 그만 없어도 그만인 막내아들을 입궁시켜 입 하나 덜고 녹봉에 기대보자는 계산으로 대군전에 배속되었다. 어린 시절 진양대군이 생각시를 밀어버리는 장면을 목격한 증인이라 해를 입을 뻔하지만 휘의 덕에 가까스로 화를 면한다.

김 관(최성재) · 남/20대 후반/무인
왕자 대신 목숨을 버린 충신

고려조부터 이어져온 전통의 무인 집안으로 태조 이성계를 도와 새 나라 창업에 공을 세웠다. 선왕의 명을 받은 부친 대에 4군 6진을 개척하며 조선의 북쪽 국경을 확립하였고 이후에도 수없이 도발을 계속하는 여진족 진압은 대대로 김씨 집안의 사명이었다. 고된 행군길에 시종을 제 몸같이 아끼며 병사들 하나하나 보살피는 은성대군의 모습에 감화되어 결정적인 순간, 왕자를 노리는 적군들의 손에 자신을 제물로 바친다.

김 추(윤승원) · 남/50대/좌의정, 김관의 부친
도성의 병권을 쥔 반정의 키

개국공신이었던 아버지의 무인 기질을 물려받아 기개가 호방하고 성격이 강직해 5척 단신의 문인이었어도 '대호(大虎)'라 불린다. 북진 개척의 사명을 받고 공을 세우니 세자가 즉위한 후에도 계속 신임이 이어져 좌의정에 오른다.

도정국(장인섭) · 남/20-30대/도호부사
아버지의 복수를 꿈꾸는 반정의 주역

이조판서 도연수의 아들로 정도를 중시하고 매사에 사리분별이 정확한 성격이다. 변란의 날에 대한 오해 때문에 교동도로 유배 온 은성대군을 해하려 한다.

양안대군 이제(손병호) · 남/50대/선왕의 폐세자, 대군들의 백부
진양대군의 강력한 왕실 후원자

어린 시절 외가에서 자유분방하게 자라 무예에 능하였으며 시문에도 재질이 있는 명필이어서 경회루와 숭례문의 현판을 직접 썼다. 그러나 어머니를 홀대하는 아버지에게 불만을 품고 궁중 생활에 적응하지 못하여 갖가지 스캔들을 일으킨다. 참을 수 없었던 부왕은 아들을 폐세자로 만든다.

자준(박주형) · 남/30대/나겸의 오라비
진양의 왼팔

잘생긴 얼굴에 훤칠한 키로 한양 기녀들의 사랑을 한 몸에 받는 기둥서방이지만 본색은 진양대군의 사병을 관리하는 정치깡패. 기억력이 뛰어나고 영리하며 몸이 민첩하다. 한미한 집안에서 태어나 한 번도 세상의 인정을 받지 못했다. 불안한 출생과 성장 환경은 권력과 부에 대한 강한 집착을 낳았다.

어을운(김범진) · 남/30대/진양대군의 가노, 내금위장
진양의 오른팔

어린 시절부터 진양을 모신 충복. "대군은 대로만 걸으시오. 오물은 내가 다 치

우리다!" 궂은일을 도맡아 처리하며 스스로 전방위 해결사를 자처한다. 옥살이도 마다하지 않고 여차하면 목숨까지 내놓을 각오다. 입을 여는 일이 거의 없는 포커페이스 조선 몸짱.

성 억 (이기영) · 남/40-60대/자현의 부친, 조선 초기의 문신
자식보다 가문을 택한 사대부

대대로 문인 집안에서 태어나 자부심이 강하고 사대부의 명예를 중요시 여긴다. 그러면서도 부인을 남달리 은애하고 부부금슬이 좋아 어린 자현의 애정관에 영향을 끼친 인물. 사대부로서 가야 할 길은 무엇이며 진정 딸을 위한 선택은 무엇인지 한 치 앞도 내다볼 수 없는 정국 속에서 끊임없이 고뇌하며 결단을 내린다.

죽산 안씨 (김미경) · 여/30-50대/자현의 모친, 성억의 아내
가문보다 자식이 앞서는 열혈 모정

그 시대 드물게 연애결혼을 한 이력의 소유자로 격구 선수로 날리던 빛나는 과거가 있다. 딸에게 부덕을 강조하기보다는 스스로 행복한 길을 가라고 가르쳤다. 남편은 가문의 명예가 먼저지만 자신은 새끼들의 어미로 남기로 한다. 임금이구 뭐구 간에 난 모른다! 가문이구 나발이구 다 소용없다! 내 자식의 목숨은 내가 지킨다는 어미 본능이 연인의 말로에 그나마 숨통이 되어주는데.

성 득식 (한재석) · 남/10-30대/자현의 오빠, 성씨 가문의 장남
보신이 최우선인 이기주의자

다복하고 화목한 집안이었으나 딸로 태어나 뛰어난 문재를 보인 여동생에게 열등감을 갖고 자란다. 대담하게 은성대군과 연애를 하는 여동생의 미친 짓에 경악하지만 한편으로는 자기 감정에 충실한 도발의 용기조차 부러운 구석이 있다.

끝단(문지인) · 여/10−20대/자현의 몸종
때로는 충심보다 식탐이 앞서는 내숭파

금슬은 좋지만 아들 낳는 재주는 없는 부모 덕에 위로 언니들만 줄줄이다. 또 계집아이를 낳고 실망한 어미가 딸은 이제 그만 끝내고 제발 아들을 점지해주시라는 염을 담아 이름을 끝단이라 지었단다. 제 땅 없이 소작만 붙이는 살림은 늘 배가 고팠다. 보릿고개마다 풀떼죽으로 연명하던 부모는 결국 여섯 살 난 끝단이를 양반가에 종으로 보내기로 결정했다. 하녀가 되면, 적어도 굶지는 않을 테니까. 끝단이는 그렇게 자현의 집으로 간다. 밤마다 돌아누워 울 때... 외로움과 고단함에 눈물 흘릴 때... 자현은 끝단의 등을 가만히 안아주었다. 피붙이 하나 없는 커다란 그 집에서, 자현은 끝단의 우주가 된다.
그러나 마음에서 우러난 충심도 본능적인 식탐은 이길 수가 없는데...

대비 심씨(양미경) · 여/30−50대/왕자들의 모후
후덕함으로 포장된 정치 9단의 고수

조용하고 덕이 있다는 칭송을 받았으나 이면에는 살아남기 위해 비인간적일 정도로 스스로를 죽이고 궁 내 각 처소에 정보원을 심어 치열한 내전 정치를 해나간 전략가의 면모가 숨겨져 있다. 나서지 않되 은밀한 정보력을 갖추고 내전을 평정해나간다. 주상을 비롯하여 진양대군 강, 은성대군 휘 등이 그녀의 소생이다. 주상 아래의 두 아들 진양과 은성이 지나치게 뛰어난 것이 늘 걱정인, 근심 많은 어미다.

왕 이헌(송재희) · 남/10−30대/왕의 장남
어린 아들을 남기고 간 한 많은 아버지

세자 책봉이 된 뒤 20년이 넘도록 부왕을 보필하였다. 빈궁이 세자를 낳다 죽자 더 이상 비를 맞지 않는다. 부왕을 닮아 자랄수록 영민함을 나타내는 세자가 기특하면서도 걱정이 앞서는데. 지나치게 뛰어난 동생들을 잘 다독여가며 조선을 바로 세우려 했으나 국상을 연달아 치르느라 몸이 약해져 재위 2년 4개월 만인 38세에 세상을 떠나고 만다. 숨을 거두기 직전, 사지에서 돌아온 동생 휘에게 어린 세자를 부탁했지만 비극은 막을 수 없다.

세자 이명 · 남/10대/이헌의 아들
비운의 소년왕

조선의 왕으로 등극한 이헌은 부왕이 예상한 것처럼 오래 살지 못했다. 헌은 아들이 나이 어린 것을 염려하여 성억과 김추에게 좌우협찬(左右協贊)을 부탁하고 동생 휘에게 고명을 내리니 즉위한 지 2년 4개월 만이었다. 정치적 야심이 큰 진양대군은 계략으로 은성대군을 유배 보낸 후, 어린 조카인 소년왕 이명마저 유배를 보낸다.

중전 김씨 (오승아) · 여/30-40대/소년왕의 어머니
국모보다는 어머니로 살기 원하는 여인

심약한 주상의 용종들마다 소리 없이 죽어 나가는 궁에서 생명의 위협을 느낀다. 배 속에 잉태한 주상의 용종을 지켜내기 위해 피접 나간 사가에서 만삭의 몸까지 버텨내어 훗날의 소년왕 이명을 출산한다. 한 나라의 국모보다는 한 아들의 어미로 살아가기를 원하는 애끓는 모정의 소유자.

정 설화 (윤서) · 여/10-20대/자현과 나겸의 동무
우정도 저버리는 질투의 화신

탐미주의자이며 콜렉터인 설화는 자현을 좋아하지도 않으면서 어여쁜 그녀가 자신의 동무로 그림이 나온다는 이유로 친교를 맺었고 스치듯 처음 본 왕자 휘를 보고 한눈에 반해 일찌감치 혼인을 결심한다. 헌데 왕자의 마음은 이미 다른 여자에게 가 있었다. 단짝인 자현과 이미 애틋한 사이임에도 포기가 되지 않는 욕망과 집념의 화신.

부들이 (김보배) · 여 / 10 – 30대 / 나겸의 몸종
행랑계 처세의 달인

조부 때부터 대대로 윤번 대감의 집에서 종살이를 해왔기에 이 집에서 나고 자랐다. 비루한 행랑살이 처지에 더 센 쪽에 붙어야 살아남는다는 생존본능으로 고른 동아줄이 바로 나겸 아씨. 똑똑한 아씨의 생각과 꿍꿍이를 전부 파악하기란 어렵지만 시키는 대로만 하면 언젠가 좋은 날이 올 것이다 굳게 믿는다.

방준 (백승훈) · 남 / 30대 초반 / 북방 조선인 포로
포로 3인방의 맏형

고려 왕실 왕씨 방계 일족으로 성을 바꾼 채 몰락한 가문을 일으켜 세우기 위해 군부에 투신했다. 왕씨를 몰락시킨 조선 왕실 일가인 휘를 탐탁지 않게 생각했으나 조선 유민을 위하는 휘의 헌신에 감명을 받고 휘를 마음속 깊이 따르게 됐다. 힘들게 자라 성정이 까칠하고 잔소리가 많다. 휘 덕분에 북방에서 탈출해 조선으로 돌아왔으나 연고도 없고 가문도 몰락해 마땅히 정착할 곳도 없던 차에 휘의 반역과 유배 소식을 듣고 강화도로 휘를 찾아온다.
북방 3인조의 대장 격. 덕만과 호치에게 항상 잔소리를 하지만 함께 사지를 헤쳐 나왔다는 깊은 동료애가 있다. 나이 많은 큰형으로 둘을 챙겨야 한다는 책임감이 크다.

강덕만(김한준) · 남/20대 후반/북방 조선인 포로
조선판 맥가이버

군기시 소속으로 조선 최고의 화약 장인이다. 군기시에서 촉망받는 기술자였으
나 천성이 가볍고 음주가무를 즐겨 군기시에서 몰래 염초를 빼돌렸다가 적발되
어 북방으로 좌천되었다가 여진족의 포로가 되었다. 귀국하여 집으로 돌아갔으
나 염초 사건으로 인해 받아들여지지 않고 군적도 말소되어 갈 곳 없이 떠돌다
휘의 소식을 듣고 강화도로 찾아온다.

호치(종호) · 남/20대 중반/북방 조선인 포로
포로 3인방의 막내

산속 화전민 마을에서 태어났다. 호랑이처럼 용맹하다 하여 호치라 불리운 게
이름이 되어버렸다. 덩치 크고 힘 좋은 순둥이. 글도 모르고 무식하지만 힘 하나
만은 진퉁이다. 방준과 강덕만을 친형처럼 믿고 따르며 검은색을 보고 희다 해
도 믿는다. 특히 방준의 말이라면 죽음도 불사하는 우직함을 보인다.
휘와 방준, 덕만의 말은 따르지만 이상하게도 기특의 말은 콧등으로도 안 듣는다.

재운(김재운) · 남/20대 후반/진양의 행동대장, 어을운의 수하

용어정리

#S	S는 장면(Scene), #은 Number를 의미하며 같은 장소, 같은 시간 내에서 이루어지는 일련의 행동이나 대사가 한 씬을 구성한다.
CUT TO	장면 전환 용어로 한 장면에서 다른 장면으로 넘어가는 것
(D)	Day의 약자로 낮씬을 뜻함
(N)	Night의 약자로 밤씬을 뜻함
(OL)	오버랩(Over lap)의 줄임말로 앞 장면에 겹쳐서 다음 장면이 나오는 기법으로 대사에서 호흡을 주지 않고 앞사람의 말을 끊고 말을 할 때 쓰임
몽타주	따로따로 촬영한 장면을 적절하게 떼어 붙여서 하나의 긴밀하고도 새로운 장면이나 내용으로 만드는 일 또는 그렇게 만든 화면
인서트	Insert. '끼워 넣다'는 뜻으로 어떤 동작이나 상황을 강조하기 위해 삽입한 화면이다. 보통은 클로즈업되는 소도구나 움직임이 없는 장면을 클로즈업하여 줄거리의 진행 도중에 끼워 넣는다.

대군

2권 차례

일러두기

1. 대본의 편집과 표기는 표준적인 맞춤법, 올바른 문장부호 사용법과 다를 수 있습니다. 배우들의 연기를 위해 구어체를 살리고 호흡의 장단을 판단할 수 있게 쓰여진 바를 그대로 따랐습니다.

2. 대본의 내용과 실제 방송된 내용이 조금 다를 수 있습니다. 현장상황과 제작여건의 차이에 의한 것이므로 양해 바랍니다.

대군 사랑을 그리다

11부

S#1. 자현의 집 마당 (D) - 10부에서 연결

자객들이 빠져나간 잔칫집. 성억과 안씨가 자현에게 달려오고.

안씨   (혼비백산한) 자현아!
성억   몸은 괜찮은 것이냐? 다친 데는 없고?
자현   (정신이 없다) 아버지는요? 어머니는 괜찮으세요?

강, 쓰러진 자객에게 다가간다. 어을운에게 칼 건네받고 바닥의 자객에게 겨누는!

강   누구냐! 누구의 사주를 받고 온 것이냐!
자객   ... (고통의 신음만)
강   (자객의 상처를 발로 누르고) 누가 시킨 일이냐고!
자객   으악!
강   (누르고 있으면)
자객   난 모른다.
강   (짓이기는데)
자객   (비명을 지르고)

칼끝을 자객의 목에 겨누는 강. 칼끝이 자객의 목을 파고든다.

자객   ......
강   (칼 더 깊숙이 들어가고)
자객   은... 은성.
자현   ! (돌아보는)
자객   은성대군의 사주다.
강   뭘 하려던 것이냐!
자객   좌의정 김추와 원상들을 죽이면 은성대군이 보위에 오를 수 있다고...
자현   !!

원하는 대답을 들었다. 칼을 거두는 강! 파랗게 질리는 성억과 안씨.

| 강 | (어을운에게) 문을 걸어라! 이 집에서 아무도 못 나가게! |

성억 가족들, 자현... 불길한 예감에 굳어버리고.

S#2. 길 (D)

휘와 기특이 말을 달리고 있다.

S#3. 자현의 집 대문가 (D)

대문이 닫힌다.

S#4. 동/마당 (D)

널브러진 시체들, 겁에 질린 식구들. 강, 굳어 있는 자현에게 다가간다. 피에 절은 몸으로 다가오는 강, 죽음의 사자처럼 보인다. 자현, 굳어 있는데...

강	들으셨소?
자현	......
강	낭자의 신랑이... 내 동생이! 역모를 일으켰다는데.
자현	그럴 리 없습니다! 저놈들이 모략을 하는 것입니다!

강, 성억에게 칼을 겨눈다.

안씨	(놀라서) 대감!
강	대감은 알고 있었던 게 아니오?
성억	......
자현	무슨 짓을 하시는 겁니까!
강	(칼을 다시 자현에게 겨누며) 놈들은 날 죽이려 했소! 낭자도! 한 패였던 게 아니냐, 이 말이오!
자현	(기가 차서) 시집가는 날입니다! 신부가 되는 날이었어요! 생에 가장 행복한 날을! 스스로 피로 물들이는 어리석은 여인도 있답니까!
강	(칼을 거두는)

자현	괴한들의 모략에 속지 마십시오! 동생이 그럴 사람이 아니라는 거! 누구보다 대감이 잘 알고 계시지 않습니까!
강	... 3년 만에 돌아온 내 아우는... 다른 사람이 되어 있었소.
자현	맞습니다.
강	(보면)
자현	다른 사람이 되어 돌아왔어요. 더 뜨거운 충정을 가진! 충신이 되셨단 말입니다!
강	(자현과 더 말 섞어봤자다/거두고/수하들에게) 아씨를 뫼시어라!

수하들, 자현을 붙잡아 가고.

| 자현 | 놔라 이놈들! 누구한테 손을 대느냐! |

성억과 안씨, 사색이 돼서 강 앞으로 나서는.

안씨	즈이 딸은 왜 데려가시는 겁니까!
성억	(한 팔로 제어하는/막는데)
강	저 난군의 말이 사실이라면! 신부는 역도의 신부가 되고 이 집안은 역도의 처가가 되는 것입니다.
성억	!
강	사태가 정리될 때까지 두 분과 가족들은 제 사람들이 지켜드릴 것입니다. 따님도... 즈이가 보호하지요.
안씨	우리 딸이 무슨 죄를 졌다구요!
성억	궁으로 가십시다! 정변이 일어난 거라면! 가서 전하부터 지켜드려야 합니다!
강	아직도 무슨 일인지 모르시겠습니까?
성억	(보는데)
강	은성이 역도라면! 이 집안도 끝장이라구요!

굳어버리는 성억! 안씨! 득식!

S#5. 자현의 집/대문 (D)

근처에 도착한 루시개. 강의 수하들에게 끌려 나오는 자현! 끝단이 울며불며 따라 나온다. 몸을 숨기는 루시개.

끝단   아씨! 아씨!
자현   내 걱정은 하지 마! 어머니를! 아버지를 지켜드려!

쫓아가는 끝단! 억지로 가마에 구겨 넣어지는 자현!

끝단   (가마 따라가며) 아씨! 아씨!
자현   끝단아!

수하들이 쫓아오는 끝단을 후려친다! 바닥으로 구르는 끝단! 아씨! 목 놓아 부르고! 자현을 태운 가마가 다급히 멀어져간다.

몸을 드러내는 루시개. 자현의 가마를 따라가 보는데...

S#6. 마당 (D)

강, 성억에게 다가간다.

강   대감이 살 수 있는 길이 있습니다.
성억   !
강   은성이 역도라면, 반대편에 서십시오.
성억   ......
강   고변자가 되어 죄인의 올가미를 벗는 겁니다.
성억   그게 무슨 소립니까!
강   대감의 뜻에 따라 따님은 역적의 아내로 죽어갈 수도, 충신의 자식으로 떳떳이 살아갈 수도 있다, 이 말입니다.
성억   !

물러나는 강. 그런 강을 굳어서 보는 성억!

| 강 | (어을운에게 난군을 가리키며) 저놈을 의금부에 넘겨라! 우리는 궁으로 간다! |

행동대장 재운, 자객을 잡아 일으키고! 어을운, 강을 모시고 나간다. 남은 수하들, 성억 가족을 포위하듯 막아서고.

| 안씨 | 대감... 이게... 이게 다 무슨 일입니까... 우리 자현이는, 어찌 되는 것입니까! |

득식도 걱정스럽게 보면, 가문 전체로 닥쳐온 위기감에 서늘해지는 성억.

S#7. 건춘문 앞 (D)

말에서 내리며 바람처럼 달려 들어가는 휘. 기특이 따라 내리며 신부(信符)를 내보인다.

| 기특 | 병조판서 은성대군이시다! 문을 열어라! |

창을 거두는 호군들.

| 휘 | 난군이 일어났다! |

호군들 놀라고!

| 휘 | 좌상 김추와 이판 도연수 대감 같은 대신들이 도륙당했으니! 궁문을 닫고 아무도 들이지 말라! |
| 호군 | 예! 대군! |

휘와 기특, 달려 들어가고. 호군들, 문을 닫아건다. 착착착 달려오는 병사들! 경계가 삼엄해진다!

S#8. 자현의 집 앞 (D)

수하들이 말을 끌고 온다. 말에 오르기 전, 강의 상처를 지혈하는 어을운.

어을운   생각보다 상처가 깊습니다.
강   바라는 바다.
어을운   (마무리하면)

말에 오르는 강. 박차를 가하고! 어을운도 따라간다. 수하들 중 일부는 뒤를 따르고, 남은 수하들은 대문가를 지킨다.

S#9. 궁 일각 (D)

미친 듯이 달려가는 휘. 대전 쪽에서 연기가 나고 있다.

기특   마마! 대전에 불이 난 거 같습니다!

경악하는 휘! 속도를 더하고!

S#10. 강녕전 복도 (D)

복도로 스며든 연기. 휘와 기특이 달려 들어온다! 앞을 지키고 있는 상선과 내관들!

휘   전하는 어디 계시느냐!
상선   홍상궁이 안에서 모시고 있습니다.
휘   대전에 연기가 가득한데! 전하를 피신시키지 않고 뭐하는 것이오!
상선   진원지를 파악 중이었습니다. 지밀이 섣불리 움직이지 말자며…

열 받은 휘! 문을 열어젖히고 안으로 들어간다!

상선   (놀라서) 대군!

S#11. 동 안 (D)

대전지밀 홍상궁이 소년왕을 토닥이며 재우고 있다. 들이닥치는 휘!

홍상궁	(놀라서) 무슨 짓입니까! 여기가 어디라고 함부로.
휘	(소년왕 빼앗는)
홍상궁	(안 뺏기려 하며) 이러시면 안 됩니다!

부스스 잠에서 깨어나는 소년왕.

휘	(홍상궁 위협하는) 내 일찍이 널 쳐냈어야 했는데!
홍상궁	! (멎고)
휘	연기가 번져오는데 천하태평 전하를 재우고만 있다니... 네가 아무리 형님의 간자기로 전하의 안위를 위태롭게 하느냐!
홍상궁	(굳는데)
소년왕	(잠에서 깨어) 숙부님...
휘	신이 모시겠습니다.
홍상궁	!

휘, 소년왕을 안아 들고 밖으로 나간다. 쫓아가는 홍상궁.

S#12. 동 앞/복도 (D)

소년왕을 데리고 나오는 휘.

휘	창덕궁으로 가자! 가서 어마마마와 대비께도 변고를 알리고!

내관들, 먼저 뛰어가고.

상선과 홍상궁 이하 내관과 나인들, 휘와 소년왕을 따른다.

S#13. 강녕전 앞 (D)

휘가 소년왕을 업고 서둘러 가는데... 내금위가 앞뒤에서 호위하고. 일각에서 지켜보고 있던 자준, 병사들을 데리고 따라간다.

S#14. 길/가마 안 (D)

혼례복 입은 채 가마에 태워진 자현. 마구 흔들리며 어디론가 가고 있다.

S#15. 의금부 앞 (D)

재운, 금부도사에게 부상당한 자객을 넘긴다.

재운	난군이오.
금부도사	! (놀라는)
재운	자백을 받아야 하니 숨을 붙여두시오!
금부도사	끌고 가라!

끌려 들어가는 자객.

S#16. 건춘문 (D)

궁 앞에 당도한 강. 말에서 내려 다가가는데. 막는 호군들. 긴장하는 어을운과 수하들.

호군	지금은 못 들어가십니다. 은성대군께서 궁 안에 아무도 들이지 말라 하셨습니다.
강	그 명이 바로 난군에게서 나온 것이다!
호군	!
강	문을 열어라! 은성대군이 정변을 일으켜 좌의정 김추와 여러 대신들을 죽였다!
호군	(경악하고)
강	어서 대비전에 고하고! 궁문을 열란 말이다! 전하가 위험하다!

안으로 달려 들어가는 호군! 강, 태연히 기다리고!

S#17. 궁 일각 (D)

소년왕을 업고 뛰는 휘! 따르는 대전 사람들! 앞뒤로 호위하는 내금위!

S#18. 대왕대비전 (D)

양안대군이 대왕대비전에 들어 있다. 혼례식의 파탄을 알린 양안대군.

대왕대비 심씨 (놀라서) 사람이 죽다니요! 은성의 혼례식에서 사단이 났단 말입니까!

양안대군 은성의 함꾼들이 대신들을 모조리 죽이고 진양마저 검상을 입혔다 합니다.

대왕대비 심씨 ! 진양이 다쳤다구요?

양안대군 지금 건춘문 밖에서 입궁을 허락해달라 청하고 있습니다. 은성이 주상을 빼돌리고 궁문을 닫았어요!

대왕대비 심씨 ! 주상을 지키려 했겠지요! 지금 은성을 의심하는 것입니까?

양안대군 현장에서 난군 하나가 잡혔습니다. 문초해보면 진상이 드러날 것입니다.

대왕대비 심씨 ...... (심각하고)

양안대군 사태를 정리할 사람은 진양밖에 없습니다! 다친 몸을 이끌고 궁으로 달려온 충정을 살펴주십시오!

대왕대비 심씨 (벌떡 일어나는) 내가 주상에게 가겠습니다! 진양과 은성도 모두 봐야겠어요!

서둘러 나가는 대왕대비. 따르는 양안대군!

S#19. 궁 일각 (D)

긴박하게 소년왕을 호위해 가는 휘와 내금위. 그 앞을 자준과 일단의 병사들이 막아선다!

자준	멈추시오!
휘	비키시오!
자준	난군을 일으켜 대신들을 살해한 은성대군을 추포하라!

당황하는 내금위들!

휘	지금 무슨 헛소리를 하는 게요!
자준	(칼을 뽑는) 전하를 내놓으시오.

같이 칼 뽑는 내금위들! 일촉즉발의 긴장감이 흐르고!

휘	난군들이 경복궁을 노릴지도 모르는데 대전에는 연기가 자욱합니다! 전하를 피신시키는 게 먼접니다!
자준	역모의 정황이 있어 쇄문하라는 명입니다. 그 누구도! 궁을 빠져나갈 수 없습니다!
휘	! 문을 닫으라는 명은 내가 내린 것이오!
자준	(노려보는데)

S#20. 궁 일각 (D)

강이 어을운과 수하들을 이끌고 오고 있다.

S#21. 궁 일각 (D)

대왕대비와 양안대군이 오고 있다. 따르는 장상궁과 나인들!

S#22. 다시 일각 (D)

휘와 소년왕 일행, 자준과 병사들이 팽팽하게 대치하는 가운데 대왕대비와 양안이 등장하고. 반대쪽에서 강이 당도한다.

휘	어마마마! (업혀 있는 소년왕을 내려놓는데/휘의 다리에 매달리는 소년왕)
대왕대비 심씨	대체 무슨 일이냐!

강	물러나거라! 전하에게서 손 떼!
휘	형님!
강	은성을 추포해야 합니다! 현장에서 잡힌 난군이 은성의 명이라 자백했습니다!
휘	아닙니다, 어마마마! 누명입니다!
대왕대비 심씨	은성이 그럴 리 없다!
강	(기가 차고) 눈앞에서 좌상이 죽었습니다! 이판의 목이 날아갔어요! 제 팔이 안 보이십니까! 저 역시 그 현장에서 목숨을 잃을 뻔했습니다!
휘	(강에게 악쓰는) 대체 무슨 짓을 꾸미고 있는 거야!
양안대군	(심씨를 설득하는) 심문을 해보고 아니면 그만입니다. 지금은 난군의 자백이 있다 하니... 일단 잡아들이는 모양새를 취하고 나중에 정리하시지요.
대왕대비 심씨	...... (망설이는데)
강	아무리 어마마마라도! 역도를 감싸시면 봐드릴 수 없습니다!
대왕대비 심씨	!

휘에게 다가가는 강. 휘, 팽팽한 긴장으로 보면.

강	전하가 떨고 있는 것이 보이지 않느냐...

휘에게 매달려 떨고 있는 소년왕! 강이 뿜어내는 살기에 더욱더 휘에게 파고드는데!

강	전하 앞에서... 어마마마 보시는 데서... 병사들하구 칼부림이라도 하고 싶은 것이냐?
휘	(의심스럽고) 모든 게... 형님의 계획이었습니까? 제가 장가가는 날! 신부 앞에서 피를 보는 것이!
강	칼을 맞은 것은 나다. 내가 묻고 싶구나. 행복한 신랑이 되어야 할 날에... 이 사단을 꾸민 저의를.
휘	제가 아닙니다!
강	금부에 가서 밝히거라! 전하를! 넘겨.
휘	(노려보는데)

대왕대비 심씨, 다가와 손자를 넘겨받는다. 휘, 소년왕 내어주고.

대왕대비 심씨 (휘에게) 걱정하지 말고 가서 취초[1]를 받거라. 나는 너를 믿는다.
휘　　　　　……
강　　　　　!

뒤에 선 양안대군, 병사들에게 명을 내린다.

양안대군　　　뭣들 하느냐! 은성대군을 데려가지 않고!

자준과 병사들, 휘에게 달려들어 끌고 간다. 심란하게 보는 대왕대비 심씨, 차가운 눈빛의 강에서.

S#23. 대군저 앞 (D)

가마가 서 있다. 안에서 끌어내려지는 자현! 대문 열리고, 자현을 안으로 끌고 가는 강의 수하들.

일각에서 모습을 드러내는 루시개. 강의 집임을 확인하고 사라지는.

S#24. 대군저/창고 (D)

자현, 혼례복 입은 그대로 갇혀 있다. 불안한데… 문이 열리고 나겸이 들어온다. 부들이 손에 평상복 한 벌을 가져온 나겸, 옷을 받아 자현 앞에 툭 던진다.

자현　　　　…… (모멸감에/뭐하자는 짓인지 싶어 보면)
나겸　　　　갈아입어. 그 차림으로는… 네가 더 속상할 것 같아서.
자현　　　　… (무서운 예감에) 이거였니?
나겸　　　　(보면)
자현　　　　기어이 날 시집보내고자 했던 이유가… 이거였어?

---

1) 죄지은 사람을 문초하여 범죄 사실을 말하게 하는 것

나겸	네 눈으로 똑똑히 보고 왔을 텐데? 역모를 저지른 건, 우리가 아니라 은성대군! 바로 네 신랑이었어!
자현	대군은 그럴 분이 아냐!
나겸	(비웃는데)
자현	나라를 생각하는 마음! 전하에 대한 충심에 자기 목숨을 내놓는 한이 있어도! 다른 사람한테 해를 가할 분이 아니야!
나겸	(OL으로 쏘아붙이는) 자기 형을 제치고 세제가 되고자 참전을 자원하고!
자현	!
나겸	돌아와서 고명을 가로채고는 병판 자리를 차지한 사람 아니니?
자현	전하를 지키기 위해서였어!
나겸	명분은 좋네.
자현	(원통한) 오늘은!
나겸	(보면)
자현	우리가 혼인하는 날이었어! 세상에 그 어떤 신랑이 자기 혼례에서 그런 사단을 내! 말이 되는 소리를 해!
나겸	왕이 되면 열이든 아홉이든 계집들이 줄을 설 텐데, 그깟 혼인이 대수니?
자현	!
나겸	(다가와 자현의 뺨을 쓰다듬으며) 가여운 것...
자현	(소름이 쪽!)
나겸	내 말대루... 원령군한테 시집가지 그랬어... 그랬음 오늘 같은 꼴은 안 봤지...
자현	대군은! 함정에 빠진 거야.
나겸	... 그럴 수도 있다 치자. 헌데... 그거 아니?
자현	(보면)
나겸	함정에는... 너도 같이 빠진 거야...
자현	......
나겸	불편하겠지만, 잠시만 참아. 대군이 무고하다면 너 역시 풀려날 것이고... 아니라면 옥으로 옮겨 가야겠지?
자현	!
나겸	혼례복이 참으로 예쁘구나... 아깝겠다...
자현	... (폭발할 거 같은데)

돌아서 나가는 나겸. 자현의 눈앞에서 문이 닫힌다. 잠기는 문소리.

S#25. 동 앞 (D)

부들이가 문 잠그는 모습을 지켜보고 선 나겸. 얼굴에 사악한 미소가 피어오른다. 드디어 다가온 대업에 가슴이 벅차오르는.

S#26. 휘의 처소 앞 (D)

휘가 끌려 들어간다. 따라가는 강.

S#27. 동 안 (D)

억지로 들여보내지는 휘. 나가는 병사들. 강, 그 앞에 선다.

휘	날 어쩌려는 겁니까!
강	정국이 끝날 때까지 처소에 연금될 것이다.
휘	...... (경고하는) 대제학 댁! 신부는 손대지 마십시오!
강	네 신부는... 내가 잘 지키마.
휘	!
강	누명이라 했느냐...
휘	(노려보는데)
강	억울한 것이냐... 그래서 심장이라도 터질 것 같으냐?
휘	......
강	평생을 의심받으며 살아온 나는 어떨 거 같으냐?
휘	!
강	어릴 땐 그저... 다른 왕자들처럼 궁 안에서 살고 싶었다. 아바마마와 어마마마 곁에 있고 싶었지.
휘	......
강	얼굴도 모르는 동생인 니가... 얼마나 부러웠는지... 아느냐...
휘	그래서 역심을 품었다는 것입니까! 그게 핑계가 될 줄 아십니까!
강	어마마마가! 늬들이! 왕실이! 세상이! 나를 의심하고 부추기고!
휘	그래서, 그 의심대로 해주겠다 결심한 것입니까? 대체 무슨 헛소

	리야!
강	... 내놓아라.
휘	!
강	나를 향한 더러운 의심의 증좌!
휘	......
강	네가 쥐었다는 그 비밀문서! 야합의 증거라고 이 형을 몰아세우던 거 말이다!
휘	... (두려운 거구나) 이제라도 포기하십시오! 이미 전하는 보위에 오르셨고! 왕실은! 조정은! 백성들은! 명분 없는 정변을 인정할 수 없을 테니까!
강	잊었구나. 정변을 일으킨 건! 내가 아니라 너라는 거!
휘	!
강	생각할 시간을 주마. 형제처럼 붙어 다니는 박내관! 북방에서 달고 온 오랑캐 계집! 하늘이 무너져서 울고 있을 너의 신부까지!
휘	(흔들리고)
강	그 목숨들은 모두 너 하기에 달렸으니까.
휘	(절망 끝에 반말 튀어나오고) 날... 그렇게도 죽이고 싶어?
강	(보면)
휘	난! 핏줄도 뭣도 아니었던 거야?
강	한 번도 널! 내 손으로 어떻게 하려 한 적 없다.
휘	......
강	기억해보거라. 날 밀어낸 건, 언제나 네가 먼저였으니까.
휘	!

S#28. 동 앞 (D)

강이 나온다. 지키고 선 자준과 병사들.

강	잘 지켜라.
병사들	예! 대군!

가는 강. 따라가는 자준. 강의 표정, 결의에 차 있고.

S#29. 건춘문 앞 (D)

경계가 삼엄한 궁문 앞. 루시개가 온다. 창칼로 가로막는 병사들.

루시개   나 루시개. 나 알잖아~
호군   물러가거라! 오늘은 궁문을 열지 않는다!
루시개   !

S#30. 대왕대비전 (D)

소년왕을 끌어안고 있는 대왕대비 심씨, 대비 김씨에게 부친의 부음을 알린다.

대비 김씨   (믿을 수가 없는) 아버님이... 돌아가셨다구요?
대왕대비 심씨   난군들의 손에... 참변을 당하셨다 한다.

멎어 있던 대비 김씨, 그대로 쓰러진다.

장상궁   마마! (소리치며 달려들고)
소년왕   어마마마! (할머니의 품 빠져나가 어머니에게로)

참담한 심씨, 눈을 감는데... 감은 눈 사이로 흘러내리는 눈물. 쓰러진 대비 김씨
는 일어날 줄을 모르고...

S#31. 의금부 전경 (N)

S#32. 동/마당 (N)

만신창이로 포박당한 자객이 형틀에 앉아 있다. 부상으로 이미 고통이 심한 상
태. 의금부 수장인 판의금부사를 겸직하는 우의정 박부경이 단 위에 앉아 있고
강과 여러 대신들이 지켜보고 있다. 거기에 성억도 끼어 있고.

박부경   누구의 사주를 받고 대신들을 죽인 것이냐!
자객   ... 은성대군의 집이라는 궁가로 불려가 일을 받아 왔소. 명단의 대

신들만 죽여주면... 왕이 바뀐 뒤! 다른 세상을 주겠다 약속하였고!

대신들, 수런거리고. 성악, 절망이 몰려오는데...

강   거래를 한 자가 누구냐!
자객   ... 여자였소.
박부경   네 말에 한 치의 거짓도 없으렷다!
자객   아는 건... 이게 다요.
강   놈을 족쳐서 패거리를 다 잡아 와야 합니다! 가담한 놈들을 다 잡
            아내면! 진상이 드러나겠지요.
박부경   네놈들의 근거지가 어디냐! 함께 참극을 벌인 놈들은 누구고!

자객, 입을 다물고 있는데.

박부경   놈의 입을 열어라!

병사들, 불에 지진 인두로 자객을 고문하고! 으악! 상처에 인두 고문을 당하는
자객의 비명이 의금부를 울린다. 시선 비키지 않고 지켜보고 선 강에서.

S#33. 휘의 처소 앞 (N)

병사들이 지키고 서 있다. 안에 든 대왕대비 심씨. 나인들을 이끌고 병사들과 대
치하듯 서 있는 장상궁.

S#34. 동 안 (N)

휘를 만나러 온 대왕대비 심씨. 진상을 파악하려 한다.

대왕대비 심씨 참사의 현장에서 잡혀 온 난군은... 너의 명을 받았다고 자백했다.
휘   (무너지는) ! 아닙니다, 어마마마! 누명입니다! 모함입니다!
대왕대비 심씨 (의심이 시작되었다. 그러나) 어미는 너를 믿는다. 허나, 사람이 죽었
              고... 잡혀 온 자는 널 지목하고 있어.
휘   전하 곁에서 절 몰아내려는 형님의 계략입니다.

대왕대비 심씨	진양이... 너에게 역모를 씌웠다 이 말이냐?
휘	언제나 보위를 탐내던 형님이 아닙니까! 고명을 받지 못하고 조정에서 밀려나자 수를 낸 것입니다.
대왕대비 심씨	... 칼까지 맞고 우국충정을 호소하니... 조정에서는 진양의 말을 믿는 눈치야.
휘	속지 마십시오, 어마마마! 넘어가시면 안 됩니다!
대왕대비 심씨	진양이 널 치기 위해 벌인 짓이라면... 진상이 밝혀진다 해도 네 형을 잃게 된다.
휘	!
대왕대비 심씨	(괴로운) 어느 쪽이어도... 이 어미의 고통은 덜어지지 않는구나.
휘	... (안다/저도 괴롭고)

S#35. 자객단 은신처 (N)

숨어 있던 자객들이 나장들에 의해 끌려 나온다. 도망가려다 격투가 벌어지면서 단장이 탈출하는데! 잡아라! 뒤쫓는 나장들!

일각에서 추포 과정을 지켜보고 있는 초요경.

S#36. 저자 (N)

쫓기는 자객 단장! 뒤쫓는 나장들! 두 패로 갈리며 단장의 도주로를 차단하는 나장들! 막다른 골목에 당도한 단장! 더 이상 길이 없는데! 끝까지 싸워보지만 중과부적! 결국 무릎을 꿇는다.

S#37. 빈청 (다음 날 새벽/N)

성억을 회유하는 양안대군.

양안대군	잡혀 온 다른 난군들도... 하나같이 은성대군을 수괴로 지목하고 있습니다.
성억	...... (침통하고)
양안대군	대감이 빠져나갈 길은 하납니다.

성억	......
양안대군	사위를 버리세요.
성억	! (굳는)
양안대군	그러면 가족들은 살 수 있습니다. 앞날이 창창한 아드님과 불행에 빠진 따님을 생각하셔야지요.
성억	은성대군은 그럴 사람이 아닙니다!
양안대군	... 3년입니다.
성억	(보면)
양안대군	짐승 같은 오랑캐들 사이에서... 채찍을 맞아가며 노예로 살았다지요? 그동안 무슨 생각을 하며, 어떤 마음으로 버텼을지... 자신을 전장으로 보낸 조정을, 왕실을... 얼마나 원망했겠습니까?
성억	......
양안대군	모르긴 몰라도... 복수심이 온몸에 꽉 차 있을 겁니다. 분노와 원한이 하늘을 찌르겠지요. 그런 사람에게 병권을 쥐여주었으니... (큰일이 난 것이라는) 사람은, 변하기도 하는 겁니다.
성억	(괴로운데)

지필묵을 슥 밀어주는 양안대군.

양안대군	너무 늦으면... 소용이 없습니다. 일이 다 끝난 마당에 고변자로 나서봤자... 벌은 벌대로 받고 집안은 풍비박산 나는 것입니다. 한시라도 빨리 나서세요. 그래야 삽니다.
성억	......
양안대군	대감이 나서지 않아도 은성은 죽습니다. 그러나 대감이 나서지 않으면... 식구들까지 죽어요.
성억	......
양안대군	나라면... 가장으로서 식구들을 지키겠소.
성억	......

CUT TO

자리 비워준 양안대군. 혼자 있던 성억, 고뇌 끝에 드디어 붓을 든다.

S#38. 건춘문 앞 (새벽)

맞은편에서 대기하며 밤을 새운 루시개. 몸에 피칠을 한 강이 안에서 나온다. 강을 알아보고 긴장하는 루시개. 밤을 새우고 이제야 퇴청하는 강이 교자에 오른다. 교자가 움직이기 시작하면 뒤를 쫓는 루시개.

S#39. 대군저 앞 (새벽)

강의 교자가 멎고. 강이 내리면, 어을운이 대문을 열어준다. 안으로 드는 강. 숨어서 지켜보는 루시개.

S#40. 마당 (새벽)

서성거리며 마당에 나와 있던 나겸! 강이 들어서자 피투성이가 된 모습에 놀라 달려가 와락 안아버린다. 당황하는 강... 떼어내면.

나겸   무사하셔서 다행입니다. 어딜, 얼마나 다치신 것입니까!
강   ... 신부는 어디 있소?
나겸   ... (자현부터 찾다니 맘에 안 들고/부상 살피는) 치료부터 하셔야지요. 의원을 부르겠습니다.
강   궁에서 치료는 받았소. 신부를 봐야겠소.
나겸   ... (못마땅하고)

S#41. 집 안 일각 (새벽)

나겸을 따라가던 강, 멎는다.

강   (진심으로 화내는) 신부를 가둬놓았다는 것이오? 죄인도 아닌데 사람을 그리 취급하면 어쩌자는 게요!
나겸   (빈정 상하는) 죄인의 계집입니다! 사내 따라 대접이 달라지는 것은 당연한 이치 아닙니까! 우리가 지금 자현일 상전으로 모셔 온 것두 아닌데.
강   (OL) 대제학을 회유하기 위해 그 딸을 데려온 것이오! 자기 딸이

우리한테 끌려가 어떤 대우를 받았는지 알면! 참으로 고마워하
겠소!

나겸 (말문이 막히고)

강 (돌아서 가며) 사랑으로 데려오시오! 거기서 만나겠소!

나겸 ! (열 받는데)

S#42. 창고 안 (새벽)

바들바들 떨고 있는 자현. 밤새 한잠도 이루지 못했는데... 문이 열린다. 다급히
일어나서 보면, 나겸이다.

나겸 나와.

자현 ......

나겸 나오라구!

겪어보자는 마음으로 다잡고 나가는 자현.

S#43. 강의 처소 (새벽)

자현, 강 앞에 불려 와 있다. 나겸도 앉아 있는데...

강 부인은 나가계시오.

나겸 대감... (자기도 있어야 한다는)

강 신부와 할 말이 있소.

나겸 ... (두 사람만 두기 싫은데)

강 (쳐다보면)

자리에서 일어나는 나겸. 자현 한번 노려보고 나간다. 외면하고 앉아 있는 자현.

S#44. 동 앞 (새벽)

방 안에서 쫓겨난 나겸, 안쪽을 노려보는데!

S#45. 동 안 (새벽)

자현, 강을 계속 외면하는데... 강, 피 묻은 옷을 벗는다. 자현, 당황하고.

자현	나가 있겠습니다.
강	그냥 계시오.
자현	(안절부절못하면)

적당히 벗어두고 자현 보는 강.

자현	......
강	(그저 보기만)
자현	...... (불편한데)
강	신부옷이... 망가졌구려.
자현	(옷 따위야 상관없는) 마마는 어찌 되는 것입니까? 어디 계십니까? 무사...하신지요?
강	...... 동생은 궁에 잘 있소.
자현	(안도하고) 절 왜 데려오신 것입니까. 집으로 돌려보내 주십시오.
강	아버님께서 낭자를 부탁하셨습니다.
자현	!
강	내 곁에 있는 게... 가장 안전할 것이오.
자현	(제일 위험해 보인다) 가족들이 걱정합니다. 돌아가겠습니다.
강	낭자의 신분이 뭔 줄 아시오?
자현	... (보면)
강	혼례복을 입었으니 은성의 신부인 것인지... 혼례를 올리기도 전에 사단이 났으니 아직은 미혼의 처자인 것인지...
자현	......
강	한 끝이 달라지면, 낭자의 생사가 갈릴 것이오.
자현	... 전 마마의 신부입니다. 벌써 오래전에 이미 정해졌습니다.
강	(경고하는) 목숨을 잃게 될 것이오.
자현	혼자 남은 고통이 무엇인지, 이미 압니다. 함께하는 죽음이라면, 오히려 복일 것입니다.
강	... 낭자의 말이 맞소. 죽는 건... 차라리 나을지도.

자현	......
강	반가의 귀한 따님에서 천비로 떨어져 뭇 사내들의 희롱을 받으며 고운 손에 물 마를 날 없다 보면 살아서 지옥이 따로 없을 게요.
자현	... 지금 저를 겁박하시는 겁니까?
강	기회를 주고 있는 거요.
자현	(보면)
강	은성을 버리시오.
자현	!
강	허면, 낭자는 살 수 있소.
자현	차라리... 같이 죽겠습니다.
강	... 낭자 혼자서 감당할 일이 아니오. 역도의 주변은 삼족을 멸하게 되는 것을 모르시오?
자현	!
강	낭자의 한마디에 식구들 목숨이 좌지우지되는 게요.
자현	(억울한) 대군은 죄가 없습니다!
강	(상관없이 읊어주는) 부친과 오래비는 죽게 될 것이고.
자현	!
강	모친은 낭자와 같이 천비로 떨어질 것이오. 함께하지 못하고 온 가족이 팔도로 뿔뿔이 흩어져 죽을 때까지 생이별을 하고 살아야 하지.
자현	대감께서 대체 무슨 짓을 꾸미셨는지는 모르겠으나! 머지않아 진실은 가려질 것입니다.
강	그때는... 너무 늦을 것이오.
자현	!
강	맘이 변하면 언제든 날 부르시오. 낭자와 가족들을 위해, 최선을 다하리다.
자현	......

S#46. 손님방 (새벽)

창고에서 손님방으로 옮겨져 다시 갇히는 자현, 미치겠는데!

S#47. 경복궁 전경 (아침)

S#48. 빈청 (아침)

글을 다 쓰고 종이를 접는 성억. 봉투에 넣고 보이는 곳에 잘 올려둔다.

의자 위로 올라서서 대들보에 줄을 건다. 고리 안에 목을 넣는 성억. 의자를 발로 차내고 대롱대롱 매달리는데! 허공에서 발버둥치는 두 발! 빈청의 문이 열리고 들어오던 도승지 심정이 비명을 지른다!

심정   대감! 이게 무슨 짓이오! (달려들어 성억의 다리를 붙잡으면!) 어서 내려
     오시오! 어서!

S#49. 의금부 전경 (D)

S#50. 정국장 (D)

휘가 심문을 받고 있다. 우의정 박부경이 주도하고, 강과 대신들이 지켜보는데... 시종일관 당당한 휘의 태도. 휘 옆에 줄줄이 잡혀 와 있는 자객들. 고신을 받아 몰골이 엉망이다.

박부경   잡혀 온 죄인들이 하나같이 대군을 수괴로 지목하고 있소.
휘   처음 보는 자들이오! 난 저들을 만난 적도 없습니다!
자객단장 대군의 집으로 불려 가 착수금을 받았소. 얼굴을 가린 여인이 혼
     례일에 없애버릴 대신들의 명단을 주었고.
휘   그 집은 내 형님이 관리하던 궁가요! 누가 드나들 수 있는지 여부
     는 형님께 물어보시오!

박부경과 대신들, 일제히 강을 쳐다보면. 품속에서 봉투 하나 꺼내어 박부경에게 건네는 강.

박부경   이게 뭡니까?
강   오늘 여기 나오지 못한 대제학의 고변섭니다.
휘   !

대신들, 수런거리고. 박부경, 펴보고 놀라는데!

강	일찍이 휘의 야심을 알았으나... 딸의 혼사가 걸려 있어 회유를 위해 애쓰다 미처 그날의 비극을 막지 못했다는 참회의 고변입니다.
휘	그게 무슨 소립니까! 대제학이 왜 그런 말씀을!
강	저건 대제학의 유서였다!
휘	!
강	사위를 막지 못한 죄책감에 저걸 써놓고 자결하려다! 간신히 변고는 막았지만 사경을 헤매고 계시다!
휘	! (멎고)

대신들, 수런거림 더욱 격해지고! 휘에게 다가가는 강!

강	이제 알았느냐?
휘	(노려보면)
강	네가 버티면 버틸수록... 다치는 사람은 늘어갈 것이다. 지금은 대제학이지만... (뒷말은 귓가에 대고 속삭이는) 우리 집에 피신 와 있는 자현 낭자가.
휘	!
강	딴마음을 먹고 비극적인 일을 벌이면... 그때는 또 어찌하겠느냐...
휘	(경고하는) 신부는... 건드리지 말라고 했지!
강	우리야 최선을 다해서 지키고 있지만... 낭자의 슬픔이 깊으니... 부친과 같은 선택을 하지는 않을까 걱정이 되는구나.
휘	... (부들부들 떨려오고)

물러나는 강. 휘, 부릅뜨고 노려보는데!

강	(박부경에게) 종친이라 하여 대역죄인을 후하게 대우할 수는 없을 터! 처벌이 정해질 때까지! 은성을 거처에서 옮겨 옥에 가둬야 할 것입니다!
휘	!
강	타국에서 돌아와 딴생각을 품은 지 오래이나! 혈육의 정에 눈멀어 동생의 역심을 알아보지 못한 죄! 나 역시 처벌을 달게 받겠소.

대신들, 숙연해지고.

박부경　　죄인들을 옥사에 가두거라!

병사들, 착착 달려와 휘와 자객들 끌고 간다.

휘　　　(악쓰는) 모함입니다! 사실이 아닙니다! 저는 역도가 아닙니다!

끌려가는 휘. 차갑게 보고 선 강에서.

S#51. 대왕대비전 (D)

심정이 대왕대비 심씨에게 비보를 전하고 있다.

대왕대비 심씨　(놀라서) 대제학이 자결을 했다구요?
심정　　빈청에서 목을 맨 걸 간신히 살려놓긴 했는데... 고변을 유서로 남
　　　겼습니다. 은성이 역심을 품고 있었다고.
대왕대비 심씨　(어쩔해서 서안을 짚는다)
심정　　마마!
대왕대비 심씨　... 도승지는 어떻게 보십니까. 은성이 한 짓입니까, 진양의 음모입
　　　니까?
심정　　은성대군이 그럴 사람이 아니지마는... 증좌가 너무 확실하니 어
　　　째야 할지를 모르겠습니다.
대왕대비 심씨　......
심정　　난군들을 아무리 고신해도 은성의 사주라며 말을 바꾸지 않습니
　　　다.
대왕대비 심씨　......
심정　　목숨이 오가는 판국에 한 놈도 말이 틀린 놈이 없으니... 우상도
　　　어찌해볼 도리가 없습니다.
대왕대비 심씨　... (참담한데)

S#52. 의금부 일각 (D)

오라를 받고 끌려가는 휘.

S#53. 옥사 (D)

이미 기특이 갇혀 있다. 끌려 들어오는 휘 보고 놀라서 벌떡 일어나는 기특.

기특   마마!

옥문이 열리고, 휘가 넣어진다.

기특   마마! 대체 언 놈이 마마를!
휘   (기특부터 걱정하는) 다친 데는 없느냐? 몸은 어떠하냐?
기특   마마!
휘   ...... 정신 똑바로 차리자.
기특   (보면)
휘   더한 일도 겪고, 모두 이겨낸 우리가 아니냐. 분명 뚫고 나갈 길이
             있을 것이다.
기특   (두려워져서) 진양대군이... 마마를 해하기 위해 이렇게까지 한 것
             이... 맞습니까?
휘   ... 동생을 해치는 게 목적이 아니라... 왕이 되는 게 목적이겠지. 나
             는... 그 길에 방해가 되는 걸림돌인 거고.
기특   북쪽에서 싸울 때는 죽여야 할 대상이 적군이었습니다. 헌데 지금
             은... 적을 알고도 대적할 수가 없지 않습니까!
휘   ...... 내가... 그렇게 고생을 하고... 그 세월을 겪고도... 사람에 대한
             연민을... 혈육에 대한 기대를 버리지 못해 방심했다.
기특   ......
휘   내가... 어리석었어.
기특   (눈물 나는) 세상에 누가 그런 일을 상상이나 했겠습니까? 꿈이라
             도 꿨겠습니까?
휘   ......
기특   동생이 장가가는 날... 신부 집에서 사람을 죽이다니요... 친동생을

	역도로 몰다니요... 마마가 어리석은 것이 아닙니다. 그 사람이... 진양대군이 악한 것입니다. 사람이 아니에요!
휘	... 내가 또... 희망을 가졌었어. 핏줄이니까... 같이 자란 정에... 그래도 사람인데... 설마 그럴 수는 없겠지... 그러지는 않겠지... 내가... 그렇게 당하고도 버리지 못한... 형님에 대한 한 조각 마음이... 좌상을... 이판을... 다른 신하들을 죽게 했어!
기특	마마 탓이 아니라니까요!
휘	내 신부는... 우리 자현이는... 어쩌란 말이냐...
기특	... (미어지고)

뼈아픈 후회가 몰려오는 휘의 얼굴에서...

S#54. 대군저/손님방 (D)

구석에 기댄 자현, 잠시, 눈을 감고 기대어 있는데... 문이 열린다. 문소리에 번쩍 눈 뜨는 자현.

열린 문 앞에 나겸이 보인다.

나겸	나와.

자현, 일어서는데...

S#55. 마당 (D)

가마가 대기 중이다. 그 옆에 강과 어을운이 서 있는데...

강	집으로 모셔다 드리겠소.
자현	!
나겸	(사뭇 다정하게) 걱정하지 마. 이제 돌아가도 된다는구나. 너하구 식구들은... 이제 안전할 거야.
자현	... (믿을 수가 없고/강을 쳐다보는데)
강	(어을운에게) 아씨를 댁으로 뫼시어라.

자현, 그냥 문으로 가는데.

강	가마를 타시오.
자현	(거부하는/늬들이 주는 건 받기 싫다) 걸어가면 됩니다.
강	아직도 혼례복 차림이오. 그리고 나가면 사람들이 다 쳐다볼 텐데...
자현	괜찮습니다.

나가는 자현. 엉망이 된 혼례복 차림으로 당당하게 걸어 나가는 자현의 뒷모습 보는 강.

강	(어을운에게) 조용히 따라가거라. 집까지 무사히 가시는지 보고 와.
나겸	! (왜 그래야 해?)

어을운, 읍하고 따라 나가는데. 나겸, 다가온다.

나겸	원래 뻔뻔하고 겁 없는 아입니다. 신경 쓰지 마십시오.
강	대제학을 계속 안고 가기 위해서는 그 여식을 달래둘 필요가 있소.
나겸	... 정말... 그 이유가 답니까?
강	! (보는) 설사 그게 아니라 해도... 지아비가 생각 있어 하는 일에 토를 달지 마시오.
나겸	!
강	두 번 다시! 부인에게 구차한 설명도! 변명도! 안 하겠소. (가려는데)
나겸	소첩도 이번 일에 명운을 걸었습니다! 즈이 오라버니도 함께요!
강	(돌아보면)
나겸	친정이 멸문할지도 모르는 일에 전부를 건 소첩을... 이리 홀대하셔도 되는 겁니까?
강	진정 나를 위해서였소?
나겸	...
강	국모가 되겠다는 욕심 없이! 오로지 나를 위해서 목숨을 걸었느냐, 이 말이오!

나겸	......
강	신의는 지킬 것이오. 조강지처를 내버리는 일은 없을 것이니! 생색 내지 말고 조용히 따라오시오!
나겸	... (무참한데)

가버리는 강에서.

S#56. 길 (D)

자현이 가고 있다. 오가는 사람들, 자현을 힐끗거리며 보고. 수행하듯 조용히 따라가는 어을운. 그 뒤에 멀찍이서 두 사람 뒤를 밟는 루시개.

엉망인 몰골이지만 굴하지 않으려는 자현의 안간힘.

S#57. 자현의 집 앞 (D)

문 앞에 당도했다. 어을운, 자현은 쳐다보지도 않는데 그래도 인사하고 물러간다.

어을운	그럼 전 이만 가보겠습니다.
자현	(외면하고)

어을운 사라지면. 자현, 대문 열고 들어가려는데. 옆으로 다가온 루시개.

자현	(보고 놀라) 루시개!
루시개	휘 어딨어? 나, 궁에서 못 들어가게 해. 궁가에도 아무도 없어. 휘, 어디 갔어?
자현	...... (눈물이 차오르는데)

자현, 루시개라도 본 게 반가워 와락 끌어안고! 루시개, 당황하고 어색한데...

S#58. 사랑채/성억의 처소 (D)

S#59. 성억의 처소 (D)

목에 상처 난 성억. 파리하게 앉아 안씨가 주는 탕약 마시고 있다.

안씨   (남편 나무라는) 차라리 죽는 게 낫지 우리 살자고 이게 무슨 짓입니까.

성억   ... (참담하다)

안씨   자현이는 어떡하라구요...

성억   자현이한테는 당분간 말하지 마시오.

안씨   ......

성억   애비 때문에 은성대군이 죽게 된 걸 알면... 가만있지 않을 거요.

안씨   대감두 이제 딴생각하지 마세요.

성억   ...... (면목 없고)

안씨   살아서 갚아야지 죽는 건 젤 비겁한 겁니다.

성억   ......

안씨   바로잡을 길을 찾아보세요.

성억   ... 은성대군이 정말로 결백한지도 모르겠소.

안씨   !

성억   증언들이... 증좌가... 하나같이 은성대군을 역도로 지목하고 있소.

안씨   딴맘 품었다고 소문난 거는 진양대군이었잖아요. 우리 사위는 돌아가신 형님하구 조카 지키려구 애쓰던 사람인데...

성억   (사위라니) 말을 삼가시오.

안씨   !

성억   우리는, 자현이는... 아직 혼례를 올리지 않은 게요.

안씨   (한숨 쉬는데)

밖에서 끝단이 흥분해서 고하고.

끝단(소리)   마님! 아씨 오셨어요! 자현 아씨가 돌아오셨다구요!

안씨, 달려 나가는데... 성억, 차마 딸의 얼굴 못 보겠고...

S#60. 동 앞 (D)

달려 나오는 안씨! 딸을 보고 와락 끌어안는다!

자현	(눈물 나는) 어머니...
안씨	(다른 말 안 하고) 밥은 먹었어?
자현	......

망가진 딸의 혼례복을 보고 있자니 억장이 무너지는 안씨.

안씨	이 옷은... 이제 벗자.
자현	...... (눈물이 차오르는데)
안씨	우리 딸 시집 한번 보내기가... 왜 이리 힘드냐...
자현	...... 대군 소식은 들으셨어요? 궁에서는 뭐래요?
안씨	(차마 말해줄 수가 없고)
끝단	(루시개 보고) 얘는 어디서 만나셨어요? 뭐하러 데꾸 오신 건데요?
루시개	(홀대하는 기색에 노려보는데)
자현	마마가 아니 계시니... 우리가 거둬야지.
끝단	! (싫은데)

서로 노려보는 루시개와 끝단.

자현	아버지는요? 입궁하셨어요? 집에 계세요?
안씨	(부녀 대면 피하게 하려는) 몸이 좀 안 좋으셔. 가서 옷 벗구 밥부터 먹자. 아버진 나중에 뵙구.
자현	(놀라서) 그날 다치신 거예요? 어디가요?
안씨	그런 거 아냐! 어여 가.

안씨, 자현을 처소로 몰아가고. 끝단과 루시개도 따라가는데.

S#61. 자현의 처소 (D)

끝단의 도움 받아 혼례복을 벗어내리는 자현. 설레는 마음으로 입었던 옷을 참담한 심정으로 하나하나 내려놓는다. 끝단, 훌쩍이고.

자현	(의연하려는) 잘 빨아서... 깨끗하게 다려놓자.
끝단	......
자현	언젠가... 다시 이 옷 입고... 마마 앞에 서서 맞절하고... 신방에 들어... 마마가 족두리 내려주시면... 여기 서린 아픈 기억도... 다 잊혀질 거야.
끝단	(제가 먼저 후두둑 터지는) 아씨...
자현	울지 마.
끝단	전 대군마마 어찌 되든 몰라요! 상관없어요! 근데... 아씨가 너무 가여워요! 이제 어뜩해요 아씨!
자현	누명을 벗으실 거야. 진실은... 힘이 세! 나는 알아!
끝단	(무서운데)

애써 확신을 가지려는 자현에서.

S#62. 동 앞 (D)

우두커니 기다리는 루시개. 휘가 없으니 불안하다.

S#63. 경복궁 외경 (다른 날 D)

S#64. 대왕대비전 앞 (D)

강이 오고 있다.

S#65. 대왕대비전 (D)

대왕대비 심씨와 담판 중인 강.

| 강 | 은성은 난군들을 사주하여 혼례식장에서 전하의 외조부인 좌상 김추를 살해했고. 대전에 거짓으로 연기를 피워 전하를 창덕궁으로 이어하려 하였습니다. 홍상궁이 안 된다고 해도 기어이 전하를 |

	뺏어 갔다더군요.
대왕대비 심씨	(믿을 수가 없는) 좌상은 은성대군을 믿고 주상의 보필을 부탁한 사람이야.
강	보필에 만족하지 않았던 겁니다. 김추를 제거하지 않고는 역모에 성공할 수 없다고 판단해서 아무도 무장하지 않았던 자신의 혼례식을 노린 겁니다.
대왕대비 심씨	사람이 할 짓이 아니지 않느냐!
강	짐승의 시간을 살아왔다고...
대왕대비 심씨	! (굳고)
강	자기 입으로 말하더군요.
대왕대비 심씨	...
강	한 달이 아닙니다. 1년도 아닙니다!
대왕대비 심씨	(흔들리지만)
강	3년입니다. 그 세월 동안... 은성이 변한 것입니다.
대왕대비 심씨	(인정할 수 없고)
강	은성을 참하라는 상소가 빗발치고 유생들의 권당이 계속되고 있습니다. 역도 하나 때문에 온 나라가 비상시국인데... 오래가면... 또 무슨 일이 벌어질지 모릅니다. 전하가 어린 것은... 사실이니까요.
대왕대비 심씨	내 손으로 아들을 죽일 수는 없다! 날더러 어찌하라는 것이냐!
강	소자가 전하를 보호해드리겠습니다.
대왕대비 심씨	!
강	영상의 자리를 주십시오. 만인지상 일인지하의 자리가 아니면 작금의 혼란을 수습할 수 없습니다.
대왕대비 심씨	그 이상을 원하지 않는다 약조할 수 있느냐? 영상의 자리면, 만족하겠느냐 이 말이야!
강	역도를 벌하고 전하를 지킬 것입니다.
대왕대비 심씨	(믿어야 하나 싶지만 길이 없고)
강	... 어마마마께 다른 길이 보이면, 그 길로 가십시오. 저는 지금 가장 최선을 말씀드리고 있는 겁니다.
대왕대비 심씨	... (침통하고)

S#66. 궁/편전 (다른 날 D)

소년왕이 왕좌에 앉아 있고. 수렴 너머 대왕대비 심씨가 자리했다. 도열한 대신들 사이, 왕 앞에 나아간 강. 도승지 심정이 교서를 읽어내린다.

심정   진양대군 이강이 난군을 진압하고 역도들을 모두 추포하여 그 공이 크고, 어지러운 작금의 시국에 현명하고 어진 재상이 절실하여 그를 영의정에 임명하노니 새로이 병조판서에 제수된 윤자준과 더불어 전하를 충심으로 보위하라!

자준   (기쁨을 숨기지 못하고)

대신들   성은이 망극하옵니다!

당당하게 서 있는 강! 소년왕 앞에서 마치 본인이 왕 같은 위세다!

S#67. 의금부 일각 (D)

위세 당당한 강이 가고 있다. 따르는 자준과 수하들.

S#68. 옥사 (D)

강이 휘 앞에 서 있다. 뒤에 물러서 있는 기특. 옥문을 사이에 두고 서로를 노려보는 형제.

강   역모였다고, 네가 한 짓이라고 인정을 해.

휘   …… (그럴 수 없고)

강   대제학은 딸을 위해 고변을 한 것이야. 네가 인정을 해야 그 여식이 고변자의 딸이 되어 너와 함께 망하는 것을 면할 수 있다. 끝까지 고집을 피우면… 낭자는 역도의 부인이 되어 천비로 떨어지는 나락을 피할 수가 없겠지.

휘   (옥살 사이로 붙잡는) 내 신부는 건드리지 말라고 했지?!

강   (쳐내며) 신부라고 우기면 낭자가 더 위험해지지 않겠느냐.

휘   ……

강   선택을 해. 낭자를 살리고 죽어갈지, 아님 둘 다 같이 치욕 속에

	죽을지.
휘	(떨리는데)
강	(비릿한 미소 떠오르며) 문서 따위 없다는 것도... 알고 있다.
휘	!
강	네 손에 쥔 게 있었으면 지금 이 지경까지 오지도 않았겠지!
휘	(굳었다가/차갑게 일갈하는) 그렇다고... 형님이 하신 일이 없었던 일이 되지는 않습니다!
강	!

기특, 긴장해서 보고. 휘, 강을 노려보는데!

S#69. 자현의 집 전경 (N)

S#70. 동/자현의 처소 (N)

득식이 자현을 압박 중이다.

자현	마마를... 버리라고?
득식	그래야 우리 집안이 살아!
자현	......
득식	은성대군은 역모죄가 확실해. 사약 받을 게 뻔한데 우리까지 다 죽는 거라구!
자현	!
득식	네 사랑 놀음에, 우리 식구 다 죽구 집안이 멸문해야겠어? 정신 차려! 부모님은 하루하루 가시방석인데! 언제까지 남자한테 정신 이 팔려가지고 울고불고 할 거냐고!
자현	누명을 쓰신 거야! 우리라도 나서서 구명해드려야지!
득식	너 때문에 아버지가! (차마 말을 못하고)
자현	(보면)
득식	(일어나서) 죽고 싶음 너 혼자 죽어! 온 식구 끌고 들어가지 말고!

화내고 나가버리는 득식. 자현, 생각에 빠진다.

인서트) 45씬.

강   맘이 변하면 언제든 날 부르시오. 낭자와 가족들을 위해, 최선을
         다하리다.

벌떡 일어나는 자현에서.

S#71. 옥사 (N)

대왕대비 심씨가 장상궁만 대동하고 휘를 찾았다. 나날이 초췌해져 가는 아들의
모습에 억장이 무너지는데!

휘   소자를... 버리십시오.
대왕대비 심씨   이미... 장남을 잃은 에미다!
휘   아니면... 손주를 잃게 되실 것입니다.
대왕대비 심씨   !
휘   형님의 목표는 제가 아닙니다. 전하입니다.
대왕대비 심씨   ... 널 제거하기 위해 그 사단을 낸 것이라 보느냐?
휘   제가 그 사람을 얼마나 은애하는지... 아시지 않습니까? 제 생에
             가장 행복하고 아름다울 날을 피로 물들이다니요! 제가 왜! 그런
             짓을 하겠습니까.
장상궁   ... (설득되고/대비 보면)
대왕대비 심씨   허나 그 아이의 아비가 널 고변했어!
휘   (굳고)
대왕대비 심씨   그 고변이 난군들의 증언을 움직일 수 없는 사실로 만들어버렸다.
휘   ... 식구들을 살리고 싶었을 것입니다.
대왕대비 심씨   ......
휘   대제학의 선택은... 아마도 누군가의 강요였겠지요. 그래서 죽음으
             로 자신의 죄를 씻고자 한 것이 아니겠습니까.
대왕대비 심씨   너의 무죄에는 심증만 있고, 너의 죄에는... 물증이 있다.
휘   ...... (억울하고)

장상궁과 기특, 안타까운데...

S#72. 기루/초요경의 방 (N)

초요경과 마주 앉은 강. 보석함을 내어준다.

강	이번 일에 너의 공이 컸다. 난군들은... 죽음 앞에서도 하나같이 은성대군의 사주였다 증언을 하더구나.
초요경	고신 앞에서는 누구나 무릎을 꿇게 되지요. 그들이 진실로 믿게 했을 뿐입니다.
강	... 아직 갈 길이 남아 있다. 긴장을 풀지 마라.
초요경	(보석함 도로 내밀며) 제가 원하는 것은 재물이 아닙니다. 아시지 않습니까?
강	... (가소로운) 후궁 자리라도 원하는 것이냐?
초요경	... 대군께 댈 바는 아니나 재물이야 저도 남부럽지 않습니다.
강	(보면)
초요경	천한 신분이 한이니... 장차 대군이 갖게 될 힘으로... 다시 태어나게 해주십시오.
강	귀해지고 싶다? (보석함 다시 밀어주며) 이미 준 것은 넣어두고... 아직은 네가 할 일이 많다. (그러니 보채지 말라는)
초요경	기다릴 수 있습니다.
강	......

초요경, 의미심장한 미소.

S#73. 길 (N)

강이 오고 있다. 수행하는 어을운.

S#74. 대군저 앞 (N)

자현이 대문가에서 기다리고 있다. 강, 자현을 보고 다가오는. 어을운, 대문 열고 들어가 자리를 피해준다.

자현	드릴 말씀이 있습니다.

강	부탁이 생긴 것이오? 나의 약조를 기억해주니 고맙구려.
자현	은성대군의 일입니다.
강	! (굳는) 낭자와 가족들의 일이라면 신경을 쓰겠으나...
자현	대감의 아우입니다. 남이 아닙니다!
강	허나 은성은! 일평생 나를 남처럼 대했다오.
자현	!
강	단 한 번도 나에게 진심을 보이고 믿어준 적이 없거늘... 형이라는 이유로 나 혼자 짝사랑을 계속해야 옳은 것이오?
자현	......
강	우애라는 것도... 서로가 노력해야 얻어지는 것이지 한쪽만의 노력으로는 남보다 못한 지경이 되는 일도 허다하오.
자현	(무릎 꿇는) 살려주십시오!
강	... (내려다보는데)
자현	살려만 주시면, 아무것도 바라지 않을게요! 저 멀리 섬에 가서 한 평생 나오지 않고 둘이서만 살겠습니다!

S#75. 다시 동 앞 (N)

강	허면 낭자는 내게 무엇을 주겠소?
자현	!
강	은성의 목숨과 바꿀 만한! 뭔가 대단한 거라도 있으시오?
자현	...... (당황하는데)
강	낭자는 내게! 무엇을 주겠느냐 이 말이오!

압박하는 강! 질리는 자현의 얼굴에서 엔딩!

12부

S#1. 대군저 앞 (N) - 11부에서 연결

자현이 대문가에서 기다리고 있다. 강, 자현을 보고 다가오는. 어을운, 대문 열고 들어가 자리를 피해준다.

자현	드릴 말씀이 있습니다.
강	부탁이 생긴 것이오? 나의 약조를 기억해주니 고맙구려.
자현	은성대군의 일입니다.
강	! (군은) 낭자와 가족들의 일이라면 신경을 쓰겠으나...
자현	대감의 아우입니다. 남이 아닙니다!
강	허나 은성은! 일평생 나를 남처럼 대했다오.
자현	!
강	단 한 번도 나에게 진심을 보이고 믿어준 적이 없거늘... 형이라는 이유로 나 혼자 짝사랑을 계속해야 옳은 것이오?
자현	......
강	우애라는 것도... 서로가 노력해야 얻어지는 것이지 한쪽만의 노력으로는 남보다 못한 지경이 되는 일도 허다하오.
자현	(무릎 꿇는) 살려주십시오!
강	... (내려다보는데)
자현	살려만 주시면, 아무것도 바라지 않을게요! 저 멀리 섬에 가서 한평생 나오지 않고 둘이서만 살겠습니다!
강	허면 낭자는 내게 무엇을 주겠소?
자현	!
강	은성의 목숨과 바꿀 만한! 뭔가 대단한 거라도 있으시오?
자현	...... (당황하는데)
강	낭자는 내게! 무엇을 주겠느냐 이 말이오!

압박하는 강! 질리는 자현의 얼굴! 대문은 열려 있는데...

S#2. 동 안 (N)

강을 맞으러 나오던 나겸, 열린 대문 사이로 들리는 두 사람의 목소리에 멈칫 서고.

S#3. 다시 동 앞 (N)

강, 한쪽 무릎을 구부려 앉는다.

강   (눈높이 맞추며 속삭이는) 모든 거래에는 대가가 필요한 법이오. 낭자
             가 거래에 응할 결심이 서면, 그때 다시 찾아오시오.
자현   ! (굳어 있는데)

대문이 열리고! 나겸이 나온다. 돌아보는 강과 자현! 나겸이 두 사람을 내려다
보고 서 있다. 속삭이던 마지막 대화는 듣지 못했지만 강의 질문은 이미 들었다.

강   (일어나며) 동무가 찾아왔소이다. 돌려보내시구려. 때가 좋지 않은
             것 같소.
나겸   ......

들어가 버리는 강. 충격받은 자현은 바닥에서 일어날 줄을 모르는데... 다가온 나
겸, 비웃는 표정으로.

나겸   읍소할 대상을 잘못 찾아온 거 같네?
자현   (올려다보면)
나겸   네 남자를 죽게 만든 건... 우리 대감이 아니야.
자현   (보는데)
나겸   몰랐어? 은성대군을 역도로 고변한 사람은... 다름 아닌 대제학 성
             억 대감, 바로 네 부친인데.
자현   !
나겸   (다정하게 어깨에 손을 얹는) 몸은 괜찮으시니? 고변서를 쓰고 자결해
             서 죽으려는 걸 간신히 살려놓았다던데.
자현   (불쾌한/일어나면서) 이제... 우리 아버지까지 모함하는 거야?

깔깔깔 웃는 나겸.

나겸   너만 몰랐구나?
자현   ......

나겸	집에 가서 물어봐. 너네 아버지가... 은성대군에게 사약을 내린 거나 다름없으니까.
자현	!
나겸	(표변해서) 똑똑히 기억해. 은성대군은! 너네 집에서 죽인 거야! 너 때문에 죽는 거라구!

받아들이지 못하는 자현의 얼굴 위로 후두둑 비가 떨어지는데...

S#4. 대군저/사랑채 마당 (N)

비가 내리고 있다.

S#5. 강의 처소 (N)

나겸, 강의 환복을 돕는다. 빗소리 들리고... 어떻게 해서든 강의 마음을 잡아보고 싶은 나겸.

나겸	자리에 들기 전에 약주라도 한잔 하시겠습니까? 비도 오는데... 마침 삼해주가 잘 익어서...
강	(빗소리 의식하고 멎었다가) 자현 낭자가 아직도 밖에 있소?
나겸	돌아갔습니다.
강	혼자 걸어온 것 같던데... 가마를 내주었소?
나겸	(어이가 없고) 지금 우리가... 자현이를 대접할 분위기는 아니지 않습니까?
강	이 밤에 비가 이렇게 오는데... 우산도 없이 돌아가게 했단 말이오?
나겸	...... (기분 나빠지는) 본인이 원했습니다.
강	... (걸리는데)

나겸, 남편의 반응이 어이없다. 기분 더럽고...

S#6. 길 (N)

비가 내리고 있다. 절망하며 빗속을 걸어가는 자현. 빗물과 눈물이 뒤섞여 엉망인 자현의 얼굴.

S#7. 자현의 집 외경 (N)

빗속에 음울한 자현의 집.

S#8. 자현의 집/사랑채 마당/성억의 처소 앞 (N)

비 맞으며 마당 가운데 서 있는 자현. 아버지의 처소를 보고 섰는데... 심란한 빗소리에 문 열어보던 성억, 자현 발견하고 놀라는!

성억   자현아! 거기서 뭘 하는 게냐! (서둘러 달려 나오는)

그저 서 있는 자현.

성억   들어가야지, 왜 이리 비를 맞고 서 있어...
자현   ... 아니죠?
성억   ! (멎는/뭘 물어보는지 알 것 같다)
자현   아버지가 그런 게... 아니죠?
성억   ......
자현   (부친의 침묵에 불길해져 오는)
성억   (외면하며/딸의 팔을 붙잡고) 들어가자, 일단 들어가서...
자현   ! (뿌리치며) 아니라고 하세요! 마마를 죽게 만든 게! 아버지가 아니라고!

쿠르릉 쾅! 번개가 밤하늘을 가르고 천둥이 따라온다.

성억   널... 살려야 했다.
자현   절 죽이셨어요! 마마 없는 세상에서! 제가 살아갈 수 있다고 생각하세요?

성억	우리 집에 너만 있는 게 아니다! 어머니도! 네 오빠도! 모두 이 애비가 지켜줘야 하는 가족이야!
자현	(독해지는) 참으로 감사하군요! 정인을 죽여 절 살려주시니! 어버이의 은혜가 뼈에 사무칩니다! (돌아서는데)

지우산 쓰고 자현 마중 나오던 안씨, 우산 버리고 성큼성큼 걸어와 자현의 뺨을 친다! 빗속에서 얼굴이 돌아가는 자현.

안씨	(핏발 선 눈에 눈물이...) 못된 것!
자현	......
안씨	식구들 살리고자 내리신 결단이다! 그래놓고! 당신은 괴로워서 자결을 택하셨어!
자현	......
안씨	도승지가 구해주지 않았다면! 오늘처럼 네가 이렇게 아버지한테 패악을 부릴 수도 없었다구!
성억	(다가오는) 그만하시오, 부인. 모두 내 죄요.
안씨	(아랑곳없이) 네 사랑만 애달프구! 네 남자만 중하구! 부모는 뵈지도 않아? 식구들은 아무 상관도 없어?
자현	......
안씨	나두 누가 내 남자 아프게 하는 꼴은 못 보겠다! 아버지가 어떤 심정으로 그 길을 갔는지! 그 피눈물이... 네 눈에는 안 보이니? 지금도 철철 흐르는 게! 내 눈에는 다 보이는데?!

자현, 괴로움에 더 이상 못 참고 뛰쳐나가면! 빗속에 그대로 절망하며 서 있는 성억과... 안씨... 자현을 나무라긴 했지만 지아비를 편들 수도, 딸 편에 서서 지아비를 같이 원망할 수도 없는... 괴로움...

S#9. 집 안 일각 (N)

부모 앞을 빠져나온 자현! 기둥을 붙들고 서럽게 운다. 도무지 길이 안 보이는 절망인데... 루시개가 다가온다. 자현의 눈물 닦아주는. 자현, 보는데...

루시개	정신 차려.

자현	......
루시개	휘는 어떡해? 어떻게 구할 거야?
자현	......
루시개	(북쪽을 가리키며) 위에서는 내가 구할 수 있었어. 휘도 나 많이 구해 줬어. 근데 여기선 안 돼. 나는 궁에도 못 들어가. 네가 해야 해.
자현	...... (루시개의 말이 파고들고)

S#10. 나겸의 처소 (N)

나겸, 술잔을 넘긴다. 소반 하나 놓고 혼자 술 마시고 있는데... 안주 없이 술만 마신다... 빈 잔을 다시 채우고.

천둥 번개가 치고! 나겸의 얼굴로 번개가 지나간다. 불행하고... 외로운 나겸.

S#11. 경복궁 전경 (다음 날 D)

S#12. 건춘문 앞 (다음 날 D)

자현이 끝단이를 데리고 연상궁을 만나고 있다.

자현	부탁드릴 만한 분이 마마님밖에 없어서요...

저간의 사정을 다 알고 있다. 짠하게 보는데...

연상궁	일단 대왕대비전에 말씀은 올려보겠습니다. 자현 아씨가... 알현을 청하신다고...
자현	그리고 옥사에 면회는... (어찌 안 될까...)
연상궁	그건 제 소관이 아닙니다.
자현	... (안타까운데)
끝단	(나서서) 뭐 다른 길이 없을까요? 길만 일러주시면...
연상궁	(보다가) 제가 해드릴 수 있는 일은 없지만... 세상 길은... 돈이면 다 열리지 않겠습니까?
자현	!

연상궁	집안 사내들더러 나서달라 하세요. 여인들이 오갈 데가 아닙니다.
자현	... (생각해보는데)
끝단	대감마님은 어림두 없구... 도련님?
자현	!

연상궁, 궁리하는 자현을 안쓰럽게 보고...

S#13. 의금부 전경 (다른 날 N)

S#14. 옥사 앞 (N)

득식이 옥리에게 뇌물을 주고 있다. 주변 살피며 은밀하게 챙기는 옥리.

S#15. 의금부 일각 (N)

옥리가 자현을 데리고 가고 있다. 쓰개치마로 얼굴 가린 자현.

S#16. 휘의 옥 (N)

옥리, 자현을 휘가 갇힌 옥 앞으로 데려간다. 기특은 바닥에, 휘는 가만히 벽에 기대어 눈을 감고 있는데...

| 옥리 | 잠시뿐이오. 얼굴만 보고 나오시오. (자리 피해주면) |

옥문 앞으로 다가가 쓰개치마 내리는 자현. 눈 감은 휘를 가만 보고 있다가... 차오르는 눈물을 참으려 가만히 불러본다.

자현	마마...
휘	... (꿈인 줄 안다. 눈 뜨지 않는데...)
자현	마마... 저예요... 자현이가 왔어요.

혹시나 하며 눈 뜨는 휘. 눈앞에 자현의 모습에 벌떡 일어나 다가온다. 그 기세에 눈 뜨는 기특! 자현 보고 놀란다. 옥문 앞에서 서로의 손을 애틋하게 맞잡는

두 사람.

자현	몸은 괜찮으세요? 어디 아픈 데는 없으시구요? 고신을 당하지는 않으셨어요?
휘	아무리 역도의 누명을 썼다 하나 종친을 함부로 대하지는 않는다오. 마음이 억울할 뿐이지 몸은 괜찮소.
자현	... (그나마 다행이라는)
휘	... 뭐하러 험한 데까지 발길을... (눈길 떨구며) 이런 꼴은... 보여주고 싶지 않았는데...
자현	......
휘	식구들은 다 괜찮은 거요?
기특	(조심스레) 루시개는 어찌 되었는지 아십니까?
자현	제가 데리고 있습니다.

안도하는 휘와 기특.

휘	... 아버님도... 무사하신 것이오?
자현	(억장이 무너지고) ... 부디... 용서하세요. 아니... 용서하지 마세요. 마마를 이리 만든 저희 집안을... 미워하고 원망하셔야 합니다.
기특	(그 사실만은 용서할 수 없다. 외면하고)
휘	......
자현	아버지는... 이미 지옥에서 살고 계세요.
휘	나라도 그랬을 것이오.
자현	!
휘	낭자를 살릴 수만 있다면, 식구들을 지킬 수만 있다면... 그보다 더한 짓도 했을 것이오.
자현	... (치미는)
휘	아버님을... 미워하지 마시오.
자현	(기어이 눈물 터지고)
휘	왜 그러셨을까... 처음엔 이해도 안 가고 원망도 되었지만... 그리하여 낭자가 역도의 가족이 되는 불운을 피해 갈 수 있었다 생각하니 고맙기만 하더이다. 당신의 목숨을 버려가며... 절절한 부정을 보여주신 것이오.

자현	저는 용서가 안 됩니다...
휘	...
자현	아버지 잘못은... 반드시 바로잡을 거예요. 마마를... 살리고 말 거예요.
휘	그러지 마시오. 내가 살자고 낭자의 식구들을 다시 사지로 몰아넣을 순 없소.
자현	...... 마마...
휘	(자현의 뺨을 어루만지며) 혼례일에 낭자는... 참으로 예뻤는데.
자현	(미어지는데)
휘	맞절 한번 못 해보고... 이리 되고 말았으니...
자현	(서럽고)
휘	잠이 들면... 그날의 꿈을 꾼다오. 꿈속에서 나는 행복한 신랑이 되어 당신 향해 웃고... 족두리도 내려주고... 그러는데...

자현, 미칠 것 같다. 휘의 손 잡아 입 맞춰주는데... 휘, 차마 옥문 밖의 자현을 어찌하지 못하고...

기특, 연인들을 위해 돌아서 주며 운다.

휘	돌아보면... 더한 날도 있지 않았소?
자현	... (그랬다)
휘	내가 죽었다 여겨진 날도 있었소.
자현	(그랬지, 끄덕이는)
휘	그때도... 한 번도 포기하지 않았던 우리요.
자현	... (맞아)
휘	포기하지 맙시다.
자현	!
휘	지치지 맙시다.
자현	(끄덕이는데)
휘	살아 있으니, 희망이 있는 게요...
자현	!
휘	어떤 일이 있어도 나를 믿으시오. 무슨 일이 생겨도 희망을 버리지 마시오.

자현   ……

맞잡은 두 사람의 손길이 안타깝고...

S#17. 의금부 일각 (N)

휘의 옥사에서 뛰쳐나온 자현이 가슴을 부여잡고 우는데... 기다리던 득식이 다가와 끌고 간다.

득식   (자현의 입 막으며) 조용히 해! 여기까지 온 거 들키면 우리도 큰일 나!

다급히 데리고 나가는데...

S#18. 길 (N)

자현, 혼자서 어디론가 가려 하는데 득식이 잡아챈다.

득식   (기가 차서) 도승지를 만나겠다고?
자현   대비마마 동생 되시잖아! 가서 아버지의 고변이 사실이 아님을 밝히고 마마의 무고함을 대비전에 고해달라 하면 누명을 벗길 수 있을 거 아냐!
득식   이 등신아! 그럼 아버지가 죽게 되는 거야!
자현   !
득식   네 남자 구하자고 아버지 죽일래? 우리 집안이 패가망신하는 꼴을 봐야겠어!
자현   (말문이 막히는데)
득식   은성대군 면회시켜준 걸로 오래비 노릇은 끝이야. 네 소원 들어줬으니까 약속대로 아버지한테 난리 그만 치는 거다?
자현   ……
득식   (진심을 담아/못돼 보이지 않게) 아버지가 또 목이라도 매시면, 네 속은 시원하겠냐?

휘를 살리려면 아버지가 죽고, 그대로 두면 휘가 죽는다. 오도 가도 못하는 자현의 괴로움...

S#19. 대왕대비전 전경 (다음 날 D)

S#20. 대왕대비전 (D)

연상궁, 대왕대비 심씨에게 자현의 알현 요청을 전한다. 장상궁, 심씨의 기색을 살피고.

연상궁	마마... 대제학 댁 성소저가 알현을 청하옵니다.
대왕대비 심씨	!
장상궁	... (조심스레) 보시겠습니까?
대왕대비 심씨	(진노하는) 자기들 살겠다고 내 자식을 사지로 몰아넣은 집안 아니냐! 되었다! 내 다시는 그 집안 것들을 상종하고 싶지도 않다!
연상궁	...... (당황하고)

장상궁, 연상궁에게 나오라고 눈짓하고.

S#21. 건춘문 앞 (D)

알현 요청을 넣은 자현이 끝단과 함께 기다리고 있다. 연상궁이 나와 대왕대비의 거부를 전한다. 장상궁이 뒤에 따라왔는데...

연상궁	지금은 마마의 심기가 편치 않으시옵니다. 오늘은... 뵙기가 어려울 것 같습니다.
자현	기다리겠습니다.
연상궁	아씨... (말리는)
자현	늦어도 괜찮습니다. 날을 새도 상관없습니다. 마마를... 봬야겠습니다.
장상궁	... (나서는/이 말을 하러 나왔다) 은성대군의 처결 때문이라면 대왕대비마마가 아니라 진양대군을 만나셔야 합니다.
자현	!

연상궁	(동조한다) 하긴... 진양대군이 영상의 자리에 있고 처남이 병조판서니...
장상궁	대왕대비마마가 은성대군을 살리고자 하셔도... 신하들이 반대하면 도리가 없습니다.
자현	...... (암담하고)
장상궁	세상은 이제... 진양대군의 판입니다.
자현	......

S#22. 동 (D)

알현 거부당한 자현, 그래도 건춘문 앞을 떠나지 못한 채 갈등하며 서 있다.

인서트) 1씬. 자현을 압박하던 강.

강	허면 낭자는 내게 무엇을 주겠소?
자현	!
강	은성의 목숨과 바꿀 만한! 뭔가 대단한 거라도 있으시오?
자현	...... (당황하는데)
강	낭자는 내게! 무엇을 주겠느냐 이 말이오!

인서트) 16씬. 애써 희망을 가지려던 휘.

휘	살아 있으니, 희망이 있는 게요...
자현	!
휘	어떤 일이 있어도 나를 믿으시오. 무슨 일이 생겨도 희망을 버리지 마시오.

무력감을 느끼는데... 봄날의 햇빛은 따갑고... 현기증을 느끼는 자현, 시야가 흔들린다. 건춘문에서 누군가 나온다. 익숙한 옷자락에... 은성대군? 착각 속에 풀썩 쓰러지는 자현! 아씨! 놀란 끝단이의 외침이 귓가에서 멀어져가는데... 그런 자현을 일으키는 누군가의 손길...

S#23. 기루/초요경의 방 (D)

식은땀이 나는 자현의 얼굴. 끝단이 면포로 이마를 찍어내고 있다. 자현, 서서히 눈을 뜨면...

끝단   정신이 좀 드셔요?

자리에서 일어나는 자현. 초요경이 보고 있다. 쟁반 위에 물대접과 소금 내밀면서.

초요경   의원이 왔다 갔습니다. 며칠 동안 드신 게 없는 거 같다고... 빈속
             으로 종일 햇볕 속에 서 있으니... 탈진하여 쓰러지신 것입니다.

자현, 물 마시고 대접 내어준다. 끝단이 억지로 소금 찍어 먹여주는.

자현   (짠맛에 찡그리며) 여기가 어딥니까?
초요경   ......
끝단   (민망한) 퇴청하시던 진양대군께오서 쓰러진 아씨를 이리로 뫼셨
             습니다.
자현   ... (둘러보는/기방이구나)
초요경   반가의 규수를 기방에 들이는 것은... 모욕적인 처삽니다.
자현   ......
초요경   전에 오셨을 때하구는 상황이 다르지 않습니까? (그때는 네가 원해서
             연인과 함께 온 거라는)
자현   ! 절... 알아보시네요...
초요경   기녀들은 눈썰미가 좋답니다.
자현   (부끄럽고)
초요경   (미소하며) 가마를 불러드릴 터이니 타고 가시지요.
자현   ... 대감을 뵙고 싶습니다.
끝단   아씨! (안 된다는)
초요경   ......

S#24. 기루/기방 (D)

강 앞에 선 자현. 강, 자현을 의식하며 천천히 술을 마신다.

강	나를 보고자 하는 이유는... 하나뿐일 터. 허나 낭자의 소원은 내가 어떻게 해줄 수 있는 게 아니오. 내 동생 은성은... 국법에 따라 처리될 것이오.
자현	(결심하고) 아직도... 절 원하십니까.
강	(멎었다가) 글쎄올시다.

자현, 강 앞에 엎드린다.

강	! (보고 놀라는)
자현	저를 다 드리겠습니다.
강	......
자현	온 나라, 온 하늘을 바쳐도... 한 사람의 목숨보다 귀하다 여겨지지 않습니다. 하여 제가 가진 전부를... 저 자신을... 대감께 던지겠습니다. 절... 죽이시고(그 길은 자기에게 죽는 길이다)... 그분을 살려주십시오.
강	......
자현	제 아비의 죄를 갚는 길은... 저를 버리는 길이라 생각합니다. 대감의 뜻대로 하십시오.
강	......
자현	......
강	나에게 오는 것이... 낭자에게는 죽음과도 같은 것이오?
자현	......
강	나에게... 죽으러 오겠다...
자현	......

으하하하! 헛헛한 웃음을 터뜨리는 강. 자현, 엎드려 통한의 눈물 흘리고. 강의 웃음이 계속된다.

S#25. 동 앞 (D)

초요경이 방에서 들려오는 강의 웃음소리를 듣고 있다. 표정이 묘한데.

S#26. 경복궁 외경 (다른 날 D)

S#27. 편전 (D)

소년왕이 용상에 앉아 있고 대왕대비가 수렴 뒤에 있다. 강과 양안대군, 조정 대신들이 나와 있다.

양안대군	아무리 연치 어리시다 하나 대행왕이 정하신 후계를 흔들고자 난군을 일으켜 전하의 외조부를 참하고! 이조판서와 여러 대신들을 살해하여 조정을 파탄에 빠트린 은성대군 이휘를 벌하시어 왕실의 위엄을 세우소서!
정연	참형으로 다스려야 합니다! 은성대군 이휘의 고신을 거두고 역도의 최후가 비참함을 보이시어 다시는 보위를 탐내는 종친이 없게 하셔야 합니다!
박부경	은성대군을 참하소서!
신하들 일동	(함께 외치는) 은성대군을 참하소서!
소년왕	(수렴을 보는)

수렴 안의 대왕대비 심씨, 떨린다.

대왕대비 심씨	아무리 그 죄가 크다 하나 대군을... 아들을 내 손으로 죽일 수는 없소! 당장에 참하기보다는... 유배를 보내 뉘우칠 기회를 주고...
정연	아니 되옵니다, 마마!
대왕대비 심씨	......
정연	역도에게 관대함을 보이심은 장차 왕권을 넘보는 발칙한 무리들에게 있어서는 안 될 선례를 남기는 것이니! 부디 국법의 지엄함을 보이시어 참형을 내리셔야 될 줄로 아옵니다.
대왕대비 심씨	경들은 어찌 이리 잔인하오! 대행왕이 승하한 지 얼마나 되었다고! 나에게 또 아들을 잃으라는 것이오!
양안대군	사사로이 아들이라 보지 마시고... 전하의 보위를 위협한, 죄인으로 보셔야지요.
대왕대비 심씨	(부들거리는데) 불가합니다. 아무리 죄가 있다 해도! 대군을 참형에 처할 수는 없음이에요!

정연	종사를 생각하시옵소서, 마마!
일동	통촉하여 주시옵소서 마마!
대왕대비 심씨	... (미치겠는데)

이윽고 나서는 강.

강	제 동생인 은성대군의 죄는 죽어 마땅하나!

일동, 주목하면.

강	근자에 왕실에 비극이 계속되어 백성들의 사기가 땅에 떨어지고 어마마마의 근심이 하늘에 달하니... 왕실의 일원으로 백성들 보기가 민망하고 자식으로서 몸 둘 바를 모르겠습니다. 시도는 극악하였으나 전하께서 무사하시고 윗전의 상심이 깊으시니... 죄인 은성대군을 사사하는 대신 절도에 안치하여 여생을 반성케 한다면, 왕실의 너그러움을 만방에 내보일 수 있을 것이옵니다.

양안대군과 강 라인 신하들, 모두 당황하고.

대왕대비 심씨	(기회를 놓치지 않고) 난군들의 자백이 있었다 하나 당사자인 은성대군은 계속 역모를 부인하고 있습니다. 아직은 살려두어 여죄를 치죄하고! 혹시나 있을지 모르는 억울한 사정을 살펴봐야 할 것이오.
강	(신하들에게) 대왕대비전의 뜻을 받들고자 합니다.

강의 압박에 누구도 나서지 못하는데... 양안대군, 강이 왜 저러나 싶고...

S#28. 정국장 (다른 날 D)

휘가 기특과 함께 끌려 나와 있다. 대신들 지켜보는 가운데 우의정 박부경이 형을 읽는다.

박부경	사특한 마음으로 역심을 품고 난군을 일으킨 은성대군 이휘의 군

	호를 삭탈하고 병조판서의 고신을 거두노라.
휘	......
박부경	(이어지는) 죽어 마땅한 대역죄인이나 북방 원정의 공이 있고 주상 전하의 지친임을 감안하여 교동도에 안치시키는 은혜를 베푸노니 평생을 뉘우치며 반성하며 살아가도록 하라!
기특	(걱정되는) 마마...
휘	...... (치욕적인/그러나 굴하지 않으려는) 목숨은 건지지 않았느냐. 전하와 어마마마께 감사할 일이다.

담담히 궁을 향해 숙배[1]하는 휘. 기특, 할 수 없이 따라 절하는데...

S#29. 길 (D)

자현이 미친 듯이 달려가고 있다. 따라가는 끝단과 루시개. 사람들과 부딪혀도 나 몰라라 직진만 하는 자현과 루시개! 쫓아가는 끝단이 대신 부딪힌 사람들에게 사과하고. 떨어진 물건들 주워주고.

S#30. 길 (D)

걸어서 유배 가는 휘와 기특. 금부도사와 나졸들이 앞뒤로 호위하는데...

S#31. 마포 나루터 (D)

나루터에 도착한 휘 일행. 배가 준비되기를 기다린다.

S#32. 나루터 근처 (D)

열심히 달려온 자현, 휘를 찾아 사방을 둘러보는데! 못 보고 보낼까 봐 속이 타들어 가고.

---

1) 네 번 절하고 떠난다.

S#33. 다시 나루터 (D)

배가 떠날 준비가 되어 있다. 기특이 먼저 배에 오른다. 이어서 휘가 배에 오르려는데... 소중한 사람을 두고 떠나는 마음... 어쩌지 못해 돌아보면... 나루터를 오가는 백성들뿐이다. 미련 버리고 배에 오르는데... 천천히 물 위로 나아가는 배... 그 위로 마마! 애타는 자현의 외침이 들리고! 휘이익! 휘를 부르는 루시개의 날카로운 휘파람이 겹친다!

휘	! (멎는)
기특	(알아채고) 마마! (자현 아씨 아니냐는)
휘	(돌아보는데)

나루터 오가는 사람들 헤치며 달려오는 자현! 쫓아오는 루시개! 허덕대는 끝단!

휘, 배에서 뛰어내린다! 첨벙거리며 물을 건너 뭍으로 오는 휘! 휘를 잡으려고 배를 다시 나루터에 대게 하는 금부도사. 기특, 안타까워 보고.

휘를 향해 달려가는 자현! 자현을 향해 나아가는 휘! 마침내 만나... 서로를 끌어안는 두 사람! 루시개, 멈칫 서고!

자현	마마...
휘	뭐하러 여기까지... 강바람도 찬데...
자현	...... 얼굴이라도 한번 보려구요...
휘	... 이게 마지막은 아니오.
자현	... (미어지고)
휘	(찢어지는) 우리의 끝이... 여기가 될 순 없어.
자현	...... (격려해주고자 끄덕이는)
휘	잠시만, 잠시만 기다려주오.
자현	......
휘	내 반드시, 반드시 돌아오리다.
자현	(알았다고 끄덕이는데)
루시개	나 데려가. 나도 따라갈래.
휘	(막으며) 아씨를 지켜.

루시개	! (싫은데)
휘	(간절한) 부탁해.
루시개	(휘의 곁에 있고 싶은데/부탁을 거절할 수도 없는)
자현	그래도 전과 달리 어디 계신지도 알고... 생사도 알 수 있으니... 전쟁 나가셨을 때보다는... 마음이 덜 괴롭습니다.
휘	편지하겠소. 거기서도 서찰은 보낼 수 있을 것이오.
자현	답장하겠습니다.
휘	......

다가오는 금부도사. 자현, 보고 질리는.

금부도사	배에 오르셔야 합니다. 지금 떠나도 이틀은 걸립니다.
휘	......
자현	...... (차마 놓지 못하고)
금부도사	(채근하는) 마마...

자현과 맞잡은 손 놓아주는 휘. 자현, 눈물이 왈칵 솟고.

휘	(루시개에게/끝단에게) 아씨를 부탁한다.
루시개	(화나고 서운한)
끝단	(그렇서 숙이며 인사하는)

나장들에게 다시 끌려가는 휘!

자현	마마!
휘	걱정 마시오!
자현	마마!

다시 배에 태워지는 휘. 배가 떠나고... 움직이는 배 따라 강변을 따라가는 자현. 루시개와 끝단.

자현	마마!

목 놓아 부르는 자현의 외침. 자현에게는... 지금이 마지막이다. 넘어지는 자현!
휘, 다시 뛰어내리기라도 할 듯 일어서는데. 마마! 마마! 주저앉아 휘를 목 놓아
부르는 자현. 멀어지는 배!

S#34. 대군저 외경 (N)

S#35. 동/강의 처소 (N)

강과 양안대군, 자준과 어을운이 모여 있다.

양안대군	실수하신 겁니다. 이번 기회에 은성을 날려버렸어야 하는데...
자준	아무래도 혈육이라... 마음이 약해지신 것입니까?
강	교동도 도호부의 부사는 난군들의 손에 죽어간 도연수의 아들입니다.
양안대군/자준	! (감탄하고)
강	아비를 죽인 원수가 제 수중에 떨어지는데... 가만둘 리 있겠습니까? 제 손으로 저지르지는 못해도... 이쪽에서 사람을 보내면 묵인은 할 것입니다.
자준	(끄덕이고)
강	어마마마를 적으로 돌리는 것도 부담이 됐구요.
양안대군	...... (이해가 된다)
강	난군들이 자백을 하고 대제학이 고변을 했다고는 하나... 북방에서 기적처럼 살아 돌아온 은성은 백성들 사이에 신화적인 인물이 되었지요. 평소 성정이 온후했던 편이라... 대체 왜 그런 짓을 했는지 반신반의하는 신료들도 많구요.
자준	허면 어찌할 작정이십니까?
양안대군	은성이 유배지에서 얌전히 그림이나 그리고 있지는 않을 것이야. 재기를 도모할 것이고... 유배지를 벗어나거나 도성의 누군가와 연락을 취하면... 그때 바로 칩시다. 은성의 어리석음으로, 은성의 도발로 일이 시작되어야... 윗전에서도 수긍을 할 게야.
자준	어린 주상에게 양위를 받아내고 대왕대비전의 교지가 떨어지려면...
강	어마마마의 수족들을 하나하나 잘라나가는 겁니다. 유배 보낸 은

성이 정리가 되면... 제 편이 아닌 외숙부 도승지도... 물러나주셔
야지요.

양안대군 (맘에 들고/자준에게) 어을운을 바로 보내시게. 거기 부사와 미리 논
의를 해두어야 할 게야.

자준 알겠습니다, 대감.

이선보나 여유를 찾은 상의 모습.

S#36. 배 위 (N)

기특 꾸벅꾸벅 졸고 있는데... 밤바다를 바라보며 심란한 휘.

S#37. 자현의 집 / 자현의 처소 (다음 날 D)

자현, 휘에게 보내는 유서를 쓰려 하고 있다. 옆에는 이미 완성된 유서 하나. 부
모님께 올린 것이다. 붓을 잡은 손이 떨려 제대로 써지지가 않고... 떨리는 손을
다른 손으로 붙잡아가며 천천히 한 자 한 자 이별의 편지를 써내려간다.

자현(NA) 나의 님, 나의 휘...
당신의 이름을 부르면 휘파람이 되었습니다.
당신의 이름을 부르는 것으로 사랑이 시작되었고...
우리는 운명이 되었지요.
우리가 꿈꾼 삶은 아주 작은 것이었습니다.
한 집에서 자고, 한 상에서 밥을 먹고, 나란히 앉아 그림을 그리
고...
그러나 이제 압니다. 그 작은 꿈이... 실은 얼마나 이루기 어렵고...
불가능에 가까운 것인지를...
운명이 이 생에서 당신에게 가는 길을 막았지만
죽음은 저를 막을 수 없을 것입니다.
혹시라도... 자책은 하지 마셔요.
당신을 만나지 않았다면 평탄하게 살았을 거라고...
헛된 짐작도 하지 마셔요.
당신이 제게 오셨기에 진정한 나로 살 수 있었습니다.

참된 내 모습을 일깨워주신 당신, 당신은 나의 스승이고 연인이 며... 또 다른 나 자신이었습니다.
그대를 통해 못다 한 생을 이어가겠습니다.
그러니 너무 슬퍼 마세요.
언젠가 전장으로 떠나며 당신의 목숨은 나의 것이라 하셨지요.
당신의 삶 역시 나의 것입니다.
먼저 가서 기다립니다. 부디 오래 세월이 지나... 저에게 오세요.
꽃이 되어 기다리고 있겠습니다...

인서트) 휘와 자현의 재회 이후 추억들
-9부 47씬. 문이 열리고, 달려 나와 3년 만에 휘의 품속으로 뛰어드는 자현.
-9부 51씬. 키스하는 두 사람.
-9부 51씬. 자현의 머리 묶어주는 휘.
-10부 57씬. 연지 곤지를 찍는 자현.
-10부 71씬. 안타까이 떨어지는 두 연인의 손길, 달려 나가는 휘.
-12부 16씬. 옥사에서 휘의 손 잡아 입 맞추는 자현.
-12부 33씬. 물을 건너와 자현과 만나 끌어안는 휘.

유서를 마친 자현, 봉투에 넣어 밀봉하는데... 밖에서 끝단이 고하는 소리.

끝단(소리)　　아씨... 대군저에서 가마가 왔습니다.
자현　　! (가슴이 쿵! 떨어지는. 올 것이 왔구나)

문이 열리고.

끝단　　안 가실 거죠? 그냥 돌려보낼까요?
자현　　좀 들어와.

끝단, 들어와 앉으면.

자현　　잘 들어.
끝단　　......
자현　　이 두 개의 서찰을 잘 갖고 있다가...

끝단	... (뭔가 불안하고)
자현	나한테 무슨 일이 생기면...
끝단	아씨!
자현	(아무렇지 않은 척 미소로) 만약에, 만약에 말이야...
끝단	(걱정이 가득 몰려오고)
자현	파란 건 어머니한테 드리고... 붉은 건... 교동도로 보내.
끝난	은성내군 마마한테요?
자현	(끄덕이며)
끝단	이게... 뭔데요?
자현	그냥... 서찰이야.
끝단	한 집에 같이 사는 어른들한테 웬 서찰이에요...
자현	혹시 몰라서. (사이) 잘 갖구 있어.
끝단	......

S#38. 마당 (D)

강이 보낸 가마가 와 있다. 자현, 가마에 오르려는데. 끝단, 나와서 말리고.

끝단	가지 마세요, 아씨! 거긴 뭐하러 가요!
자현	(둘러대는) 남은 궁가의 일로 의논할 게 있다잖아.
끝단	... (이해가 안 가는) 근데 왜 저는 따라오지 말라는 건데요!
자현	보내준 가마 타고 가서 데려다주는 대로 올 건데 뭐. 걱정하지 말고 집에 있어.

자현, 가마에 오르고. 끝단, 못내 불안한데...

S#39. 길/가마 안 (D)

자현, 소매에 숨긴 단도를 꺼내본다. 날을 확인하고 다시 칼집에 넣는데. 각오가 단단한 얼굴에서.

S#40. 교동도 전경 (D)

S#41. 초가집 (D)

폐가 수준의 유배지 거처. 다 쓰러져가는 초가집이다. 마당에는 쓰레기가 널려 있고. 교동도의 도호부사 도정국이 차가운 얼굴로 서 있다. 동행한 관원들 보이고. 막 도착한 휘와 기특, 엉망인 처소 상태에 굳어 있는데.

도정국	어서 오시지요. 여기가 앞으로 대군이 거하게 될 처소입니다.
기특	... (당황스러운데)
휘	... (받아들이려 하고)
기특	(못 참고 나서는) 지금 이게 무슨 짓이오! 아무리 유배를 오셨다 하나 일국의 대군이신 마마를! 이런 곳에 거하시게 할 순 없소이다!
휘	(그러지 말라는) 기특아...
기특	마마가 거하실 만한, 제대로 된 처소로 안내하시오!
도정국	(여기) 유람 오셨소?
휘	!
기특	! (열 받은) 무엄하오!
도정국	죄인의 몸으로 내려왔으면 고생하고 뉘우칠 각오를 해야지, 오자마자 대접부터 받으려 들다니! 참으로 한심하오!
기특	말이면 다요? 왕족에게 갖추어야 할 예를 이야기하고 있지 않소!
휘	그만!

일동, 쳐다보면.

휘	그만해. 이 사람들한테는 내가 왕족이 아니라 그저 죄인인 거야.
기특	마마는 죄가 없으십니다! 누명을 쓰신 것뿐인데!

비웃는 도호부 부사 도정국, 휘에게 다가온다.

도정국	부사 도정국! 대군께 인사드리오.
휘	... (설마) 도정국이라면...
기특	!
도정국	맞소이다. 변란의 날에 처참하게 돌아가신 이조판서 도 연자 수자! 그분이 내 부친이오.

| 휘 | (경악하고) |

인서트) 10부 66씬. 도연수 살해당하는 장면.

도정국	원수를 갚기 위해 사임하였으나... 대군께서 내려오신다는 소식에 사의를 접고 기다렸소.
휘	(굳은)
기특	... (걱정스럽고)
도정국	유배의 나날들이 참으로 기대되지 않소?
휘	(긴장하고)
도정국	(의미심장하게) 계시는 동안 불편이 없도록 잘 챙겨드리리다.

안절부절하는 기특.

| 도정국 | (노려보며) 죄인 이휘에게 먹을 쌀과 소금, 간장을 주고. 데리고 온 시종 외에 잡인(雜人)은 출입하지 못하게 하라. |
| 휘 | ...... |

폐가에서 나가는 도정국. 수하들이 쌀과 소금, 간장 두고 밖으로 나간다.

| 기특 | (이를 가는) 진양대군이 일부러 여기로 보낸 거예요! 마마께서 자기 부친 죽인 줄 알고 칼을 갈고 있는 사람한테! 우릴 넘긴 거라구요! |
| 휘 | (밝은 척 기운 내는) 자자, 이렇게 서 있지 말고 청소부터 하자. 지붕 있고 벽 있으면 됐지, 뭘 바래? 한뎃잠 자는 데 이골이 난 우리들인데, 이만하면 궁궐이네 뭐~ |

휘, 솔선수범하여 쓰레기부터 치우기 시작하고. 기특도 마지못해 움직인다. 쌀과 소금, 간장을 챙기는데... 쌀자루 무게가 이상한. 열어보니 쌀 반 흙 반이다.

| 휘 | 무거워? 도와줄까? |
| 기특 | (황급히 닫으며) 아닙니다. (서둘러 둘러메고 가는데) |

S#42. 초가집/부엌 (D)

기특, 쌀자루 열어놓은 채 근심이 깊은데... 어쨌든 대군을 먹여야 한다. 아궁이 위에서 굴러다니던 이 빠진 바가지 갖다가 흙더미 사이에서 쌀알을 골라낸다.

S#43. 궁가 앞 (D)

자현의 가마가 와 선다. 안에서 내리는 자현. 서늘한 얼굴로 궁가를 보는데...

S#44. 대군저/나겸의 처소 (D)

나겸 앞에 와 있는 초요경.

초요경	오랜만에 인사드립니다, 마님.
나겸	(뜨아한) 자네가 웬일인가? 대감은 아니 계시네만.
초요경	오늘은 마님을 뵈러 왔습니다.
나겸	... (보면)
초요경	대감께서... 은성대군을 사사하지 않고 구명해주신 이유를... 알고 계셔야 할 거 같아서요.
나겸	!
초요경	마님께 호되게 혼난 이후로... 대감의 사람이나 마님께 충심을 바쳐야 함을... 제대로 깨달았지요.
나겸	(입바른 소리는 됐고) 따로 아는 바가 있다면, 말해보거라.
초요경	대제학 성억 대감의 여식, 자현 아씨...
나겸	자현이가 왜?
초요경	그분이 대감과 거래를 했습니다.
나겸	!
초요경	은성대군의 목숨을 살려주면... 대감이 원하는 대로 하겠다며.
나겸	!! (굳는)
초요경	그게 무슨 뜻이겠습니까.
나겸	......
초요경	아니나 다를까? 은성대군이 유배를 가자마자 자현 아씨를 궁가로 부르셨더군요.

나겸	... (사력을 다해 누르며) 알겠다. 앞으로도 고해야 할 일이 있으면 언제든 찾아오너라.
초요경	저 같은 천것이 무탈하게 살아가기 위해서는... 마님 같은 분의 심기를 거스르면 안 된다는 거... 잘 알고 있사옵니다. 앞으로도... 아셔야 할 일들이 생기면... 따로 말씀드리지요.
나겸	분수를 알면 넘치는 법이 없게 마련이지. 내 너의 갸륵한 뜻은 잘 알았다.
초요경	송구하오나 마님, 진양대군께는 비밀로 해주십시오.
나겸	......
초요경	대군이 아니면... 마님께 이것저것 말씀드리기가... 어렵지 않겠습니까?
나겸	무슨 말인지 알았다. 걱정 말거라.
초요경	(고개 숙여 읍하고)
나겸	...... (초요경 앞에서 무너지지 않으려 다잡는)

S#45. 자현의 집/자현의 처소 앞 (D)

마루에 앉아 서신 두 통을 들고 고민하는 끝단. 불길한 예감에 서신을 뜯어볼까 말까 갈등하는데... 그러다 한숨 푹.

끝단	뜯어보면 뭐해. 문자는 알지도 못하는데...

루시개가 온다.

끝단	(벌떡 일어나 다가가는) 루시개!
루시개	(보면)
끝단	너... 한자 좀 아니?
루시개	나 까막눈.
끝단	그런 말은 또 어떻게 안대?
루시개	기특이가 나 까막눈이라고 맨날 놀렸어.
끝단	까막눈 루시개, 부탁이 있는데...
루시개	(보면)
끝단	궁가에 좀 가봐.

루시개	...
끝단	아씨한테 무슨 일 생길까 봐 불안해.
루시개	네가 가면 되잖아.
끝단	난 너하구 역할이 다르잖아!
루시개	어떻게 달라?
끝단	(손가락으로 제 머리 가리키며) 난 머리를 쓰구! (루시개 가슴팍 찌르는) 넌 몸을 쓰구!
루시개	?! (기분이 나빠야 될 상황 같고)
끝단	(꼬시는) 저녁에 누룽지 긁어놓을게.
루시개	(바로 움직이는) 두 덩이.
끝단	조청도 뿌려준다 내가!

달려가는 루시개.

끝단	역시 누룽지에 안 넘어가는 사람을 못 봤어. 행랑에서는 누룽지권 이 왕권이지~

S#46. 궁가/안방 (D)

아름답게 꾸며진 방 안. 마주 앉은 강과 자현 사이에 다구가 준비되어 있다. 화로에는 주전자 위에서 물이 끓고 있고.

강	옛날 생각이 나서.
자현	!
강	우리가 처음 만났을 때... 낭자가 나에게 차를 우려 주었지.
자현	...... (기가 막히고)
강	오늘도 나에게... 차 한잔 만들어주겠소?
자현	(누르고/주전자의 물을 숙우에 따라 물부터 식히기 시작한다)
강	...... (보는) 집 안이 많이 바뀌지 않았소? 낭자를 위해 좀 더 꾸며보 았소.
자현	! (굳는)
강	언젠가 낭자가... 여기서 지내게 될 날이 오지 않을까 해서.
자현	(못 참고 터뜨리는) 어떻게 이렇게 잔인하십니까!

강	......
자현	은성대군과 함께 살려고 하루하루 공들여 꾸민 집입니다. 담장만 봐도 가슴이 무너지고 문지방을 넘어가는 것도 숨이 막히는데... 어떻게 여길 손을 대고... 감히 저를 여기로 부르십니까!
강	... 내 심정은 어땠을 것 같소!
자현	!
강	내 손으로 은성과 낭자가 살 집을 골라! 웃으며 내어줄 때의 내 심정은!
자현	!!

S#47. 길 (D)

나겸의 가마가 가고 있다. 가마 안, 무서운 표정의 나겸.

S#48. 다른 길 (D)

루시개가 오고 있다.

S#49. 궁가/안방 (D)

자현, 강이 차를 마시는 동안 소매 속에 숨겨둔 단도를 천 위로 잡아본다.

강	오늘... 어떤 마음으로, 무슨 각오로 가마를 타고... 여기까지 온 것 이오?
자현	... 약속을 지키러 온 것입니다.
강	...... 내가... 동생의 사람을 욕심낸 것은 이번이 처음이 아니었소.
자현	!
강	은성의... 첫사랑 이야기를 해주리까?
자현	...... (보는)
강	사저에 살던 내가 처음 궁으로 돌아갔을 때... 은성의 처소에는 연 이라는 생각시가 있었소.
자현	......
강	다쳐서 부목을 댄 팔로도 은성의 신발을 닦아주던 아이였지.

자현	... 충심이 깊은 나인이었나 봅니다.
강	애정이었소. 깊고도 분명한 애정.
자현	......
강	은성이 어딜 가나 따라다녔고... 하루 종일 은성만 보던... 해바라기였소. 은성이 웃어주면 세상을 다 가진 듯 행복에 절었고... 은성이 화를 내면 세상이 무너진 듯 아파했소.
자현	......
강	그 애를 갖고 싶었지. 내 사람이 되기를 바랬소.
자현	그 생각시는... 어찌 되었습니까.
강	... 죽었소.
자현	! (멎고)
강	나도 잘해줄 수 있었는데... 나도 누구 못지않게... 어여삐 여겨줄 수 있었는데 말이지.
자현	......
강	내가 낭자를... 어찌할 것 같소?
자현	...... (긴장하며 단도 꺼내려는데)
강	돌아가 기다리시오.
자현	! (굳는)
강	시정잡배처럼, 낭자를 함부로 탐내지는 않겠소.
자현	......
강	때를 기다려 예를 갖추어 낭자를 맞이할 것이니... 그때까지 허튼 생각 말고 몸이나 챙기시오. 바람이 불면 부러질 몸이오.
자현	동생의 여인을 갖고자 하시니 이미 예가 아닙니다. 껍데기 예 따위... 더 치욕입니다.
강	낭자가 무슨 생각하는지... 알고 있소.
자현	......
강	아마도 죽고 싶은 게지.
자현	!
강	하지만 은성이 아직 살아 있으니...
자현	......
강	희망을 버리지 못해 죽기도 어렵겠지.
자현	......
강	고통의 나날을 견뎌보시오. 내가 그랬던 것처럼!

자현	！
강	물러가도 좋소. 적어도 오늘은.
자현	……

S#50. 마당 (D)

허탈하게 길어 나오는 사현. 강의 수하 동호가 숭분을 열어주는데…

| 동호 | 대문 밖에 가마가 기다리고 있을 것이옵니다. |
| 자현 | …… |

중문을 나서는 자현. 동호, 강에게 돌아가고.

자현, 그제야 단도를 꺼내 뽑아보는데…

인서트) 앞 씬의 강
강	아마도 죽고 싶은 게지.
자현	！
강	하지만 은성이 아직 살아 있으니…
자현	……
강	희망을 버리지 못해 죽기도 어렵겠지.

자현, 자신을 찌르지도, 칼을 버리지도 못한다. 갈등 속에 서 있는데…

S#51. 대문 앞 (D)

자현을 태울 가마가 대기 중이다. 와 서는 나겸의 가마. 가마에서 내린 나겸이 대기 중인 자현의 가마를 노려본다. 그리고 이어 대문을 노려보는데!

S#52. 안방 (D)

강이 차를 마저 마신다. 수하 동호가 명을 기다리는데…

강	대제학의 집에 감시꾼을 붙여라. 언제 도망갈지, 무슨 짓을 할지 모르는 사람이니.
동호	알겠습니다.
강	......

S#53. 대문 밖 (D)

자현이 밖으로 나오는데... 우뚝 서 있는 나겸. 놀라서 긴장하는 자현인데!

나겸	(다가오는) 우리 집에 와서 첩살이라도 하겠다는 거야?
자현	......
나겸	이제 와 우정 따위... 바라지도 않지만... 그래도 이건 아니지. 아예 금수가 되기로 작정을 한 거야? 대체 이게 무슨 짓이야!
자현	대군을 살릴 수만 있다면... 금수 아니라 더한 것도 될 수 있어.
나겸	!
자현	금수만도 못한 게 누군지... 잘 생각해봐.
나겸	(노려보는데)
자현	동생의 목숨을 담보로... 동생의 여인을 갖겠다는 진양대군! 친구도, 가족도 저버리고 야욕을 부리는 너!
나겸	지금 남의 지아비랑 한 집에 있다 나온 사람이 누군데!
자현	내가 원한 것 같아? 좋아서 내 발로 온 거 같냐구!
나겸	... 은성대군은 어차피 죽어.
자현	!
나겸	네가 은성대군 살리겠다고 몸을 던져봤자! 그 사람은 어차피 죽게 돼 있어.
자현	(가까이) 그게 무슨 소리야! 대군은! 사사를 면했어! 섬으로 유배를 갔다구!
나겸	(비웃으며) 세상이... 역도의 목숨을 붙여놓을 거 같아?
자현	!

궁가에 도착한 루시개, 두 사람 목격한다.

나겸	네 읍소 때문에 살려놓은 거 아냐. 우리 대감이 했다는 너와의 거

래, 약속! 그거 지키느라 살려놓은 것도 아니고.

자현	(경악하는데)
나겸	그러니까 잘 들어.
자현	……
나겸	내 남자 옆에 얼쩡거리지 마.
자현	……
나겸	기생은 잠아노 너는 못 잠아.
자현	……
나겸	은성대군 살리기 위한 눈물겨운 희생이었다 착각 어린 자화자찬 역겨우니까, 너 같은 걸 첩으로 들여 한 집 살림은 죽어도 못하니까! 내 꽃밭에 얼씬도 하지 말라구.
자현	……

끼어드는 루시개.

루시개	아씨!
자현	! (보고 놀란)
루시개	(다가와) 가시지요, 아씨.
나겸	(갑자기 끼어든 루시개 노려보고)

루시개, 대기 중인 가마의 문을 열어 자현을 태운다. 나겸을 지나치는 자현의 가마. 루시개, 나겸을 한번 노려봐 준다. 강의 수하들이 가마를 따라가고.

S#54. 자현의 가마 안/길 (D)

자현, 휘의 목숨이 위험할지도 모른다는 생각에 불안한데...

자현을 지키듯 가마 옆을 따라가는 루시개. 강의 수하들이 감시꾼으로 붙는다.

S#55. 교동도 전경 (N)

파도치는 밤바다.

S#56. 초가집/큰 방 (N)

휘가 자현에게 편지를 쓰고 있다.

S#57. 초가집/마당 (N)

복면무사가 휘가 묵는 유배지의 처소로 숨어든다.

S#58. 초가집/기특의 처소 (N)

작은 방에서 자고 있는 기특. 세상모르고 곯아떨어져 있는데...

S#59. 초가집/휘의 처소 (N)

글씨 쓰다가 멎는 휘. 바깥의 기척에 귀를 기울이는데...

휘   기특이냐?

바깥은 다시 조용하고... 다시 붓 들려다가 아무래도 이상한. 소리 없이 문가로 다가가는 휘.

창호지 문 하나 사이에 두고 복면무사와 휘가 서로는 모른 채 대치하고 있다. 휘, 조용히 문을 열어보려는데... 문이 열리는 순간! 달빛과 함께 날아드는 칼날! 굴러서 칼날을 피하는 휘! 다시 칼 겨누는 무사! 휘, 책으로 막아내고! 책이 잘려 나가고! 싸우던 서슬에 복면이 흘러내린다! 도호부사 도정국이다!

휘   (놀란) 부사?

도정국, 아랑곳없이 칼을 휘두르고! 휘, 발길질로 방어해보지만 칼이 바로 목을 겨눈다!

휘   부친에 대한 원한 때문이라면... 좋소. 나를 베시오.
도정국   (노려보는데)

휘	허나... 진정 아버님을 죽게 만든 원흉들은... 이대로 역사에 묻히고 마는 것이오.
도정국	닥쳐라. 왕이 되고자 하는 욕심에! 어리신 전하를 능멸하고 충신들을 도륙하다니!
휘	내가 아니오!
도정국	그래놓고 왕족이라는 이유로 목숨을 부지해? 심판을 내 손에 맡기려는 하늘의 뜻으로 알겠다!
휘	짓지도 않은 죄를 뒤집어쓴 건 억울하나... 충신의 칼에, 효자의 손에 죽는 것을 영광으로 알겠소.
도정국	(노려보면)
휘	(눈을 감고)

도정국, 재차 칼을 겨누는데! 픽! 뒤통수를 날려버리는 몽둥이! 기특이다!

| 기특 | 마마! 괜찮으십니까? |

휘, 도정국의 칼을 문밖으로 던져버리고!

S#60. 자현의 집 앞 (N)

가마가 와 선다. 루시개, 덮개를 올려주고.

| 루시개 | 내려. |

내리는 자현.

| 자현 | (가마꾼들에게) 수고들 하시었소. |

가마꾼들, 가마 거둬서 간 뒤에도 강의 수하들은 남는다. 대문 앞, 담장... 각자 자리를 잡는 수하들. 자현, 긴장으로 보고. 루시개, 집 안으로 들어간다. 따라 들어가는 자현.

S#61. 동 안 (N)

자현과 루시개, 처소로 가고 있다.

루시개	개들이 붙었어. 귀찮게.
자현	아까는 왜 아씨라고 공대했어?
루시개	재수 없는 여자 앞이라서.
자현	...... (뭉클했다가) 교동도로 가야겠어.
루시개	(멎어서 보면)
자현	마마가... 위험해.
루시개	넌 못 가. 감시 때문에. 나만 가.
자현	나도 가.
루시개	(보는데)
자현	넌 우리말도 잘 못하잖아. 마마가 어디 계신지, 못 찾으면 어떡해.
루시개	......

S#62. 교동도 나루터 (새벽)

배에서 내리는 남루한 사람들. 북방의 포로였던 준, 덕만, 호치 등이다.

S#63. 초가집 (아침)

휘, 장작 패고 있다. 기특이 땔감 안고 들어가서 불을 때는데... 마당으로 들어서는 포로들.

호치	마마!

휘, 도끼질 멈추고 돌아보다 놀라는. 그리운 얼굴들이다.

휘	이게 누구야!

준, 덕만, 호치... 휘에게 큰절한다.

| 휘 | 뭐야... 왜 안 하던 짓을 하구 그래... |

부엌에서 나와보는 기특.

| 기특 | (환해지며) 형님들! |

달려가서 서로 얼싸안고 난린데! 흐뭇하게 보고 있는 휘. 작은 방에서 일어난 도호부사, 이들의 재회를 지켜본다. 머리 만져보면, 둘러져 있는 붕대.

기특	여기까지 웬일이세요! 어떻게 알구요!
준	도성에 계실 때야 우리가 폐가 될까 싶어 찾아뵙지도 못했지만...
덕만	고생하신다는 소식 듣구 가만있을 수가 있어야쥬.
호치	대체 어떤 놈들이 우리 마마한테 그런 숭악한 죄목을 씌우구... (눈물 닦아내며) 우리 마마가 어떤 분인데...
준	목숨 걸구 백성들 구해주신 분인데...

도정국, 보고 있는데 기분이 이상하고.

S#64. 교동도 관아 (D)

도정국이 부상당한 몸으로 돌아가는데... 관아 앞에서 기다리고 있는 어을운과 행동대장 재운, 무사들.

재운	(도호부사에게) 돌아가신 이조판서 도연수 대감의 자제이신, 도부사가 맞으십니까?
도정국	내가 도정국이오만...
어을운	도성에서 왔습니다.
도정국	......
어을운	부사께... 드릴 말씀이 있습니다.

S#65. 자현의 집 앞 (D)

가마가 나온다. 안채 하녀가 따라 나온. 감시하던 강의 수하들, 주목하고. 동호가 다가간다.

동호	어딜 가십니까?
안채 하녀	(긴장한 채) 아씨께서 산사에 불공드리러 가시는 참입니다.
동호	뫼시지요.

가마 안에서 말소리 나오는.

(소리)	우리끼리 가겠다.
동호	어딜 가든 수행하라는, 대군의 분부가 계셨사옵니다.
안채 하녀	...... (눈치 보고)
동호	(물러나면)

가마가 움직이기 시작하고. 강의 수하들이 가마를 따라간다. 자현의 집에서 일행 멀어지면...

잠시 후, 루시개가 먼저 바깥을 살핀다. 감시꾼들 없는 거 확인하고 돌아보는. 남장하고 눌러쓴 패랭이로 얼굴 가린 자현이 나온다. 빠르게 달려가는 자현과 루시개.

S#66. 길 일각 (D)

앞서가는 루시개. 열심히 따라가는 자현! 달려가다 넘어지면! 돌아와 자현 손 잡아주는 루시개! 같이 손잡고 달려가는 두 소녀에서!

S#67. 산사 가는 길 (D)

가마가 흔들리며 가고 있다. 강의 수하들이 따라가고 있다. 안채 하녀, 긴장에 식은땀을 뻘뻘.

S#68. 산사 앞 (D)

가마가 와 선다. 안채 하녀, 가마의 문을 열면. 쓰개치마로 얼굴을 잔뜩 가린 소저가 나오고.

강의 수하들, 쓰개치마 뒤집어쓴 소저를 따라간다.

S#69. 법당 (D)

법낭 안에 든 소서, 그제야 쓰개치마 내리는. 자현의 옷을 입은 끝단이다. 긴장
으로 이마에는 땀이 송글거리고. 다리에 힘이 풀리며 주저앉는. 마당을 서성거
리는 감시꾼들을 보면서 한숨 쉬는데...

S#70. 나루터 (D)

자현, 사공과 흥정을 한다. 루시개, 자현 뒤에 서 있고.

자현	강화도까지 두 사람이요.
사공	닷 냥은 주셔야 하는데...
자현	(주머니 속에서 가락지와 노리개를 꺼내 준다) 뱃삯은 얼마든지 드릴 테니 우릴 좀 데려다주시오.
사공	(자현이 주는 것을 받으며/주머니를 탐내듯 보고)
루시개	(그런 사공을 노려보고)
자현	(간절히 본다)

사공, 자현과 루시개의 차림새가 의아한데...

S#71. 산사/법당 (D)

끝단, 법당 벽에 기대어 졸고 있다.

S#72. 산사 마당 (D)

기다리던 동호, 절하는 시간이 너무 길다 싶고... 법당으로 다가가는데... 마루 일
각에 앉아 있던 안채 하녀, 따라붙으며 말린다.

안채 하녀	아직 불공이 안 끝났는데...
동호	108배를 해도 열 번은 했겠소. 무슨 절을 하루 종일 하고...
안채 하녀	...... (안절부절 따라붙으면)

S#73. 법당/산사 마당 (D)

동호, 자현을 데리러 온다.

| 동호 | 아씨, 이만 가시지요. 곧 해가 집니다. |

소스라쳐 잠 깨는 끝단! 입가의 침을 닦고.

동호, 자현이 아닌 것을 확인한다. 끝단, 쓰개치마 다시 확 뒤집어쓰는데!

| 동호 | (열 받고) 이것들이! (마당으로 뛰쳐 내려가는) 아씨가 아니다! 가서 나루터부터 뒤져! |

수하들, 가마 버리고 뛰어 내려가면...

안채 하녀	(부들거리며) 이를 어째... 우리 돌아가면... 이제 마님한테 죽는 거 아녀?
끝단	(나오며) 전 이제 쫓겨나고 말 거예요.
안채 하녀	...... (암담하고)
끝단	..... (자현이 걱정되는데)

S#74. 강/배 위 (D)

무사히 배에 오른 자현과 루시개! 나루터를 떠나는 모습에서 엔딩!

13부

S#1. 자현의 집 앞 (D) - 12부에서 연결

가마가 나온다. 안채 하녀가 따라 나온. 감시하던 강의 수하들, 주목하고. 동호가 다가간다.

동호	어딜 가십니까?
안채 하녀	(긴장한 채) 아씨께서 산사에 불공드리러 가시는 참입니다.
동호	뫼시지요.

가마 안에서 말소리 나오는.

(소리)	우리끼리 가겠다.
동호	어딜 가든 수행하라는, 대군의 분부가 계셨사옵니다.
안채 하녀	...... (눈치 보고)
동호	(물러나면)

가마가 움직이기 시작하고. 강의 수하들이 가마를 따라간다. 자현의 집에서 일행 멀어지면...

잠시 후, 루시개가 먼저 바깥을 살핀다. 감시꾼들 없는 거 확인하고 돌아보는. 남장하고 눌러쓴 패랭이로 얼굴 가린 자현이 나온다. 빠르게 달려가는 자현과 루시개.

S#2. 산사 가는 길 (D)

가마가 흔들리며 가고 있다. 강의 수하들이 따라가고 있다. 안채 하녀, 긴장에 식은땀을 뻘뻘.

S#3. 길 일각 (D)

앞서가는 루시개. 열심히 따라가는 자현! 달려가다 넘어지면! 돌아와 자현 손 잡아주는 루시개! 같이 손잡고 달려가는 두 소녀에서!

S#4. 산사 앞 (D)

가마가 와 선다. 안채 하녀, 가마의 문을 열면. 쓰개치마로 얼굴을 잔뜩 가린 소저가 나오고.

강의 수하들, 쓰개치마 뒤집어쓴 소저를 따라간다.

S#5. 법당 (D)

법당 안에 든 소저, 그제야 쓰개치마 내리는. 자현의 옷을 입은 끝단이다. 긴장으로 이마에는 땀이 송글거리고. 다리에 힘이 풀리며 주저앉는. 마당을 서성거리는 감시꾼들을 보면서 한숨 쉬는데...

S#6. 나루터 (D)

자현, 사공과 흥정을 한다. 루시개, 자현 뒤에 서 있고.

자현	강화도까지 두 사람이요.
사공	닷 냥은 주셔야 하는데...
자현	(주머니 속에서 가락지와 노리개를 꺼내 준다) 뱃삯은 얼마든지 드릴 테니 우릴 좀 데려다주시오.
사공	(자현이 주는 것을 받으며/주머니를 탐내듯 보고)
루시개	(그런 사공을 노려보고)
자현	(간절히 본다)

사공, 계집인 자현과 루시개의 차림새가 의아한데...

S#7. 산사/법당 (D)

끝단, 법당 벽에 기대어 졸고 있다.

S#8. 산사 마당 (D)

기다리던 동호, 절하는 시간이 너무 길다 싶고... 법당으로 다가가는데... 마루에 앉아 있던 안채 하녀, 따라붙으며 말린다.

안채 하녀   아직 불공이 안 끝났는데...
동호   108배를 해도 열 번은 했겠소. 무슨 절을 하루 종일 하고...
안채 하녀   ...... (안절부절 따라붙으면)

S#9. 법당/산사 마당 (D)

동호, 자현을 데리러 온다.

동호   아씨, 이만 가시지요. 곧 해가 집니다.

소스라쳐 잠 깨는 끝단! 입가의 침을 닦고.

동호, 자현이 아닌 것을 확인한다. 끝단, 쓰개치마 다시 확 뒤집어쓰는데!

동호   (열 받고) 이것들이! (마당으로 뛰쳐 내려가는) 아씨가 아니다! 가서 나루터부터 뒤져!

수하들, 가마 버리고 뛰어 내려가면... 법당에서 나와 그들의 뒷모습을 지켜보고 선 끝단. 걱정이 한가득이다.

S#10. 강/배 위 (D)

무사히 배에 오른 자현과 루시개! 나루터를 떠나는 모습에서!

S#11. 교동도 전경 (N)

S#12. 초가집/마당 (N)

휘와 기특, 포로 3인방이 모여 불 피우고 낚시로 잡아 온 물고기들을 굽고 있다.

호치　　　　위쪽에 있을 때는 사냥밖에 할 게 없었는데 섬에 오니까 좋네유,
　　　　　　물고기도 잡을 수 있고.

준　　　　　잡인들은 출입을 금한다던데... 대군께 우리가 폐가 되지는 않을
　　　　　　는지...

덕만　　　　노비 몇 구는 허해준답디다. 죄다 종이라구 하지 뭐.

기특　　　　헤헤... (이들이 와준 게 기쁘고)

익어가는 물고기 위에 소금 뿌려주는 휘.

휘　　　　　여기 오래 있지는 않을 거야.

일동, 쳐다보면.

휘　　　　　여기서... 나가자.

준　　　　　(긴장하고) 탈출... 하시게요?

휘　　　　　사나운 여진족 소굴에서도 보란 듯이 도망쳐 나왔는데, 내 나라
　　　　　　내 땅에서 길이야 못 잡겠느냐.

호치　　　　(초치는) 3년이나 걸리셨잖아요.

산통 깨는 소리에 다들 호치 노려보고.

호치　　　　(눈치 없이 먹기만 하는데)

기특　　　　(조심스럽게) 기다리는 게 낫지 않을까요? 언젠가 유배가 풀리면...

휘　　　　　형님이 날 풀어주실까?

기특　　　　......

휘　　　　　어마마마 혼자서... 형님과 백부님의 공세를 막아내며 어리신 전
　　　　　　하의 보위를... 지켜드릴 수 있을까?

기특　　　　...... 하지만 죄인의 몸으로 도망가 무엇을 할 수 있겠습니까.

휘　　　　　죄인의 몸으로 가면 안 되지. 쫓기기밖에 더하겠느냐?

준	그니까요!
휘	자유를 얻어야 한다.
기특	?! (이해가 안 가고)

휘, 문 앞을 지키고 선 병사들을 본다.

S#13. 도호부 관아/부사의 방 (N)

어을운과 행동대장 재운이 부사 도정국 앞에 앉아 있다.

도정국	은성대군이 먼저 탈출을 시도했고... 관군에 쫓기다 죽은 것으로 하잔 말이오?
어을운	(끄덕이는)
도정국	그러자면... 은성대군을 처소에서 나오게 해야 할 터인데...
재운	우리가 공격하면 도망부터 칠 것입니다. 도주로를 미리 파악해두 었다 중간에 함정을 파고 기다리면...
도정국	은성대군을 처리하고 탈주극으로 보고한다?
어을운	도성은 즈이가 알아서 정리하겠습니다.
도정국	진양대군께서... 허락하신 일입니까?
어을운	... (입 밖으로 뱉을 수는 없다/그저 보는데)
도정국	......
재운	일이 끝나면... 도부사를 조정으로 불러올리신다 합니다.
도정국	(보는데)
어을운	아버님의 빈자리를... 그 아들이 이어간다면... 비명에 가신 선친의 한이... 조금은 덜어지지 않겠습니까.
도정국	...

S#14. 마포 나루터 (N)

하루 일을 마친 사공들이 노를 걸고 있다. 달려온 동호와 강의 수하들.

동호	오늘 계집을 건네준 적이 있소? 젊은 처자요. 변복을 했을 수도 있고.

| 사공 | 오가는 손님들이 한둘이 아닌데... 누가 누군지 어찌 알겠소? |
| 동호 | ! (낭패스러운데) |

S#15. 배 위 (N)

자현과 루시개를 태운 배가 가고 있다. 사공이 배를 멈춘다.

사공	아 이거 어둬서 더 이상은 못 가겠네.
자현	(다급한) 아니 되오! 한시가 급하오!
사공	사람이 밤에는 잠을 자야 되는데... 밤잠도 못 자고 노를 저으려니 힘이 들어서 원... 뱃삯을 더 주면 모를까...
자현	아까 준 게 내가 가진 전부요.
사공	그걸로는 여기까지밖에 못 가는데...

루시개, 퍽퍽 다가가 노를 빼앗는다. 허걱! 놀라는 사공.

루시개	내려.
사공	?!
루시개	나 노 저을 줄 알아. 너, 필요 없어. 그냥 내려.
사공	여긴 그냥 물 원데 어디로 내리라고...
루시개	내 알 바 아니고! 내려.
사공	(다시 노 빼앗으려 하며) 손님인 줄 알았더니 이제 보니 날강도들이구만? 어디 남의 배를 뺏을라구.

루시개, 노를 이용해서 사공 제압해버리고.

| 루시개 | (압박하는) 내릴래? 아님, 갈래? |
| 사공 | ... (더듬거리며) 데... 데려다주겠소. |

루시개, 던지듯 노를 안겨버리고. 사공, 열심히 노 젓기 시작하는데... 자현, 그런 루시개가 의지되고.

| 자현 | 루시개... 너 쫌 한다? |

루시개	(이해 못하고) 조선말?
자현	(웃어주는데)

S#16. 대군저/강의 처소 (N)

강, 감시 붙였던 수하 동호에게 자현이 사라졌다는 보고를 듣는다. 멎었다가.

강	마포 나루터에도 없었단 말이냐?
동호	... (난감함) 예, 대감.
강	(생각해보다가) 목적지는 어차피 교동도일 것이다. 가서 데려오너라.
동호	예! 대감!
강	이번에도 놓치면... 네 목숨은 없다.
동호	!

화급히 물러나는 동호. 강, 시선을 돌리고.

S#17. 자현의 집/안채 마당 (N)

자현의 옷을 입은 끝단, 마당에 꿇어앉은. 안채 하녀도 마찬가지. 안씨가 기막혀 보고 있는데... 득식도 안절부절이고.

안씨	자현이가... 어딜 갔다고?
끝단	......

휘청하는 안씨! 어머니! 달려들어 부축하는 득식! 마님! 소리치는 끝단과 안채 하녀. 득식, 안씨를 마루에 앉힌다.

안씨	(잠시 진정하고) 기어이... 거기까지 쫓아갔다... 이 말이냐?
끝단	죄송해요, 마님.
득식	대체 끝단이 너까지 왜 이래! 이건 그냥 격구장 구경 가고 잠깐 꽃놀이 가는 수준이 아니잖아! 거기다 장단을 맞춰주면 어쩌라구!
끝단	무서웠어요.

안씨/득식	(보면)
끝단	아씨가 죽을까 봐... 겁났어요.
안씨	......
안채 하녀	죄송합니다, 마님.
안씨	버리자.

다들 보면.

안씨	성씨 집안에서 자현이를... 버리자.
득식	어머니...
안씨	우린 그 애가 원하는 걸 해줄 수가 없고... 그 애는 우리 집 울타리 안에서 살 수가 없으니... 연을 끊는 수밖에.
끝단	아씨는 돌아오실 거예요... 거기서 사신다구는 안 했어요. 돌아온 다 했다구요.
안씨	이 집에 이제... 딸은 없는 거야.
득식	제가 가서 잡아 오겠습니다. 멀리는 못 갔을 것이니.
안씨	(OL) 상관하지 말자.
득식	!
안씨	이제 남인데.

힘겹게 안으로 들어가 버리는 안씨. 끝단, 울면서 보고. 득식, 속상한데...

S#18. 교동도 전경 (다음 날 새벽/N)

S#19. 초가집 (N)

복면으로 얼굴을 가린 어을운과 재운, 수하들이 다가가고 있다. 경계 서고 있던 도호부의 병사들, 다가오는 어을운 보더니 자리를 스윽 피해준다. 먼저 마당으로 잠입하는 어을운, 댓돌 위에 신발들 확인한다. 숨어 있는 재운과 수하들에게 신호 주면, 일제히 집 안으로 진입하는 수하들!

어을운, 마루 위로 올라서는. 칼을 빼고 방문을 열어젖히는데!

S#20. 큰 방 안 (N)

텅 빈 방 안. 어을운, 당황한다. 작은 방 공격하던 재운과 수하들, 다가와 외친다.

재운   아무도 없습니다!
어을운   ......
재운   아무래도... 눈치 채고 도망간 거 같은데요?

밖으로 나가보는 어을운.

S#21. 마당 (N)

뛰쳐나오는 어을운! 주변을 둘러본다. 횃불이 흘러가는 모습 보이고.

어을운   (칼 들어 방향 가리키며) 잡아!

앞장서 달리는 어을운! 쫓아가는 수하들!

S#22. 섬 일각 (N)

휘와 기특, 포로 3인방이 달리고 있다. 횃불 들고 달리던 기특, 냇가에 횃불을 처박는다. 물속에 처박혀 꺼져가는 불.

S#23. 일각 (N)

어을운과 수하들이 달리고 있다.

S#24. 바닷가 절벽 근처 (N)

부사 도정국과 관원들이 숨어 있다.

S#25. 섬 일각 (N)

휘 일행이 달리고 있다. 어을운이 많이 따라잡았는데...

휘   (외치는) 흩어져! 지금이야!

기특과 포로 3인방, 사방으로 흩어지고! 뒤쫓던 어을운 일행들, 당황하는데!

어을운   한 놈씩 붙어!

재운과 수하들, 각자 흩어지고! 어을운은 휘를 향해 다시 달려간다.

S#26. 절벽 근처 (N)

절벽까지 몰려온 휘! 절벽 아래는 시커먼 바다다! 더 이상 물러날 곳이 없자 칼을 뽑는데! 다가온 어을운도 일전을 준비한다.

휘   형님이 보낸 것이냐!

어을운, 침묵으로 다가가는데! 휘, 자세 잡고 노리면... 거리 좁힌 어을운, 일격을 위해 소리치며 공격 들어가는데! 휘와 어을운이 싸우는 동안 휘익! 두 사람 사이를 가르고 들어오는 살! 휘의 몸을 맞힌다! 놀라는 어을운! 휘, 살을 맞고 그대로 뒤로 넘어간다! 절벽 아래로 떨어지는 휘!

이윽고 몸을 드러내는 부사 도정국! 활을 거둔다. 어을운, 의심의 눈초리로 보면!

도정국   선친의 원수는 내 손으로 갚겠다.
어을운   ...... 시신을 확인해야겠소.
도정국   지금 썰물이니... 내일 오전 밀물이 들어오면 해안에 시신이 밀려
             와 있을 것이오.
어을운   ... (기다리기 불안한데)
도정국   당장 확인해야겠으면, 뛰어들어 건져보시든가.

절벽 아래를 내려다보는 어을운. 시커먼 바닷물이 출렁거린다.

S#27. 교동도 나루터 (새벽/N)

배가 닿는다. 루시개와 자현이 내리고.

루시개   (사공에게) 기다려.
사공   (움찔하고)

루시개, 자현을 데리고 섬으로 들어간다.

S#28. 바닷가 (D)

어을운과 수하들, 도호부의 관원들이 휘의 시신을 찾고 있다.

바위틈에 밀려온 시체 하나. 얼굴이 바위에 부딪혀 깨졌는지 주변으로 피가 낭자하다.

재운   찾았다!

관원들, 달려가 시체 수습하려는데! 어을운이 관원들 밀어내고 시체부터 확인한다. 휘의 옷이 입혀져 있고. 체격도 비슷하다. 휘 같기는 한데... 얼굴이 정확히 구분 안 되는 게 못내 걸리고.

S#29. 섬 일각 (D)

날이 밝았다. 루시개와 자현이 달려가고 있다.

S#30. 길 (D)

관원들이 수레에 휘의 시신을 싣고 관아로 옮기는 중이다. 시신 위는 거적으로 덮었다. 부사 도정국이 앞장서고 어을운이 뒤를 지키는데...

맞은편에서 달려오는 루시개와 자현. 관원들의 모습에 들키지 않으려 고개를 숙이며 지나가는데. 시신을 실은 수레와 지나쳐 가면... 수레에서 툭 떨어지는 시신의 팔. 돌아보던 자현, 휘의 옷자락이 낯익고. 순간, 멈춰 서는데... 뒤따라가는 어을운을 본다. 어을운이 강의 수하임을 아는 자현! 불길한 예감이 덮쳐온다! 수레로 다가가는 자현! 자현의 돌발행동에 놀라는 루시개!

어을운, 자현을 알아보고!

어을운	아씨!
도정국	(돌아보는)

다가간 자현, 거적을 열어보려 하는데... 어을운, 와서 막는다.

어을운	보지 마십시오!
자현	누구의 시신이냐.
어을운	......
자현	(그렇다면) 대군은 어디 계시느냐.
어을운	......
자현	대군의 유배지가 이 섬이라고 들었다. 무사하신지... 얼굴을 뵈어야겠다.

다가오는 도정국.

도정국	누구냐! 대체 누군데 죄인의 생사를 캐는 것이냐!
자현	(노려보면)
도정국	은성대군 이휘는 죽었다.
자현	!
도정국	죄인의 몸으로 무리를 지어 유배지를 탈출하다 저 꼴이 되었지.
자현	!! (경악하는/믿을 수가 없고)
도정국	(칼을 뽑는다) 신분을 밝혀라! (겨누며/루시개까지 경계하는) 너희들도 한 패냐? 죄인을 빼돌리려고 미리 짠 것이더냐!
루시개	(긴장하는데)

자현, 도정국의 칼날도 아랑곳없이 수레로... 도정국, 자현을 베려는 듯 칼을 치켜드는데! 어을운이 막는다.

어을운   내가 뫼시겠소.
도정국   ?

자현, 수레의 거적을 거둔다. 다가가는 루시개... 자현의 눈앞에 서서히 드러나는 시신의 전모... 나루터에서 이별할 때 본... 그 옷이다. 얼굴을... 차마 볼 수가 없고... 자현, 그 자리에서 꺾인다! 정신을 잃는 자현! 아씨! 소리치며 달려오는 루시개! 어을운! 그대로 암흑 되며.

S#31. 경복궁 외경 (다른 날 D)

S#32. 강녕전 (D)

대비 김씨가 지켜보는 가운데 소년왕에게 수라가 올라온다. 대전지밀 홍상궁, 음식을 올리기 전 은수저로 떠서 기미를 하려 하는데... 죽그릇에 넣은 은수저가 파랗게 변하는.

대비 김씨, 사색이 되고!

홍상궁   (놀라서) 마마! 음식에... 독이...

대비 김씨, 소년왕부터 끌어안는다. 홍상궁, 조아리며 모자를 살피는데...

S#33. 동 앞/복도 (D)

소년왕을 데리고 나오는 대비 김씨. 서둘러 대왕대비전으로 향하는데!

S#34. 궁 일각 (D)

처마를 따라 걷고 있는 대비 김씨와 소년왕. 대비 김씨, 초조한 발걸음으로 대왕대비전으로 향해 간다.

S#35. 대왕대비전 앞 (D)

강이 이미 와 있다. 장상궁, 긴장하고.

강	고하시게. 어마마마께 드릴 말씀이 있네.
장상궁	(안에 고하는) 마마... 진양대군 드셨사옵니다.

안에서는 한동안 말이 없고.

강	다시 고해주시게.
장상궁	... 마마...
(소리)	들라.
장상궁	... (문 열어주는)

강, 안으로 드는데...

S#36. 궁 일각/처마 밑 (D)

대비 김씨, 소년왕을 데리고 가는데... 위에서 기왓장이 떨어진다. 와장창! 대비 김씨와 소년왕 바로 앞에서 부서지는 기왓장! 으악! 나인들 비명을 지르며 엎드리고! 대비 김씨, 본능적으로 소년왕을 감싸 안는다!

대비 김씨	(악쓰는) 뭣들 하느냐! 전하를! 전하를 지켜라! 전하를 지키란 말이다!

모후의 품속에서 파들거리는 소년왕.

S#37. 동 안 (D)

강, 대왕대비 심씨 앞에 읍하고 앉는다.

대왕대비 심씨	무슨 일이냐, 아침부터.
강	놀라지 마시옵소서.

대왕대비 심씨	?
강	어마마마가 염려되어 소자가 직접 들어왔습니다.
대왕대비 심씨	...
강	교동도에서... 장계가 올라왔습니다.
대왕대비 심씨	(걱정되는) 은성이 아프다더냐?
강	... 죽었습니다.
대왕대비 심씨	! (멎고)
강	유배지에서 불령스런 무리와 탈출을 시도하다... 추적하던 관군의 화살을 맞았다 합니다. 절벽에서 떨어져 익사했다는... 비보가...
대왕대비 심씨	......
강	어마마마...
대왕대비 심씨	아닐 거다.
강	!
대왕대비 심씨	전에도 이런 일이 있지 않았느냐... 죽었던 은성이... 3년 만에 살아 돌아왔어. 그렇게... 쉽게 죽을 아이가 아니다.
강	시신이 있습니다.
대왕대비 심씨	!
강	이번에는 사정이 다릅니다. 은성의 죽음은... 움직일 수 없는... 사실입니다.
대왕대비 심씨	(부인하는) 아니다! 내 아들은... 내 아들은 죽지 않았어!
강	어마마마와 소자가... 살리기 위해 그렇게 애를 썼건만... 어리석은 동생이 유배지에서도 가만있지를 못하고... 비극을 자초한 것입니다.
대왕대비 심씨	기다린 것이냐?
강	!
대왕대비 심씨	늬 형이 죽기를 기다리고! 동생을 죽이고!
강	(경고하는) 어마마마!
대왕대비 심씨	이제 이 어미만 죽으면 되겠구나.
강	!
대왕대비 심씨	허면 이 나라 조선 팔도를! 네 맘대로 할 수 있으니!
강	(굳는데)

S#38. 동 앞 (D)

소년왕을 데려온 대비 김씨, 강과 대왕대비의 대화를 들었다.

대비 김씨	은성대군이... 죽었다고?
장상궁	고정하시옵소서, 마마...

주저앉아 소년왕을 와락! 끌어안는 대비 김씨! 공포의 눈물이 줄줄...

대비 김씨	대체... 살아남은 자가 누구냐... 우리 모자는... 누가 지켜준단 말이냐...
장상궁	......

따라온 홍상궁, 지켜보고.

S#39. 교동도 전경 (D)

S#40. 섬 일각 (D)

도정국과 관군들이 죽은 휘의 장사를 치르고 있다. 지켜보는 자현과 루시개, 눈물도 나지 않고 멍한데...

어을운과 재운이 멀찌감치 떨어져 지켜보고.

관군들이 관도 없이 거적에 말려 있는 시신을 구덩이로 넣으려는데. 자현, 도정국의 앞에 선다.

자현	대군입니다. 왕족의 장례를... 이리 치러도 되는 것입니까!
도정국	왕족이 아니라 죄인의 장례를 치르고 있는 것입니다. 유배 중에 죽으면 유배지에 묻는 것이 관렙니다.
자현	관이라도 써주시오... 관을 마련해 오겠습니다.
도정국	(아랑곳 않는) 넣어라!

관군들, 휘의 시신을 구덩이에 넣는데, 자현, 휘청 쓰러지려 하고 루시개가 부축한다.

루시개   (만주어) 휘가 아니야... 휘일 리가 없어.../(조선어) 보지 마. 가자.
자현   (밀어내는/자기가 아니면 그 누가 이 사람 가는 길을 지켜봐 주랴 싶고)
루시개   난 안 볼 거야!

루시개, 뒤돌아 가려는데 재운이 자현에게 다가온다. 적대감 가득한 눈빛으로 재운이 오는 길 막고 칼을 빼 들려 하는 루시개! 이를 자현이 눈빛으로 제지하니 루시개, 칼을 도로 칼집에 넣는데.

재운   가셔야 합니다. 배가 곧 떠납니다.
자현   ......

묘자리 내려다보고 선 자현. 거적 위로 흙이 쌓인다. 현실로 믿어지지가 않고...

S#41. 근처 일각 (D)

도정국에게 잔당 처리 의논하는 어을운. 루시개, 근처에서 엿듣고 있다.

어을운   은성대군은 죽었어도 잔당들을 놓쳤습니다. 모두 잡아들여야 합니다.
도정국   저희가 알아서 처리하지요.
어을운   (보면)
도정국   섬입니다. 배가 없으면 벗어날 길이 없어요. 수괴가 죽었으니 투항하고 나오면 관비로 삼고 버티면 베어버리면 됩니다. 더 이상 신경 쓰지 말고 올라가십시오.

기특이가 살아 있음을 깨닫는 루시개.

루시개   ... (중얼거리는) 기특이!

혹시 어디선가 기특이 지켜볼까 싶어 주변을 살피는.

S#42. 대왕대비전 (D)

대비 김씨, 소년왕을 끌어안은 채 대왕대비 심씨 앞에서 울고 있다.

대비 김씨	진양대군에게 다 주세요, 어마마마!
대왕대비 심씨	......
대비 김씨	오래비를 잃고 부친을 잃어도... 모진 목숨, 살 수는 있었습니다. 허나 새끼를 잃고는 못 삽니다.
대왕대비 심씨	주상은... 대비 하나의 자식이 아니오. 이 나라의 유일한 대통이며... 이미 보위에 오른... 군주요.
대비 김씨	숙부에게 주세요.
대왕대비 심씨	......
대비 김씨	무섭습니다. 우리 모자, 살려만 주십시오.
대왕대비 심씨	(나무라는) 대비!
대비 김씨	수라에는 독이 든 음식이 올라오고...
대왕대비 심씨	!
대비 김씨	주상이 지나가는 길에는 하늘에서 기왓장이 떨어집니다.
대왕대비 심씨	(경악하고)
대비 김씨	사방에 숙부의 간자 아닌 자가 없고... 궁 안에서 입고 먹고 마시는 것 모두 안심할 수가 없으니... 이래서야 살아도 산목숨이 아니지 않습니까...
대왕대비 심씨	......
대비 김씨	참척을 당하신 어마마마께 예가 아니오나... 소첩... 어마마마와 같은 고통은... 겪고 싶지 않습니다. 이미... 너무 많은 죽음을 보았고... 너무 많은 지친을 잃었습니다. 제 아들을... 살려주십시오.
대왕대비 심씨	보위에서 내려가면... 주상의 안위가 더 흔들릴 수도 있음을... 모르시오?
대비 김씨	숙부께 부탁을 해야지요. 보위를 줄 테니! 목숨만은 지켜달라고!
대왕대비 심씨	(강하게 나가는) 정신 좀 차리시게!
대비 김씨	(굳고)
대왕대비 심씨	그 자리가 사가의 어미와 똑같은 자리인 줄 아는가!
대비 김씨	......
대왕대비 심씨	나도 지아비를 잃었고! 아들을 둘이나 잃었느니라!

대비 김씨	......
대왕대비 심씨	슬픔을 모르는 줄 아느냐? 아픔이 없었던 줄 아느냐!
대비 김씨	어마마마...
대왕대비 심씨	어미의 고통보다! 국모 노릇이 먼저였기에! 사람의 마음을 누르고 의무만 생각하며 살아온 게야.
대비 김씨	소첩은, 어마마마가 아닙니다. 그런 그릇이 못 됩니다.
대왕대비 심씨	대비!
대비 김씨	소첩은... 그저 어미입니다. 딸자식 노릇도, 누이 노릇도 제대로 못하고 핏줄을 모두 죽게 만든 저는! 어미 노릇만이라도 제대로 해야겠습니다! 국모의 자리는 거둬 가세요! 중전도 대비도! 다 싫습니다! (악쓰는) 저는 오로지! 제 자식의 어미이기만 할 겁니다!
대왕대비 심씨	... (충격받고/자기는 며느리처럼 자식을 지키지 못했는데)

S#43. 궁/연못가 (D)

강, 자준과 함께 연못가에 서 있다. 연못가에 늘어진 꽃가지에서 한 송이를 꺾어 연못에 띄운다. 자준, 보고 있으면...

자준	은성대군을 생각하시는 겁니까?
강	나는... 아무도 생각하지 않을 겁니다.
자준	(보면)
강	누구도 그리워하지 않고... 무엇도 후회하지 않을 것입니다.
자준	!

강, 가버린다. 따르는 자준.

S#44. 교동도 나루터 (D)

어을운이 자현을 배에 태운다. 루시개, 배에 오르지 않는데...

루시개	먼저 가.
자현	(보는)
루시개	(속삭이는) 기특이... 찾아보려고.

자현   ......

스윽 빠지는 루시개.

자현   (걱정돼서) 루시개...

뒷걸음질 치는 루시개. 자현에게서 멀어져간다. 자현, 보는데...

루시개를 남겨두고 떠나가는 배.

S#45. 기루 전경 (N)

S#46. 정자 (N)

강이 춤을 추며 기생들과 놀고 있다. 당황한 자준이 지켜보고 있고... 웃고 있으나 슬픈 강의 춤사위...

각자의 대금과 가야금 들고 들어가려던 초요경과 애랑. 강의 행태를 보고 있다.

애랑   지금 동생 죽은 사람 맞아요? 대체 왜 저러신대요?
초요경   슬픈 것이다.
애랑   ?
초요경   기뻐도 좋아할 줄 모르고... 슬퍼도 울 줄 모르는 사람이라... 저렇게 온몸으로 울고 있는 것이다...
애랑   (절레절레/이해가 안 가고)

초요경, 그런 강을 보는데...

S#47. 빈청 (N)

양안대군, 심정을 어르고 있다.

양안대군   대왕대비마마의 심중을 가장 잘 아는 사람은 도승지가 아니오?

심정	......
양안대군	은성은 유배지에서 죽고... 대비는 날마다 대왕대비전을 찾아가 아들의 보위를 내놓겠다 떼를 쓰니...
심정	......
양안대군	만사는 순리대로 흘러가는 게 좋지 않겠소?
심정	순리라니요... 대통이 이리 흘러온 것이 순리가 아닙니까?
양안대군	백성들의 소리를 들어보세요. 병약한 군주에 이어 아기 군주라 니... 북방의 소요가 가라앉은 지 얼마 되지도 않았는데... 또다시 변란이 일어날까 노심초사하는 백성들의 근심이... 들리지 않으십 니까?
심정	......
양안대군	준비된 군주가 버젓이 있는데... 굳이 험한 길을 돌아가야 할 이유 가 무엇이오?
심정	......
양안대군	도승지가 진양에게 힘을 실어주면... 외척으로 누린 권세가 대를 이어 영광이 되지 않겠소?
심정	...... 외척의 권세라니요, 저는 그저 나라의 앞날을 근심하여...
양안대군	(위협하는) 김추의 말로를 보세요.
심정	!
양안대군	잘못된 왕을 지지하다... 비명횡사하고 말지 않았습니까?
심정	......
양안대군	잘 생각하세요. 순간의 선택이 생과 사를 가르고 영광과 오욕을 나눕니다.
심정	(긴장하는데)

S#48. 자현의 집 앞 (다음 날 D)

돌아온 자현. 앞장선 어을운이 자현을 안으로 들게 하는데... 자현, 영혼이 빠져 나간 듯 아무런 표정도 반응도 없다. 대문가에 서 있는 안씨, 득식과 끝단. 아씨! 반가움과 걱정이 뒤섞여 다가드는 끝단, 자현을 안으로 데려가려는데.

안씨	어딜!
끝단	(애원하는) 마님...

자현	......
안씨	에미 허락도 없이 이 집에서 나간 순간부터! 부모 애간장 녹는 건 나 몰라라, 사내 뒤꽁무니만 쫓아다닐 때부터! 너는 우리 집안 딸이 아니야.
자현	......
안씨	우리도 이제... 너 안 받아.
득식	어머니, 야단은 들어가서 치시고.
자현	(무감하게 서 있는데)
안씨	늬들 다 잘 들어! 누구도 자현일 이 집 안에 발 한쪽이라도 들여주는 날이면! 같이 쫓겨날 줄 알아!

다가오는 어을운. 안씨에게 읍하고. 안씨, 보면...

어을운	충격이 크실 것입니다. 안으로 들이시지요.
안씨	(보면)
어을운	은성대군이 유배지에서 돌아가셨습니다. 아씨가... 확인하셨구요.

얼어붙는 안씨! 경악하는 득식과 끝단! 자현, 그대로 서 있고. 안씨, 자현에게 다가간다. 보고 있다가... 그대로 딸을 끌어안는. 자현, 안긴다.

안씨	그러게 거길 왜 가... 왜 가서 그 모진 꼴을 보느냐구...
자현	......
안씨	이제 어찌 살 거야... 그 기억을 안구... 어찌 살려구...
자현	...... (뜨거운 게 올라오는데)

외면하는 식구들... 어을운, 보다가 그대로 두고 가버리는.

S#49. 궁 일각 (D)

성억이 오고 있다. 지나던 양안대군, 성억과 부딪히는데...

성억	사실입니까?
양안대군	(보면)

성억	은성대군이 유배지에서 죽은 게... 사실이냐구요?
양안대군	거기서도 반성은커녕 여전한 역심에 도망을 치다 관군의 살을 맞았다고 합디다.
성억	!
양안대군	조용히 지냈으면 언젠가 사면받고 돌아올 날도 있었을 것을... 한번 역심을 품은 자는... 포기를 모르는 법인가 봅니다.
성억	은성대군도... 진양대군과 똑같은 대군의 조카입니다. 어찌하여 진양대군만 감싸고돌면서... 동생인 은성대군에게는 그리 가혹하신지요...
양안대군	친어미인 대왕대비도 장자와 막내만 감싸며 진양을 홀대했는데... 나라도 그 애를 따뜻하게 품어줘야 하지 않겠습니까?
성억	만족하십니까?
양안대군	(보면)
성억	괴물로 자란 조카와 비명에 간 그 동생을 보면서! 이제 만족하시냐구요!
양안대군	(위협조로 다가가) 왕의 자리가... 사람의 자리인 줄 아셨소?
성억	!
양안대군	한때는 내 것이었던 그 자리... 내려와 보니 보이더군. 사람의 혼으로는... 감당할 수가 없는 자리란 것이.
성억	......
양안대군	그래서 강하게 키웠소. 연민 따위 개나 줘버리고! 차가운 심장과 불같은 야망을 가진! 위대한 군주의 그릇으로!
성억	역심은... 은성이 아니라 진양이, 아니 양안대군이 가진 것이었구려.
양안대군	! 천만에. 역심이라니!
성억	(노려보면)
양안대군	역사를 바로잡고! 모든 것을 제자리에 돌려놓으려는! 오래 묵은 충심이라오.
성억	......
양안대군	그 일에, 대감도 한 손을 보태주셨고.
성억	!

으하하하! 웃으며 자리 뜨는 양안대군. 그 뒷모습 노려보고 선 성억! 어쩌자고

저들의 계략에 넘어가 이용을 당했더란 말인가! 통탄이 가슴을 치고!

S#50. 빈청 (D)

고뇌하는 심정에게 결심을 밝히는 성억.

성억	모두가 내 죕니다. 형장의 이슬로 사라지는 한이 있어도 진실을 밝혔어야 했는데! 저들의 겁박에 넘어가 순간적으로 오판을 내리고 말았어요! 이 죄를 어찌하면 좋겠습니까!
심정	(천천히 고개 드는) 늦었습니다.
성억	!
심정	대왕대비마마와 나만으로는... 어리신 전하를 지킬 수가 없습니다.
성억	허면 이대로 보위가 진양대군에게 넘어가는 걸 두고 보잔 말씀입니까!
심정	주상이 열 살만 넘었어도 버텨보겠습니다.
성억	......
심정	주상이... 너무 어려요. 시간은... 우리 편이 아닙니다. 긴 세월 동안 진양대군은 자리를 더욱 굳혀갈 것이고... 뜻대로 되지 않으면 피바람이 불겠지요.
성억	......
심정	이미 두 아들을 여의신 대왕대비마마께서 버티실 수가 있을지... 저는 자신이 없습니다.
성억	허면 신하들은 어찌해야 합니까! 우리는... 누구에게 충성을 바쳐야...(하냐는)
심정	(변심을 밝히는) 난국을 평정하고 안정을 가져올... 그런 임금을 택합시다.
성억	!

S#51. 자현의 집 전경 (다른 날 D)

S#52. 자현의 집/자현의 처소 (다른 날 D)

자현, 한 상 가득 차려놓고 밥을 먹고 있다. 옆에서 시중드는 끝단. 맛을 느낄 새도 없이 입안으로 먹을 걸 밀어 넣기만 하는 자현.

끝단   (질려서 보는) 아씨...

자현, 말없이 먹기만 한다.

끝단   (물 따르며) 천천히 드세요, 물도 좀 드시면서...

자현, 그저 아구아구 먹기만... 그러나 기묘하게 슬퍼 보이고.

끝단   (속상해서) 차라리 우세요! 머리 깎고 절로 들어가시든가요! 대체
           왜 이러세요...

자현, 계속 먹는데... 밖에서 득식이 부른다.

득식 (소리)   자현아!
끝단   네, 도련님! (가서 문 열면)

득식, 안으로 들어오고. 상 앞의 자현 보고 멎는.

득식   얘 아직도 이러냐?
끝단   며칠은 목욕만 주구장창 하시더니... 요새는 먹는 거에 꽂혀갖구
           하루 종일 밥상 앞에서 사세요.
득식   ... 진양대군이 보위에 올랐어.
자현   ! (멎는)
득식   은성대군 죽은 뒤로... 팔도에서 상소가 빗발치더니... 어린 왕 불안
           하다고 난리가 나서... 결국 대왕대비전에서 진양대군에게 양위시
           킨다고 교지가 내려왔다더라. 이제 조선의 왕은... 진양대군이야.

멎어 있던 자현, 갑자기 구토하는.

끝단   (놀라서) 아씨!

득식, 외면하고. 끝단, 자현 챙기는데... 망설이던 득식, 서찰 하나 내려놓는다.

득식   너 집 나가고 나서... 바로 다음 날이던가, 그 다음 날이던가... 나루
           터 사공이 갖구 왔더라. 은성대군이 죽기 전에... 유배 가서 쓴 모
           양이야.

자현, 멎는데!

CUT TO

자현, 혼자 남았다. 떨리는 손으로 휘의 서찰을 꺼내보는데... 휘가 유배 가며 보
낸 첫 편지이자... 죽기 전 마지막 편지다.

휘(NA)   娘家在漢陽[1] (낭가재한양)
           낭자의 집은 한양에 있고
           我家住江華 (아가주강화)
           나의 집은 이제 강화이니
           相思不相見 (상사불상견)
           그리워도 서로 모습을 볼 수 없어
           腸斷梧桐雨 (장단오동우)
           오동나무에 비 내리면 애타는 마음 끊어진다오.

자현, 서찰을 부여안고 무너지는. 소리 없는 울음이 방 안을 메운다. 고통이 자
현의 전신을 엄습한다.

S#53. 능 앞 (D)

선왕의 능 앞에 서 있는 대왕대비 심씨.

---

1) 유희경(劉希慶)의 한시 〈懷桂娘(계랑을 그리며)〉에서 인용하였다. 원 시는 娘家在浪州(낭가재
   낭주) 我家住京口(아가주경구) 相思不相見(상사불상견) 腸斷梧桐雨(장단오동우)이다.

대왕대비 심씨   전하... 어찌하여 신첩보다 먼저 가시어... 그 뒤 평생을... 이리 어려운 삶을 살게 하시는지요... 전하의 유훈을 받들고자... 자식들마다 피멍을 들였습니다. 신첩이... 잘한 것입니까?

장상궁, 뒤에서 눈물 흘리는.

대왕대비 심씨   제 손으로... 손자를 끌어내리고... 용상에... 진양을 세웠습니다. 나무라시겠습니까?

말 없는 봉분.

대왕대비 심씨   은성은... 은성은 잘 있습니까? 이 어미를... 원망은 안 하던가요...?

카메라, 능 앞의 심씨를 두고 멀어져간다.

S#54. 경복궁 외경 (다른 날 D)

S#55. 강녕전 (D)

대전 상궁들과 나인, 상의원 관원들이 도열한 가운데 홍상궁과 몇몇 나인들이 강에게 홍룡포를 입히고 있다.

머리끝부터 발끝까지 왕으로서의 복색을 갖춰가는 강의 모습. 강, 가슴이 벅차오르는데...

S#56. 대비전 (D)

대비 김씨, 소년왕의 옷을 갈아입히고 있다. 홍룡포를 벗기고... 상왕의 복색으로 갈아입히는데... 눈물이 저절로 흐르고...

소년왕   어마마마, 왜 우십니까. 아프십니까? 또 슬프십니까?
대비 김씨   아닙니다... 이것은 기쁨의 눈물입니다.
소년왕   무엇이 기쁘십니까? 기쁜데 왜 눈물을 흘리시는 것입니까?

대비 김씨   이제 우리 주상이... 위태롭고 어려운 자리에서 내려와 평안해진
            것이 기쁨이오... 또한 기쁨이 지나치면... 눈물이 나기도 한답니다.

어머니의 말을 이해하지 못한 소년왕, 그저 손을 들어 대비의 눈물을 닦아준다.
어린 아들의 손에 얼굴을 파묻는 대비 김씨... 이게 잘한 결정인지 모르겠다... 공
포는 여전한데...

S#57. 정전 (D)

왕위에 오른 강! 드디어 용포를 입고 용상에 앉아 있다. 도열한 대신들! 흐뭇한
양안대군의 모습에서.

강   (좌중을 굽어보며) 조종의 은혜와 자비로운 대왕대비마마의 현명하
            신 판단, 그리고 경들의 충성스러운 지지에 힘입어 부족한 사람이
            넘치는 자리에 앉았습니다.

표정 없는 성억과 심정.

강   연치 어리신 상왕전하를 평안하게 받들고... 연이은 국상과 흔들
            리는 보위로 어지러웠던 국정을 바로잡아! 이 나라 조선이 창업
            군주의 뜻대로 강건하고 아름다운 나라가 되기를 소망하노니! 경
            들은 과인을 도와 제2의 건국이라는 각오 하에 함께 달려주시오!
일동   성은이 망극하옵니다!
강   과인이 등극하여 비어 있는 영상의 자리는 종친의 수장으로 국방
            에서부터 내정까지 연륜이 깊은 양안대군을 모실까 하오. 경들의
            생각은 어떠하오?
양안대군   (대신들 살피면)

다들 아무 말 못하고.

강   충신 도연수의 아들 도정국은 의금부로 발령을 내어 동지사를 맡
            게 하고!
도정국   ......

파격 승진에 술렁거리는 대신들.

강   과인의 지근거리에서 충성을 다해왔던 어을운에게 내금위장을
           제수하여 이후로도 왕실의 안전을 책임지우고자 하오.
심정   (반발해보는) 인재를 적재적소에 쓰시는 것은 아름다운 일이오나...
           일에는 절차가 있사옵니다. 천거와 낙점을 절차에 따라...
강   급하게 보위에 올라 과인조차 아직 절차를 제대로 치르지 못하였
           는데... 도승지는 과인의 일을 문제 삼고 싶은 것이오?
심정   (당황하는) 그것이 아니옵고...
강   이견이 있으면 말씀들을 하세요.

좌중, 조용하다.

강   (경고하는) 누가 과인의 신하인지... 경들의 의견이 궁금하오.

양안대군, 신하들의 면면을 살피는데...

S#58. 궁 일각 (D)

중전의 옷을 입은 나겸이 나인들의 수행을 받으며 자랑스럽게 궁을 지나고 있
다. 부들이가 나인으로 따라 들어왔다.

S#59. 대왕대비전 (D)

대왕대비 심씨와 대비 김씨가 앉아 있다. 그 앞에 절하는 중전 나겸. 절 마치고
앉는다. 차가운 시선의 대왕대비 심씨와 대비 김씨.

나겸   (표정 환하고) 어마마마... 이제야 제가 며느리의 도리를 다하게 되
           었습니다.
대비 김씨   (서늘하게 보면)
대왕대비 심씨 ... (그저 보고)
나겸   시집와 이때까지 사가에 따로 살면서 어마마마를 가까이 뫼시지
           못하는 것이 큰 불효 같아 괴로웠는데... 이제 아침저녁으로 문안

하며 한 지붕 아래 뫼시게 되어 기쁘기 한량없습니다. 부족하지만 성심을 다하겠사오니... 많이 가르쳐주시옵소서.

대왕대비 심씨   기쁜 것이냐...

나겸   ...?

대왕대비 심씨   교태전을 차지하고 앉은 것이... 그리도 벅찬 일이냐, 이 말이야.

나겸   (당황한) 어마마마... 소첩이 기쁜 것은 중궁의 자리가 아니라 어마마마를 가까이 뫼시고...

대비 김씨   (비웃는)

대왕대비 심씨   그 자리가 얼마나 무겁고 괴로운 자린지... 너도 한번 겪어보아라.

나겸   ......

대왕대비 심씨   나보다도 대비전을 잘 모시게.

대비 김씨   ...... (나겸 본다)

나겸   ......

대왕대비 심씨   사사로이는 형님으로 동서지간이나 궁에서는 상왕의 모후 되는 까마득한 윗전이니라.

나겸   ......

대왕대비 심씨   아침저녁으로 문안하며 성심성의껏 잘 모셔야 할 게야.

나겸   명심하겠사옵니다.

지켜보는 두 대비에서.

S#60. 동 앞/마당 (D)

교태전으로 가는 나겸.

나겸   뒷방 늙은이들께서 시집살이 좀 시켜보시겠다? (코웃음 치며 돌아본다) 명줄을 누가 쥐고 있는지... 아직도 모르시는 겝니까? (회심의 미소)

S#61. 정전 (N)

신하들 모두 퇴청하고 비어 있는 정전. 강이 새삼스러운 손길로 용상을 쓸어보고 있다. 지켜보고 선 어을운과 대전지밀 홍상궁.

강	참으로 먼 길이었다.
어을운	......
홍상궁	(감회가 새롭고)
강	결국 내 자리였고... 기어이 이리 될 것을... (그토록 많은 희생이 필요했던가...)
홍상궁	오늘 밤, 어디서 뫼실까요? 강녕전에서 쉬시려는지... 아님 교태전으로...
강	(어을운에게) 성소저를... 데려오너라.
홍상궁	! (멎고)
어을운	전하... 즉위하신 첫날인데 오늘은 좀... (곤란하지 않냐는)
강	성소저를 후궁 삼겠다면 어마마마가 허락을 하시겠느냐, 부인이 좋다 하겠느냐.
홍상궁	... 불가한 일이옵니다, 전하.
어을운	......
강	대처할 시간도, 명분도 주지 말아야 한다. 중전을 정식으로 책봉하기 전에 일을 끝낼 생각이다. 승은을 내린 후에... 후궁 첩지를 내리라 통고하면 그뿐. 일을 치르기 위해 고하고 허락받고... 될 일이 아니다.
어을운	......
강	가서 데려와.
어을운	아씨가 쉬이 따라오지 않으시면....
강	강제로라도 끌고 오너라. 목숨만, 목숨만 붙여갖고 와.
홍상궁	... (무섭고)

어을운, 읍하고 나간다.

S#62. 자현의 집/마당 (N)

어을운이 가마를 대령했다. 성억과 안씨, 기가 차서 보는.

성억	성혼이 이루어지지 않았다고는 하나! 동생의 정혼녀였소! 아무리 왕은 무치라지만! 즉위하신 첫날이오. 이 무슨 금수 같은 짓이오!
어을운	(강을 모욕하는 발언에 노려보는)

안씨	정히 내 딸을 후궁 삼고 싶으면! 정식으로 청하고 혼례 올려 데려 가라 하시오. 왕이 됐음 상대방도 제대로 예우를 해야지! 어찌 감히 사대부의 여인을 오밤중에 도둑고양이처럼 불러내는 것이오!
어을운	아씨와 전하의 일은... 전하가 사저에 계실 때부터 이미 약조가 된 것입니다.
성억	!
안씨	무슨 말도 안 되는! 우리 딸하구 죽은 은성대군 애틋했던 거는 온 도성이 다 아는데! 그런 애가 다른 사내와 무슨 약조를 했다는 것 이오! 더 이상 경우 없이 우기지 말고 당장 나가시오! 내 집에서 당장 나가!

어을운, 버티는데...

S#63. 자현의 처소 (N)

자현, 미동도 없이 앉아 있고. 끝단이 안절부절이다.

끝단	아씨, 이를 어쩌면 좋아요! 진양대군! 아니 새 임금께서 이 밤중 에 아씨를 부르시다뇨... 나겸 아씨... 아니 새 중전이 어떤 사람인 데... 아씨가 어찌 될지 알고...

조용히 작은 보석함 챙기는 자현.

끝단	어을운이 군사들 몰고 와서 이미 약조된 일이라구 우기는데... 어 떡해요, 아씨...
자현	... 광에 가면... 기름 내고 남은 피마자 가루가 있을 거야. 그거 좀 가져와.
끝단	그건 왜요?
자현	쓸 데가 있어.
끝단	......

S#64. 광 (N)

등불 들고 가루 찾아 뒤지는 끝단. 작은 단지에 담긴 피마자 가루 찾아내고... 찾는 이유를 몰라 찜찜한데...

S#65. 다시 마당 (N)

성억과 안씨, 어을운과 대치 중이다.

어을운	어명입니다. 어명을 따르지 않으심은... 다른 뜻이 있는 걸로 알아도... 되겠습니까?
안씨	어명이면! 금수의 일을 명해도 따르라는 것이오?
성억	부인! (막말 나갈까 주의시키는)
어을운	왜 하나만 알고 둘은 모르십니까. 전하께서는 아씨를! 성씨 가문을 이렇게 해서라도 구제해주고 싶으신 겁니다.

성억과 안씨, 말문이 막히고.

성억	치욕은 이미 우리 가문의 운명이오. 벗어나고자 하는 욕심도, 옛 영광을 되찾고자 하는 소망도 없으니 그냥 돌아가시오. 우리 집안은... 그저 조용히... 없는 듯이 살아가겠소.

자현, 나온다.

자현	가겠습니다.

경악으로 돌아보는 성억과 안씨.

자현	저 사람의 말이 맞습니다. 이 일은 이미... 약조가 된 일입니다.
안씨	(기가 막혀 말리는) 자현아...
자현	제가 은성대군 마마의 정혼녀였던 것은 사실이나... 그분은 지금 안 계십니다. 저는 첫날밤도 치르지 못한 신부... 왕께서 부르시면... 가야지요.

성억	애비가 가겠다! 애비가 대신 가서 부당함을 고하고.
자현	아버지.
성억	(보면)
자현	더 이상은 식구들 위해 절개를 꺾지 마세요.
성억	!
자현	딸 목숨 살리고자 마음에도 없는 일을 하신 것은, 한 번으로 되었습니다.
안씨	(딸이 뭔가 무섭다) 자현아...
자현	이번에는 제 차례예요.
성억	......
자현	제가 갑니다. 제가... 해요.
안씨	너 지금 무슨 짓을 하려는 게야!

어을운, 자현을 가마에 태우고. 군사들, 달려드는 성억과 안씨 부부를 막는다.

어을운	내일이면 첩지가 내려질 것입니다. 가문의 영광이지 걱정할 일 아니니 편히 기다리십시오.
안씨	안 된다 이놈들! 내 딸 내놔!

어을운, 가마를 내보내고. 끝단, 따라가려는데 저지당하고. 굳어버린 성억과 울부짖는 안씨.

S#66. 가마 안 (N)

안에 타고 있는 자현, 보석함 열어본다. 날카로운 떨잠 하나. 끝이 송곳처럼 벼려져 있다. 보석함 바닥의 천을 거두면, 그 속에 숨겨진 작은 약봉지 하나. 피마자 가루가 들어 있다. 서늘한 표정의 자현, 보석함을 닫는다.

S#67. 교태전 (N)

단장하고 궁 안의 첫날밤을 기대하던 나겸, 부들이에게 강녕전 상황을 전해 들었다.

나겸	(싸늘한) 오늘, 교태전에 안 드신다고?
부들이	네, 마마. 할 일이 많으셔서 침소에서 쉬신다는데...
나겸	그런데?
부들이	나인들 말이 오늘 무슨 새색시라도 맞이하는지 준비가 한창이라고...
나겸	!
부들이	지금 신부만 안 들어왔지 금침을 챙기고... 수라간에서는 야식상이 연회상 수준으로 마련되구 있구요... 뭔가 심상치 않습니다.
나겸	교태전에 입성한 역사적인 날에... 어떤 발칙한 것이 국모의 심기를 어지럽히는지... 내가 한번 봐야겠다. (벌떡 일어나는)

S#68. 목욕실/전실 (N)

홍상궁, 자현의 옷을 벗기려 한다. 자현, 쳐내면.

| 홍상궁 | 사가의 옷은 입을 수 없습니다. 몸을 정히 하시고 새 옷으로 갈아입으셔야 합니다. |
| 자현 | ... (포기하고) |

나인들이 자현의 옷 벗기고 욕의만 남긴다. 홍상궁, 자현이 든 보석함 받아 들려는데.

| 자현 | 단장할 때 쓸 것이다. 값비싼 것이니 내가 지니고 있겠다. |
| 홍상궁 | ...... |

S#69. 몽타주 (N)

- 욕조에 들어가 있는 자현.
- 전실에서 옷 갈아입혀지는 자현.
- 경대 앞에서 단장하는 자현. 나인들이 달라붙어 있고.
- 마지막으로 혼자 남겨진 자현, 보석함 열어 날카로운 떨잠을 머리에 꽂는다. 완성된 자현의 단장.

S#70. 강녕전 복도 (N)

단장 마친 자현이 오고 있다.

S#71. 궁 일각 (N)

화가 난 나겸이 오고 있다.

S#72. 강녕전 (N)

문이 열리고 자현이 들어오는데. 주안상 받은 채 기다리고 있던 강, 자현의 자태에 심쿵하고.

강   (태연을 가장하며) 앉으시오.

자현, 적당한 곳에 앉는다.

강   안 올지도 모른다고... 그리 생각했소.
자현   약속은... 약속이니까요.
강   담보가 되어준 당사자가 세상에 없으니... 낭자가 약속을 저버려도 할 수 없다. 그리 생각했지.
자현   말씀대로... 그분은 안 계십니다. 세상에 없는 분을... 더 이상 어찌하겠습니까.
강   내가 대군일 때와 막상 왕이 되고 나니... 마음이 달라진 것이오?
자현   제 마음이 어떤지... 그게 의미가 있습니까?
강   예를 갖춰주지 못해 미안하오. 내일이면... 세상이 달라질 것이오.
자현   예를 갖춰주셨으면... 오히려 불편했을 것입니다.
강   한잔 주시겠소?
자현   ... 그전에... 주위를 물러주시지요.
강   !
자현   침소에... 눈과 귀가 너무 많습니다.
강   왕의 침전은 이게 법도라오.
자현   물러주십시오.

강   ……

일어나는 강, 밖으로 나간다. 자현, 서둘러 준비해둔 약을 꺼내고.

S#73. 동 앞 (N)

홍상궁과 나인들이 사방을 지키고 섰다. 문이 열리고, 강이 나온다.

강   나인들을 물리시게.
홍상궁   전하, 불가합니다. 전하의 안위를 위해...
강   오늘만 물러가 주게.
홍상궁   (안 되는데)
강   저 사람도 나도 궁의 법도에 익숙지 않으니... 오늘만 좀 멀리 떨
            어져 있게나.
홍상궁   하오면 침전에서 조금만 물러나 있겠사옵니다.
강   ……

S#74. 다시 동 안 (N)

자현, 준비해둔 피마자 가루를 술 주전에 타는데... 봉지는 방석 밑에 집어넣고...
돌아오는 강. 다시 자리를 잡는다. 자현, 긴장으로 보는데...

S#75. 강녕전 문 앞 (N)

나겸이 당도해 있다. 내금위들이 지키고 선 강녕전 문 앞. 안에서 홍상궁이 나와
나겸에게 읍하는데.

나겸   즉위하신 첫날인데 중궁을 찾지 않으시니... 어디 편찮으신 건 아
            닌가 하여 와보았네. 전하를 뵙게 해주게.
홍상궁   돌아가십시오, 마마. 궁에서는 사가와 달리 아무 때나 전하를 뵈
            올 수가 없으십니다.
나겸   입궁한 지 얼마 안 된 사람이라고... 홍상궁이 감히 날 능멸하는
            가?

홍상궁	......
나겸	나는 이 나라의 중전이다! 어디서 감히 국모의 앞을 가로막느냐!
홍상궁	(냉정하게/사실을 말해주는) 마마는 아직 중전이 아니십니다.
나겸	!
홍상궁	궁에는 들어오셨으나 아직 정식으로 책봉을 받지 못하셨습니다. 오늘 같은 날, 전하의 심기를 거스르면... 마마의 입지가 위험하실 수도 있음이옵니다. 체통을 지키소서.
나겸	나는 하나뿐인 전하의 정실이다! 대체 내가 아니면 누가 중궁의 위를 받는단 말이냐!

홍상궁, 외면하면. 나겸, 문득 불길한 자각이! 나인들을 뿌리치고 안으로 들어가는 나겸!

홍상궁	(놀라서) 마마! 아니 되옵니다!

부들이와 나인들이 나겸을 뜯어말리는데...

S#76. 강녕전 (N)

강, 술을 한 잔 마셨다. 자현, 눈앞에 앉아 있고. 강, 기분이 이상한데...

강	어떤 마음으로, 무슨 생각을 하면서 궁에 들어온 것이오?
자현	......
강	너무나 간절히 원하던 것을 막상 눈앞에 놓고 보니... 실감이 나질 않소. 내 앞에 있는 사람이... 정말 자현 낭자가 맞소?
자현	......
강	휘가 죽어야... 휘가 사라지고 나서야... 겨우 나에게 올 수 있었던 것이오?
자현	(눈가에 물기 어리며) 그분이 죽어도... 그분이 세상에 없어도... 다른 이에게 갈 수는 없었지요.
강	(열이 오르기 시작하는) 헌데 왜... 내가... 이제 왕이 되어서?

자현, 머릿속에서 떨잠을 뽑는다.

강	(보고 있는데)
자현	(떨잠을 칼처럼 쥐고 다가오며) 원수를 갚으려고!
강	!

자현, 강을 넘어트리고 떨잠 끝을 목에 겨눈다! 강, 혼미한 가운데 자현을 막아내고!

| 자현 | 당신을! 내 손으로 죽이려고 들어온 거야! |
| 강 | ! |

멎어버린 강의 얼굴에서 엔딩!

대군 사랑을 그리다

14부

S#1. 경복궁 외경 (N)

S#2. 강녕전 마당 (N)

홍상궁이 나겸의 진입을 막는다.

홍상궁	돌아가십시오, 마마. 궁에서는 사가와 달리 아무 때나 전하를 뵈올 수가 없으십니다.
나겸	입궁한 지 얼마 안 된 사람이라고... 홍상궁이 감히 날 능멸하는가?
홍상궁	......
나겸	나는 이 나라의 중전이다! 어디서 감히 국모의 앞을 가로막느냐!
홍상궁	(냉정하게/사실을 말해주는) 마마는 아직 중전이 아니십니다.
나겸	!
홍상궁	궁에는 들어오셨으나 아직 정식으로 책봉을 받지 못하셨습니다. 오늘 같은 날, 전하의 심기를 거스르면... 마마의 입지가 위험하실 수도 있음이옵니다. 체통을 지키소서.
나겸	나는 하나뿐인 전하의 정실이다! 대체 내가 아니면 누가 중궁의 위를 받는단 말이냐!

홍상궁, 외면하면. 나겸, 문득 불길한 자각이! 나인들을 뿌리치고 안으로 들어가는 나겸!

홍상궁	(놀라서) 마마! 아니 되옵니다!

부들이와 나인들이 따라 들어가며 나겸을 뜯어말리는데...

S#3. 강녕전 (N)

강, 술을 한 잔 마셨다. 자현, 눈앞에 앉아 있고. 강, 기분이 이상한데...

강	어떤 마음으로, 무슨 생각을 하면서 궁에 들어온 것이오?
자현	......
강	너무나 간절히 원하던 것을 막상 눈앞에 놓고 보니... 실감이 나질

	않소. 내 앞에 있는 사람이... 정말 자현 낭자가 맞소?
자현	......
강	휘가 죽어야... 휘가 사라지고 나서야... 겨우 나에게 올 수 있었던 것이오?
자현	(눈가에 물기 어리며) 그분이 죽어도... 그분이 세상에 없어도... 다른 이에게 갈 수는 없었지요.
강	(몸에 열이 오르기 시작하는/목깃을 손으로 내려보는) 헌데 왜... 내가... 이제 왕이 되어서?

자현, 머릿속에서 떨잠을 뽑는다.

강	(보고 있는데)
자현	(떨잠을 칼처럼 쥐고 다가오며) 원수를 갚으려고!
강	!

자현, 강을 넘어트리고 떨잠 끝을 목에 겨눈다! 강, 혼미한 가운데 자현을 막아내고!

자현	당신을! 내 손으로 죽이려고 들어온 거야!
강	!

멎어버린 강의 얼굴에서!

S#4. 동 앞 (N)

강녕전 전실(혹은 복도)까지 쳐들어온 나겸! 홍상궁이 말리러 쫓아왔다.

나겸	문을 열어라!
홍상궁	못 들어가십니다!
나겸	(노려보고)

S#5. 강녕전 (N)

강과 자현, 아래위로 서로를 노려보는데...

강	죽여보시오.
자현	!
강	날 찌르라구!
자현	... (당황하는)

떨잠 쥔 자현의 손을 잡는 강! 자현의 손을 자기 목으로 당긴다. 떨잠이 목을 파고들고. 피가 배어난다. 자현의 손, 부들부들 떨리고...

강	은성을 죽인 게 나 같소?
자현	(보는데)
강	아니오! 은성은! 어리석은 도주로 죽음을 자초했소!
자현	애초에 대군에게 누명을 씌운 것이 누구입니까! 죄 없는 사람을 유배 보낸 게 누구냐구요!

강, 자현이 방심한 틈을 타서 떨잠 쳐내는데! 옆으로 넘어지는.

자현	! (굳고)
강	홍상궁 밖에 있느냐!

문이 열리고! 강이 쳐다보면. 홍상궁이 아니라 나겸이 서 있다. 다소 놀랐지만 표정에 드러내지 않는 강! 자현, 낭패스럽고...

홍상궁	(이 상황이 민망한) 들어오시면 아니 된다 말씀드렸사오나... (소용없었다는)

나겸, 자현을 발견하고 눈이 뒤집힌다!

나겸	전하! (이럴 수가 있냐는)
강	(열이 오르는 가운데 침착하게) 아씨를 뫼시거라.

홍상궁	...
강	밀궁에 가두고! 누구도 만나게 하지 말 것이며! 밖으로 내보내서도 안 된다.
나겸	!

홍상궁, 자현을 데리고 나오는데...

나겸	(이가 갈린다) 기어이 네가... 궁까지...

자현, 의연하려 애쓴다.

자현	(문가에서 강과 스치며) 이제 저도 죽게 되는 겁니까? 대감.
나겸	! (기가 차서) 대감? (저게!)
강	... (자현의 호칭이 의식되지만) 아직은 때가 아닌 것 같소.
자현	! (돌아보는)
강	여기까지 어떻게 왔는데... 낭자를 그리 쉽게 보내줄 순 없지.
자현	!

홍상궁, 자현 데려가고. 강, 보고 섰는데... 나겸, 자현에게 달려드는 순간! 강, 현기증이 몰려오고...

전하!! 마마!! 상궁들의 외침이 들린다. 나겸, 돌아보면 쿵! 하고 쓰러지는 강! 전하! 외치며 달려가는 나겸과 홍상궁!

자현, 차가운 눈으로 쓰러진 강을 보는데!

S#6. 궁 일각 (N)

나인들이 자현을 끌고 간다. 나인 하나 달고 처소로 돌아가던 장상궁, 이를 목격하고. 자현의 얼굴을 확인하지는 못했으나 나인 복색이 아닌 것이 걸린다.

장상궁	어느 전에서 나온 애들이냐? 가서 확인해보거라.
나인	예, 마마님. (읍하고 자현 끌고 가는 나인들 뒤를 밟고)

S#7. 밀궁/동 앞 (N)

자현이 가둬진다. 자현이 방으로 들어오면 밖에는 자물쇠가 걸리고!

나인들이 그 앞을 지키는데!

이미 죽음을 각오한 자현, 두렵지 않다.

S#8. 강녕전 (N)

어의가 강을 진맥하고 있다. 나겸과 홍상궁이 걱정스레 보는.

어의	약주가 과하셨든가... 뭔가 안 맞는 약재를 드신 듯하옵니다.
나겸	약재?
홍상궁	(걱정에) 후환은 없겠는지요?
어의	열이 나고 구역질을 하시니 생강즙을 갈아 올리고 황련 해독탕을 달여 올리겠습니다. 오늘 밤 안으로 어혈이 풀리실 것이옵니다.
나겸	... 정말 전하께 해가 없는 것이냐?
어의	어의들이 밤새 살피겠사옵니다.
나겸	...... (자현이 괘씸한데)

벌떡 일어나 나가는. 어의와 홍상궁, 나겸의 기세에 놀라고. 그대로 누워 있는 강에서.

S#9. 교동도 전경 (N)

S#10. 교동도 일각 (N)

여기저기 기특을 찾아다니는 루시개. 아무래도 찾을 수 없는 휘와 기특의 흔적. 답답한 마음에 사방팔방을 향해 휘파람을 분다! 휘~ 휘익~ 휘익~

밤하늘에 울려 퍼지는 루시개의 휘파람 소리.

S#11. 유배지 초가집 (N)

휘와 기특이 지내던 초가집으로 온 루시개. 목마르고 배고픈. 부엌을 뒤져 물동이에서 바가지로 물부터 퍼 마신다. 물배가 차자 먹거리를 찾아보는데... 단지에 담긴 무, 칡과 마 따위 발견하고 우적우적 씹어 먹는다. 그 순간 목으로 스윽 다가오는 칼날! 루시개, 멎고.

(소리)　　　누구냐!

루시개, 먹고 있던 걸 칼날에 박으며 뒤로 제끼고 공격 시작하는데! 정신없이 합을 겨루다 보니 눈앞에 얼굴 보이고. 기특이다!

루시개　　　기특이?
기특　　　　... 루시개?

반갑고 어이없는 두 사람의 얼굴에서.

S#12. 궁 일각 (N)

나겸, 부들이와 나인들을 이끌고 밀궁으로 가고 있다.

S#13. 밀궁 앞 (N)

나인들이 밀궁 앞을 지키고 섰다. 당도한 나겸이 문을 열라고 윽박지른다.

나겸　　　　비켜라! 내가 누군지 모르느냐!
나인　　　　...... 전하의 명은 그 누구의 명보다 앞서는 것입니다. 아무도 들이지 말라 하셨사옵니다.
나겸　　　　(태연히 거짓말하는) 전하의 전언이 있느니라! 문을, 열어!
나인　　　　(동료를 쳐다보면)

제치고 들어가는 나겸에서.

S#14. 밀궁 (N)

자현, 무릎 세워 얼굴을 파묻고 있는데... 문이 벌컥 열린다. 고개 들면... 나겸이
들어오는. 자현, 본능적으로 뒤로 물러나는데... 다가온 나겸, 자현의 턱을 쥔다.

나겸	전하께 무슨 짓을 한 거야?
자현	......
나겸	전하께서 유혹에 안 넘어가시니... 미약을 쓴 것이냐?
자현	미약이 아니라. 독약이겠지.
나겸	(한 대 치고)
자현	(뺨 돌아가는)
나겸	중전마마라고 불러!
자현	...... (이를 악물고)

서서히 물러나는 나겸. 서늘하게 웃는다.

나겸	네 입으로... 토설을 했겠다?
자현	... (상관없다. 죽이지 못했으니 죽겠다는 심정이고.)
나겸	너는 이제... 살아남지 못할 것이야.
자현	바라는 바야! 날 죽여!
나겸	......
자현	난 이제 죽음이 두렵지 않아! 죽음은! 사랑하는 사람을 만날 수 있는! 그분과 함께할 수 있는 유일한 길이야!
나겸	죽여는 주마.
자현	...
나겸	네년이 감히 누구를 등에 업고 궁에 들어와 전하를 해하려 하였는지! 낱낱이 밝혀내어 잔당을 찾아낼 것이다!
자현	해봐 어디. 절개를 지키고자 칼을 든 여인의 단심! 그게 다니까!
나겸	밖에 누구 있느냐!

부들이가 문가로 다가온다.

부들이	예, 마마.

나겸	감찰상궁들을 깨우거라.
자현	......
나겸	고신할 죄인이 하나 있다고.
자현	(긴장하는데)

부들이 달려가고. 비소하며 내려다보는 나겸.

S#15. 교동도/유배지 초가집 전경 (N)

댓돌 위에 신발들...

S#16. 초가집/큰 방 (N)

휘가 상석에 앉아 있다. 포로 3인방과 도정국, 기특이 양편에 앉아 있고. 루시개가 정면에 앉아 휘를 뚫어져라 보고 있다. 거침없이 다가가 휘의 얼굴 만져보는.

기특	(마뜩찮은) 야, 야! 너 뭐해!
루시개	(몸은 성한지 여기저기 만져보고 확인하려 드는데)
휘	(루시개 제지하는/나 맞다는 뜻으로 고개 끄덕이면)
루시개	휘 맞아?
휘	(다시 끄덕)

루시개, 열 받아서 마구 때린다! 놀란 도정국과 기특, 루시개 잡아 떼어놓으면 그제서야 눌러왔던 울음을 터뜨리는! 사람들, 놀라서 본다.

휘	(다정하게) 미안하구나. 일이 급박하게 되어 미리 말도 못해주고. 많이 놀랐느냐?
루시개	(더 크게 울고)
도정국	위험한 작전이긴 했습니다. 대군이... 자칫하면 잘못될 수도 있었어요.
기특	그때는... 다른 수가 없지 않았습니까...
루시개	(눈물 닦으며) 어떻게 된 거야? 시체랑... 무덤이랑... 그건 다 뭐야?
기특	...... (보는)

S#17. 초가집/휘의 처소 (N) - 회상 : 12부 59씬

글씨 쓰다가 멎는 휘. 바깥의 기척에 귀를 기울이는데...

휘   기특이냐?

바깥은 다시 조용하고... 다시 붓 들려다가 아무래도 이상한. 소리 없이 문가로 다가가는 휘.

창호지 문 하나 사이에 두고 복면무사와 휘가 서로는 모른 채 대치하고 있다. 휘, 조용히 문을 열어보려는데... 문이 열리는 순간! 달빛과 함께 날아드는 칼날! 굴러서 칼날을 피하는 휘! 다시 칼 겨누는 무사! 싸우던 서슬에 복면이 흘러내린다!

휘   (놀란) 부사?

도정국, 아랑곳없이 칼을 휘두르고! 휘, 발길질로 방어해보지만 칼이 바로 목을 겨눈다!

휘   부친에 대한 원한 때문이라면... 좋소. 나를 베시오.
도정국   (노려보는데)
휘   허나... 진정 아버님을 죽게 만든 원흉들은... 이대로 역사에 묻히고 마는 것이오.
도정국   닥쳐라. 왕이 되고자 하는 욕심에! 어리신 전하를 능멸하고 충신들을 도륙하다니!
휘   내가 아니오!
도정국   그래놓고 왕족이라는 이유로 목숨을 부지해? 심판을 내 손에 맡기려는 하늘의 뜻으로 알겠다!
휘   짓지도 않은 죄를 뒤집어쓴 건 억울하나... 충신의 칼에, 효자의 손에 죽는 것을 영광으로 알겠소.
도정국   (노려보면)
휘   (눈을 감고)

도정국, 재차 칼을 겨누는데! 퍽! 뒤통수를 날려버리는 몽둥이! 기특이다!

기특   마마! 괜찮으십니까?

휘, 도정국의 칼을 문밖으로 던져버리고!

S#18. 동 (N)

머리에 붕대 감은 부사 도정국. 눈을 뜨면, 기특이 보고 있다. 화들짝 놀라 일어
나 경계하는데. 물사발 내미는 기특.

기특   정신이 좀 나십니까?
도정국   (여전한 의심의 눈초리)
기특   부사가 잘못 짚으셨어요.
도정국   ......
기특   우리 대군은 역도가 아니란 말입니다! 3년을 북방의 포로로 잡혀
          계실 때도! 협상을 통해 빠져나갈 수도, 혼자서 도망갈 수 있는 기
          회도 여러 번 있었지만! 백성들과 함께 가겠다며 똑같이 죄수 노
          릇 포로 노릇하면서 버틴 분이세요. 결국은 목숨 걸고 싸워서 포
          로들 다 빼왔구요...
도정국   ......
기특   기다리면 시간이 증명해줄 것입니다. 진짜 역도들이 또 무슨 일을
          꾸미고 말 테니까.
도정국   (나를) 왜 살려두었느냐. 난... 원수를 그냥 두지 않을 것이다.
기특   ... (답답한) 눈을 뜨세요! 진짜 원수가 누구인지!
도정국   ......
기특   부사를 살려둔 것부터... 대군의 진의를 알아주셨으면 합니다.
도정국   ......

S#19. 동 (아침) - 12부 63씬. 카메라 시점이 다른.

붕대를 맨 부사 도정국의 시선으로 보이는 마당 풍경.

휘를 찾아온 포로들이 휘에게 큰절을 하고 있다. 부엌에서 나온 기특이 달려가
서 서로 얼싸안고 난린데! 흐뭇하게 보고 있는 휘.

도정국, 이들의 재회를 지켜본다. 기분이 이상하고.

S#20. 교동도 관아 (D)

고민에 빠진 도정국이 부상당한 몸으로 돌아가는데... 관아 앞에서 기다리고 있는 어을운과 행동대장 재운, 무사들.

도정국, 올 것이 왔구나 싶고...

S#21. 초가집/휘의 처소 (N)

어을운을 만난 뒤 휘를 찾아온 도정국. 기특이 함께 듣고 있다.

도정국	대군의 말씀이 맞았습니다. 그들은... 대군을 살려둘 생각이 없습니다.
휘	... (예상했지만... 무너지는)
기특	(걱정에) 마마...
휘	허면 이제... 부사께서 나를 믿어주는 것이오?
도정국	선친께서 생전에... 대군에 대해 평한 말씀이 떠오르더군요.
휘	(조심스럽고) 무슨...
도정국	가여운 사람이라고.
휘	!
도정국	진양대군의 야욕을 꺾기 위해 울며 겨자 먹기로 왕실의 요구와 조정 대신들의 의견을 따라주고 있다고...
기특	... (울컥 오르는데)
휘	... 부사의 선친께서는... 이 나라 조선의 대통이 제대로 흘러가기를 바라셨습니다. 반드시 도성으로 돌아가서... 변란의 날! 비명에 간 충신들의 원한을 풀고 진상을 밝혀낼 것이오.
도정국	대군이 죽으면... 진실도 함께 묻힐 것입니다. 그 꼴을 두고 보진 않겠소.
휘	... (그렇다면) 시신이 한 구 필요하오.
도정국	?
기특	(보태는) 마마와 체구가 비슷한 사내의 시신이어야 합니다.

도정국   ...! (의도를 알아채는)

S#22. 동 (N)

휘에게 면갑을 입히는 기특. 호치와 덕만이 피주머니를 만들고 있다. 완성되면 방준이 휘의 면갑 위에 피주머니를 고정시키고. 기특이 다시 그 위에 휘의 옷을 입힌다.

움직이기 편한지 확인해보려고 이리저리 몸을 움직여보는 휘.

S#23. 주상절리 (N) - 13부 26씬

부사 도정국과 관원들이 숨어 있다. 도정국의 시선으로 보이는 휘와 어을운의 일전! 도정국, 활시위를 겨누고! 두 사람 사이를 가르고 들어오는 살! 휘의 몸을 맞힌다! 놀라는 어을운! 휘, 살을 맞고 그대로 뒤로 넘어간다! 바다로 떨어지는 휘!

이윽고 몸을 드러내는 부사 도정국! 활을 거둔다. 어을운, 의심의 눈초리로 보면!

S#24. 바닷가 (N)

휘가 헤엄쳐서 나온다. 기다리고 있던 덕만과 호치가 휘를 맞이하고. 시체와 함께 기다리고 있던 준, 휘의 가슴팍에 박혀 있던 살을 뽑고. 밤바다를 헤엄쳐 오느라 정신이 없는 휘... 준과 덕만이 휘의 옷을 벗겨 시체에게 입히면...

CUT TO

휘의 옷을 입은 시신. 살 자리 구멍에 똑같이 화살을 꽂아 넣고!

CUT TO

고개를 돌린 호치가 시신의 뒤통수를 쥐고 바위에 얼굴을 부딪는다!

S#25. 동 (다음 날 D)

어을운 일행과 도정국이 휘로 위장한 시신을 살펴보는데... 일각에 숨어서 사태를 지켜보는 휘와 기특.

S#26. 유배지 초가집/부엌 - 다시 현재 (N)

전후 이야기를 마친 기특, 아궁이에 불 때고 있다. 옆에서 루시개가 불쏘시개 넣어주고.

기특   근데 넌, 왜 아씨 안 따라가고 여기 남았어?
루시개   안 믿었으니까.
기특   뭘?
루시개   휘가 죽은 거.
기특   시신도 있었는데?
루시개   얼굴을 짓이겨났잖아.
기특   하여간 눈치는 빨라가지고.
루시개   휘가 죽었는데 넌 없고... 박기특이 설마 자기 목숨부터 챙겼겠어?
         네가 살아 있음, 휘도 살아 있을 거라고 생각했어.
기특   (왠지 뿌듯하고) 내가 좀 의리가 있긴 하지.
루시개   (그게 아니다) 네가 살아 있을 싸움이면 휘도 안 죽어.
기특   (김샜다가) 그나저나 자현 아씨가 큰일이네. 꼼짝없이 마마가 돌아
         가신 줄만 알고 계실 텐데...
루시개   ... 빨리 가서 알려줘야 해. (걱정되고)

S#27. 동/휘의 처소 (N)

도정국과 마주 앉은 휘. 배편이 여의치 않다는 말에 어두워져 있다.

도정국   도성으로 올라간 배가 다시 돌아오려면 꼬박 이틀은 걸립니다.
휘   다른 배는 없습니까? 한시가 급합니다. 상심한 그 사람이 무슨 일
         을 벌일지 몰라...
도정국   군선이 있습니다만... 마마 일행이 몰래 군선을 타는 일은 불가능

합니다.

휘   (절망하고)

도정국   그분이 마마의 정혼녀인 줄 알았다면... 제가 귀띔을 하는 건데...

휘   부사는 잘못이 없소. 그 사람이 올 줄은... 나도 몰랐으니까.

도정국   ... 생각할수록 대단한 여인이십니다. 마마께 위험을 알리려고 여
           인의 몸으로 이 험한 길을 자초하다니.

휘   ...... (생각하면 마음 아프고)

S#28. 교동도/나루터 (N)

초조한 마음에 혼자라도 나와본 휘. 자현이 고통받을 생각에 마음이 초조한데...
다가와 위로하는 기특.

기특   마마께서 실종되셨던 3년 동안도 꿋꿋하게 잘 버티신 아씨예요.
           괜찮으실 겁니다.

휘   (걱정이 가득) 그때와는 다르다. 자기 눈으로... 시신과 무덤을 보고
           갔어. 절망이 깊을 것이다.

기특   ... (그건 그렇지)

휘   허튼짓을 할까 봐 걱정이야.

기특   ......

섬에 갇혀 오도 가도 못하는 처지가 미치겠는 휘...

S#29. 경복궁 외경 (다음 날 아침)

새소리. 피어나는 봄꽃. 간밤의 비극을 감춘 채 아무 일도 없었다는 듯 평화로운
궁의 풍경.

S#30. 강녕전 앞 (D)

대전과 내전, 양편의 나인들이 도열해 있다.

S#31. 강녕전 앞 (D)

기력을 차린 강, 자리에 앉아 있다. 나겸이 탕제 올리면 거부하는 강. 나겸, 강의 목덜미에 난 상처를 본다.

강	괜찮소. 약은 더 이상 필요 없소.
나겸	옥체가 상하셨습니다.
강	... 술이 과했을 뿐이오.
나겸	(탕제 내려놓으며) 그게 아니겠지요.
강	... (보면)
나겸	꺾지 말아야 할 꽃을 꺾으시려다 이 꼴이 되신 게 아닙니까?
강	(굳는데)
나겸	자현일 대역죄인으로 처벌해야 합니다. 전하께서! 돌아가실 수도 있었어요!
강	나서지 마시오.
나겸	!
강	과인이 알아서 하리다.
나겸	전하의 부인은 접니다! 신첩이 나서지 않으면 누가 한단 말입니까?
강	투기는 칠거지악의 하나인 것을 모르시오?
나겸	신첩이 지금 투기하는 것으로 보이십니까! 여인의 투기 따위가 아니라! 전하를 지키고자 함입니다!
강	......
나겸	즉위하신 첫날에 어찌하여 망신을 자초하신 겁니까! 세상 여자다 가져도 자현이는 아니 됩니다! 즉위하신 첫날부터 패륜왕으로 이름을 날릴 작정이십니까!
강	닥치시오!
나겸	!
강	원래 내 것이었소!
나겸	!
강	(우겨보는) 은성이 훔쳐 갔던 꽃이오! 원래는 내 것이었다, 이 말이오!
나겸	... (무참한) 신첩의 동무였습니다.

강	(선례를 들어주는) 아바마마도 할바마마도... 모두 중궁의 시비를 취한 바 있으시나... 내전에서는 모두 위엄으로 내명부를 다스렸소. 사저의 인연 따위로 군왕의 길을 막지 마시오.
나겸	이러자고 보위에 오르신 겁니까?
강	......
나겸	이러려고... 왕이 되셨습니까...
강	대제학이 아니었더라면 은성을 몰아내기 어려웠음을 아실 거요. 덕분에 그 딸은 생과부나 다름없는 신세! 여식을 구제하여! 대제학을 포섭하고자 한 것이오!
나겸	(핑계는 좋네) 헌데 왜 신첩과 논의하지 않은 것입니까! 내명부의 일은 신첩의 소관입니다!
강	처가가 든든했더라면 후궁을 들여 입지를 강화할 일도 없었겠지.
나겸	! (아픈 곳이고)
강	선대에도 정궁 외에! 아홉 명의 빈 자리를 빠짐없이 채워! 왕권을 강화하고 왕실을 번영케 하지 않았소!
나겸	...... (서러워지는) 신첩이 바친 충성맹약을 잊으셨습니까! 신첩은 전하의 여인이 아니라 신하라고! 변치 않는 충심을 바치겠으니 운명을 함께하자고!
강	쓸데없는 투기로 중궁의 체모를 깎아먹지 마시오. 부인과 함께 나눈 맹세는 잊지 않을 것이니.
나겸	......
강	... 어젯밤의 일은 불문에 붙이시오... 성자현의 죄는... 내가 직접 묻겠소. 부인은... 나서지 마시오.
나겸	...... (고신은 이미 시작되었다/표정 묘한)

S#32. 대왕대비전 (D)

대왕대비 심씨에게 간밤의 일을 고하는 장상궁. 대비 김씨도 소년왕을 데리고 들어 있다.

장상궁	간밤에 궁이 뒤숭숭하여 좀 알아봤는데... 아무래도 밀궁에 누가 갇혀 있는 듯하옵니다.
대비 김씨	밀궁이라니요? 궁 안에 그런 곳도 있습니까?

장상궁	내명부 여인들을 벌할 때, 내옥 대신 쓰는 곳입니다.
대왕대비 심씨	대체 누굴 가뒀단 말이냐!
장상궁	(망설이는) 그것이 저... 궁녀들 사이에 떠도는 소문이 하도 망측하여...
대왕대비 심씨	!

S#33. 밀궁 마당 (D)

감찰상궁들, 자현을 고신 중이다. 멍석 위에 무릎을 꿇리고 손을 뒤로 묶어놓았다. 버드나무 매로 허벅지를 친 탓에 치마 위로 피가 배어나 있다.

지켜보던 나겸, 자현에게 다가간다.

나겸	말을 해. 전하께 무슨 몹쓸 약을 먹였는지! 옥체에 난 상처가 네 짓인지!
자현	(노려보는)
나겸	누가 시켰어?
자현	......
나겸	대비전? 상왕을... 다시 복위시킨다디?
자현	!
나겸	말만 해. 그럼 더 이상... 아프지 않을 거야.
자현	나를 바로 안 죽이고... 이리 고신을 하는 것이... 또 무고한 사람들을 엮어내고자 하는 거야?
나겸	진상을 알아내려는 거잖니?
자현	진상은 없어! 그냥 날 죽여!
나겸	(감찰들에게) 이걸로는 안 되겠구나. 독한 것의 입을 열려면... 특별한 걸 준비해야겠어.

감찰들, 새로운 고신을 위해 물동이와 한지 등 도모지[1]할 준비물 내오고... 자현,

---

1) 도모지(塗貌紙)란 조선 시대에 행했던 고문(拷問) 혹은 사형(死刑)법을 말한다. 사람이 움직이지 못하도록 몸을 묶고, 얼굴에 물을 묻힌 종이를 겹겹이 바른다. 몇 겹씩 얼굴에 단단히 쌓아올린 종이가 코와 입에 달라붙기 때문에 숨을 쉴 수가 없다. 당하는 사람은 비명도 지르지 못하

대체 무슨 일을 당할지 몰라 공포에 질리는데...

S#34. 편전 (D)

신하들이 도열해 있다. 강에게 주청하는 심정.

심정	전하, 하루빨리 경연관부터 임명하시어 중신들과 함께 왕도를 바로잡으시옵소서.
강	산적한 국사들이 많아 당분간은 경연²⁾을 열지 못하겠소.
박부경	(당황했다가) 경연을 열지 않는다는 것은 백성들의 소리를 듣지 않겠다는 것이나 다름이 없사옵니다.
강	(싸늘하게) 선왕께서는 생전에 경연을 거의 찾지 못하셨는데... 그래서 왕도를 행하지 못했다는 것이오?
박부경	! (굳고)
정연	(중재에 나서는) 전하! 선왕께서는 옥체 미령하시어 경연을 소홀히 하셨으나 원래는 경연을 중시하시고 신하들의 의견에 귀를 기울이셨나이다.
강	(양안대군에게 시선/처리하라는)
양안대군	지금 경연이 중요한 게 아니라... 명나라에 전하의 즉위를 승인받아 보위부터 반석에 올려야 합니다. 대제학으로 하여금 명에게 보내는 주본³⁾을 짓게 하시지요.
강	... (짐작은 가지만) 헌데 대제학이 보이지 않는구려.
박부경	집안에 우환이 있어 등청하지 않고 있사옵니다.
양안대군	신이 따로 만나보겠사옵니다.
강	(못을 박아두는) 선왕께서 병상에 오래 계시고 뒤를 이어 연치 어린 상왕께서 보위에 계시는 동안! 왕권은 약해지고 민생은 도탄에 빠졌으니! 과인은 개국의 시절로 돌아가 창업군주의 위엄을 받들며! 이 나라 조선을 강력한 군주의 나라로 만들고자 하오!
신하들	성은이 망극하옵니다.

면서 질식사한다.

2) 임금이 학문이나 기술을 강론, 연마하고 더불어 신하들과 국정을 협의하던 일

3) 왕에게 올리는 글월문서

강   ... (신하들 굽어보고)

S#35. 편전 (D)

강이 정무를 보고 있다. 밖에서 홍상궁이 고하는.

홍상궁(소리)   전하, 홍상궁이옵니다.
강   들라.

문 열리고 홍상궁 들어온다.

강   무슨 일이냐?
홍상궁   중전마마께서 밀궁의 성소저를 끌어내어 고신을 가하고 계시다
                   합니다. 반가의 부녀자를 함부로 고신하는 건 불가한 일입니다.

박차고 일어나는 강.

S#36. 밀궁 마당 (D)

자현에게 도모지가 가해지고 있다. 물에 적신 한지가 자현의 얼굴에 얹어지고.
자현, 숨을 몰아쉰다. 감찰상궁, 나겸을 돌아보면. 계속하라고 고개 끄덕이고. 감
찰상궁, 다시 젖은 한지를 자현의 얼굴 위에 붙이면.

나겸   (자현에게 다가가서) 숨이 막혀오지?
자현   ......
나겸   한 겹 한 겹 쌓여갈수록 숨을 쉴 수가 없어지고... 결국은 질식해
                   서 죽게 되는 거... 알아?
자현   ......
나겸   (다정하게) 그러니까... 말을 해? 응?
자현   ......

S#37. 궁 일각 (D)

분노한 강이 가고 있다. 홍상궁 이하 따르는 수행들.

S#38. 밀궁 마당 (D)

점점 질식해가는 자현, 결국 기절하는데! 분노 어린 강의 일갈!

강　　　　뭐하는 짓이오!

감찰들, 나인들 황급히 조아리고! 강, 달려가 자현의 얼굴에서 한지들 떼어낸다!
숨을 몰아쉬는 자현, 그러나 정신은 들지 않고. 나겸, 밀리지 않으려 다잡는.

강　　　　소저를 안으로 뫼시고! 당장 어의를 불러오라!
나겸　　　!
강　　　　(분노한) 과인의 명을 어기고! 밀궁을 연 사람은 모두 퇴출될 것이
　　　　　며! 또다시 내 허락 없이 문을 열 시에는! 참수로 경계를 보이겠
　　　　　다!

얼어붙는 나인들! 정신 차리고 자현을 안으로 데리고 들어간다. 나겸, 원망의 눈
길로 강을 쏘아본다.

강　　　　(죽어가는 자현을 보고 돌아버릴 것 같다) 중전이 되고 싶다면서! 국법도
　　　　　모르시오!
나겸　　　저 계집의 손에라면 죽음도 달가운 것입니까? 전하께 한 짓을 생
　　　　　각하면 찢어 죽여도 시원치 않습니다!
강　　　　죽여도 내가 죽인다 하지 않았소!
나겸　　　신첩에게... 어찌 이러실 수가 있습니까! 전하께 명운을 걸었던 저
　　　　　에게!
강　　　　(싸늘해지는) 하여 왕권이라도 나눠 갖고 싶은 것이오?
나겸　　　!
강　　　　부인 입으로 말하지 않았소? 권력은 부자지간에도 나눌 수 없는
　　　　　것이라고! 감사는 내 마음이 갖는 것이지 부인의 생색으로 생겨

나는 것이 아니오!

나겸   (부인이라는 호칭이 걸리고) 신첩을 왜 중전이라 불러주지 않으십니까? 여기는 사가가 아닙니다.

강   부인을 중궁에 올릴지 말지! 아직 마음을 정하지 못하여서.

나겸   !

강   부인이 과연 국모의 자리를 감당할 그릇이 되는지! 아직은 판단을 못하겠구려.

나겸, 모욕감에 자리에서 꼼짝을 못하고. 주변 나인들, 고개 숙이고 눈치 보는데...

S#39. 교동도 전경 (D)

S#40. 교동도 나루터 (D)

아직 배가 없는 줄 알지만 그래도 나와서 확인해보는 휘. 도정국이 수행 중이다.

도정국   하루는 더 있어야 합니다.

휘   (초조한 한숨)

도정국   배가 오면 바로 모시고 올라가겠습니다. 내직으로 발령이 났으니 도성에서 마마를 도울 수 있을 것입니다.

휘   ...... 나로서는 고마운 일이나 조정은 이곳과 또 다른 세계요. 부사의 앞날이... 험난해질 수도 있어요.

도정국   제 선친의 일을 잊으셨습니까? 그 길은... 저의 의무이기도 합니다.

휘   ...... (자기를 보는 것 같다. 좋은 사람이 원한으로 변해가는 모습을 보는 것이 씁쓸하기도 한데)

도정국   도성에서 거처는 어찌하시려는지...

휘   ... 은신할 만한 산사가 있소. 주지스님께서 허락하시면 불목하니[4]로 숨어 있을까 하오.

도정국   정혼녀를 만나시는 동안 제가 스님을 만나보겠습니다.

---

4) 사찰에서 땔나무를 베고 물을 긷는 사내 종(노비)

휘   ... (먼 바다를 바라보는)

S#41. 대왕대비전 전경 (D)

S#42. 동 안 (D)

문후 드리러 온 강과 나겸 부부. 두 사람이 절하고 앉으면. 장상궁, 긴장해 있고.

대왕대비 심씨 (주상에게) 몸이 안 좋으셨다면서요?

당황하는 강 부부.

대왕대비 심씨 대제학의 여식이 궁에 들어와 있다던데...
강   !
나겸   앙큼한 것이 전하를 해하고자 입궁하여...
강   (OL) 중전의 오해요.
나겸   (쳐다보는)
강   안 그래도 심려 깊으신 어마마마께 공연한 말로 심기를 어지럽히지 마시오.
나겸   작정하고 들어온 앱니다! 은성대군의 일로 앙심을 품고.
대왕대비 심씨 (걸리는) 그 아이가 은성의 일로 앙심을 품을 게 무엇입니까?
강/나겸   (굳고)
대왕대비 심씨 은성이 아무 죄 없이 죽은 것입니까?
강   ......
대왕대비 심씨 주상과 중전께서... 은성을 죽였느냐 이 말입니다!
나겸   어마마마...
대왕대비 심씨 그게 아니라면 성소저가 원한을 품을 게 무엇이오? 제 아비 덕에 멸문을 빠져나가 목숨을 구했는데!
강   ......
대왕대비 심씨 하루빨리 돌려보내세요. 소문이 추문으로 번지기 전에.
나겸   (틈을 노리고) 이 모든 것이 신첩이 정식으로 책봉을 받지 못하여 생긴 잡음이 아닌가 싶습니다. 하루빨리 중궁의 위를 받아 윗전에 효도하고 내명부의 기강을 바로잡고 싶사옵니다.

대왕대비 심씨 ... (속이 다 보이는데/필요한 일이고) 절차를 서두르세요. 더 이상의 잡
음은 허용하지 않을 것입니다!

강 (굳은)

나겸 ... (회심의 미소)

S#43. 동 앞 (D)

강과 나겸이 물러 나온다. 화가 나서 혼자서 가버리는 강. 나겸, 새삼 약이 오르
고!

S#44. 궁 일각 (D)

밀궁으로 가는 강. 따르는 홍상궁과 나인들.

S#45. 밀궁 (D)

자현이 사경을 헤매고 있다. 강이 서서 자현을 내려다보고 있는데.

인서트) 5씬. 강을 죽이려던 자현의 얼굴! 그녀를 가장 가까이할 수 있었던 죽음
의 순간!

강, 자현을 향해 내려가는. 자현의 목을 쥔다. 순간 손에 힘을 줬다가... 이내 풀
어서... 식은땀 흘리는 자현의 얼굴을 어루만지고... 이 여인을... 어찌해야 할지
모르겠는데...

S#46. 궁/연못가 (D)

생각시를 밀어 죽게 만든 연못가. 그 자리에 서 있는 강. 뒤에는 어을운.

어을운 자현 아씨를 어찌할 작정이십니까?

강 한 짓을 생각하면... 살려둘 수가 없는데...

어을운 ......

강 나한테 칼을 날리고 독을 품어도... 거기 맞아 피를 흘리면서도...

그 사람을 손에 쥐고 있고 싶은 이 마음은... 무엇이냐?

어울운   ...... 하나를 얻자고... 너무 많은 것을 잃게 되실지도 모르옵니다.

강   ...... (안다) 은성이 없어지면... 세상 모든 것이 내 뜻대로 될 줄 알
          았다. 허나... 이제는 실체도 없는 죽은 자와 싸워야 하는구나.

어울운   ......

S#47. 마포 나루터 (다른 날 D)

휘와 일행이 도성에 도착했다. 도정국도 같이 온. 휘와 기특은 얼굴을 가리기 위
해 삿갓 차림. 자현 때문에 마음이 급한 휘가 서둘러 내리면. 그런 휘의 모습을
보고 어딘지 맘 아픈 루시개. 기특은 그런 루시개 보고 짠함과 짜증이 동시에.
손잡아 내려주려는데 루시개, 무시하고 가버린다. 열 받는 기특.

앞서간 휘, 빨리 오라고 손짓하는.

S#48. 길/관아 앞 (D)

왕이 선위를 받아 등극했다는 방이 붙고. 백성들 보면서 수군거리는. 서둘러 걸
어가던 휘, 문득 발길이 서는. 일행도 따라 서고. 내용을 확인한 휘의 얼굴이 얼
어붙었다.

덕만   (호치에게) 네가 보믄 아냐? 까막눈 주제에.

호치   (발칵!) 남들은 모르잖여! 방 앞에 서 있음 읽을 줄 아나 보다 하겄
          지!

준   도둑놈이 왕이 되었단 소리다.

휘   ...... (착잡한데)

도정국   대비전에서 버티질 못했다 합니다. 어린 아들이... 독살이라도 당
          할까 두려웠던 게지요.

휘   ......

도정국   저 친구들 먼저 산사에 데려다주겠습니다. 들러야 할 곳이 계시지
          요?

휘   ...... 부탁하오.

S#49. 자현의 집 앞 (D)

대문 앞에 모여 수군거리는 동네 사람들. 다가오던 휘와 기특, 루시개. 사람들과 마주치지 않으려 슬쩍 외면하며 기다리는데...

아낙1   신랑 죽여놓고 바로 궁으로 들어갔다며?
휘   !
아낙2   죽은 사람만 불쌍하지... 간신배 집안에 절개 없는 딸자식~ 세상이 썩었어!

기특과 루시개, 당황하고.

남자   (화난) 에잇! 더러운 것들! (침을 퉤! 뱉고)

지나가던 사람들, 대문을 향해 돌을 집어던지는데! 집에서 나오던 득식, 한 대 정통으로! 이미 당해본 일이다. 열 받아서 부들부들!

득식   이것들이 진짜! 여기가 어딘 줄 알고 돌팔매질이야!

사람들, 우루루 도망가고.

기특, 득식에게 들킬까 휘를 끌어다 일각에 숨긴다. 득식에게 다가가는 루시개.

득식   (뜻밖인) 넌 또 언제 왔냐? 난 다시 고향으로 가버린 줄 알았네.
루시개   아씨 안에 있어? 어디 간 거 아니지?
득식   근데 너 왜 말이 짧냐?
루시개   너도 짧잖아.
득식   야 나는 양반이잖아!
루시개   나도 공주야.
득식   뭐?
루시개   나, 여진족 공주.
득식   얘가 이제 누구 닮아 사기까지 치네?
루시개   아씨 봐야 돼. 할 말 있어.

득식	이제 우리 자현이 너 같은 사람이 보기 힘들거든? 새 임금 나구 바로 입궁하셨어.
루시개	왜?
득식	이 나라 주상전하의 후궁이 되셨거든.
루시개	(이해가 안 가고) 그게 말이 돼?!
득식	우리 자현이가 덤벙대는 것 같아도 애가 결정적인 순간에 머리가 좋거든. 지도 생각해보니 갑갑한 거야. 이대로 청상 아닌 청상 되는 거. 그렇다고 이 나라 반가에서 지를 받아줄 데는 없구... 과감하게 결단한 거지. 지가 자청했다니까?
루시개	(만주어로 욕하는)
득식	너 그거 지금 욕이지? 나 느낌 왔어! 나 촉 좋아!

일각의 휘, 얼어붙어 있는데...

기특	... (어쩔 줄 모르고) 마마...
휘	......

S#50. 자현의 집/안방 (D)

쓰개치마 챙기며 궁으로 가겠다는 안씨. 성억이 말리고 있다.

성억	부인은 집에 계세요! 내가 가서 데려온다니까!
안씨	그 미친 것이 지 발로 들어가겠대서 어버버 하다가 놓쳤지만... 연통 한번 없고 생사도 모르는데! 어미가 돼갖구 어떻게 방 안에서 기다려요!
성억	그러니까 내가 간다지 않소!
안씨	세상이 우리 집 욕하고 침 뱉구 돌 던져두! 난 괜찮아요! 대감 살아 있으니 감사하구! 우리 딸만 내 품으로 돌아오면 돼요!
성억	정말 후궁으로 삼을 거였음 첩지가 내려도 벌써 내렸을 것이오. 내가 입궁하여 사태를 파악하겠소.
안씨	(보다가/간절한) 자현일, 내 앞에 데려다줘요.

성억, 끄덕이고.

S#51. 일각 (D)

충격으로 멍하게 걸어가는 휘! 기특과 루시개 따라오고.

기특   진정하세요, 마마! 이유가 있을 거예요! 아직은 상황을 잘 모르잖아요!

루시개   이유는 무슨. 눈으로 죽은 거 보구 나니까 포기한 거지.

기특   (입조심하라는 뜻으로 흘겨보고) 마마께서 돌아가신 줄 알고 자포자기를 했을 수도 있고... 부득이한 사정으로 끌려갔을지도 모르고...

휘   ! (우뚝 서는)

기특   마마...

휘   (믿을 수가 없고) 내가 죽으면... 따라 죽을까 봐... 그것만이 걱정이었다.

기특   ... (알지)

휘   ... (믿을 수가 없는데)

루시개   잊어! 배신자야! 왕의 여자가 돼서! 잘 먹구 잘 살려구 들어간 거라구!

휘, 루시개 밀어붙이며! 굳어버린 루시개! 마마! 놀란 기특이 말리고!

휘   함부로 말하지 마라!

기특, 두 사람 사이에 끼어들어 떼어놓는.

휘   (상황은 분노가 솟지만/그래도 자현을 믿어보는) 사정이 있을 것이다! 뭔가가 있을 거라구!

루시개, 자기한테 화낸 휘가 서운하고. 둘 사이에서 어쩔 줄 모르는 기특! 휘, 화나서 가버리고!

S#52. 밀궁 안 (D)

식은땀을 흘리며 악몽에 시달리는 자현.

S#53. 대왕대비전 (D)

대왕대비 심씨를 알현하는 성억. 담판을 짓고 있다.

성억   가문의 오욕은 감수할 수 있으나! 이 일로 왕실의 체통이 땅에 떨
            어지고! 이제 막 보위에 오르신 주상전하께서 세간의 조롱을 받
            고 계십니다. 더 이상의 추문이 퍼지지 않게! 제 여식을 돌려보내
            주십시오!

대왕대비 심씨 따님은 궁에서 내보낼 것입니다. 허나! 이후로 그 아이는 정업원5)
            에서 살아야 합니다.

성억   ! 너무하십니다. 대군 때문에 고초만 겪은 아이를... 기어이 비구
            니를 만드셔야겠습니까?

대왕대비 심씨 (냉정한) 이제 와서 따님을 다른 곳에 시집을 보낼 수가 있습니까,
            주상의 욕심대로 순순히 후궁이 되겠습니까. 이 모든 분란을 가라
            앉히는 길은... 자결 아니면 출가밖에 없는데... 목숨은 살려야 하
            지 않겠습니까.

부들거리는 성억, 통한에 절고...

대왕대비 심씨 돌아가세요. 따님은, 정업원으로 보내겠습니다.

장상궁, 두 사람을 지켜보는데...

S#54. 강녕전 (D)

나겸이 강에게 자현의 일을 고한다.

나겸   어마마마께서 자현일 정업원으로 보내신다 합니다.
강   당분간은 궁에 있어야 할 게요. 운신도 못하는 몸을 치료는 해야
            하니.

---

5) 고려·조선 시대에 도성(都城) 안에 있던 선비의 집안이나 궁중의 여인들이 출가하여 머물던
   비구니 처소

나겸	! 그렇게... 하루라도 더 붙잡고 싶으십니까? 그런다고 달라지는 건 없습니다!
강	(엄하게) 어명을 어기고! 어명을 사칭해서! 대제학의 여식을 고신 했소. 이것만으로도 중전이 쫓겨날 일이라는 걸 모르시오?
나겸	(굳는)
강	멀쩡했던 딸이 궁에서 반송장이 되어 실려 나오면 대제학이 참으로 기뻐하리다! 삼사6)에서 문제라도 삼으면! 중전이 책임을 지시 겠소?
나겸	......
강	성소저는, 멀쩡한 몸으로 궁을 나가야 합니다. 그래야 중전도 무 탈한 것이에요!
나겸	... (분한데)

S#55. 산사/법당 (D)

주지스님7) 앞에 앉은 도정국. 재물이 든 상자를 주지스님께 밀어놓는다.

도정국	사자의 시주를 받아주시니, 감사합니다.
주지스님	(안 받고 도로 밀어놓는)
도정국	......
주지스님	시주 때문에 돕는 것이 아닙니다. 이 나라가... 부처님 뜻에 가까운 나라가 되기를 바라는, 염원 때문입니다.
도정국	...... (고맙고/감동인데)
주지스님	대군이 다시 산 자가 되어... 자비로운 성품을 맘껏 발휘할 수 있는... 그런 날이 오기를 바라는 것입니다.
도정국	(합장하며 인사하는)
주지스님	......

---

6) 조선 시대에 언론을 담당한 사헌부 · 사간원 · 홍문관을 가리키는 말
7) 2부에서 양안대군과 강을 야단치던 스님

S#56. 요사채/ 휘의 처소 (D)

휘가 도정국에게 자현의 일을 알아봐 달라 부탁한다. 동석한 기특.

휘	자기 발로 궁에 들어갈 사람이 아닙니다. 이는 필시 곡절이 있을 터! 안에서 무슨 일이 있었는지! 지금 어찌 지내고 있는지! 꼭 좀 알아봐 주십시오.
기특	(보태) 마마께서 직접 범궁이라도 할 기세예요. 나리께서 좀 말려주십시오.
도정국	조정에서는 성소저의 일을 아는 사람이 없습니다. 대전이나 내전 상궁들에게 줄을 놓아... 내막을 알아보도록 하겠습니다.
휘	......
기특	난군의 잔당들... 마마께 누명을 씌운 계집은, 정보가 좀 있습니까?
도정국	부인이 직접 나섰을 거 같지는 않고... 진양대군 측근 중에 기녀 초요경이 의심스럽습니다.
휘	초요경?
도정국	자객들을 상대할 만큼 담대한 계집, 마마께 누명을 씌우고도 눈 하나 깜짝 안 할 계집이라면... 여염의 여인은 아니지 않겠습니까? 잠저 시절에도 가까이 지냈구요.
휘	연회마다 초요경을 부르고... 나를 떠볼 때도 늘 그 여인을 보내긴 했는데...
도정국	진양대군의 사람인 것만은 확실합니다. 제가 한번 만나보지요.
휘	......

S#57. 경복궁 외경 (다음 날 D)

S#58. 밀궁 (D)

기력을 차린 자현이 일어나 앉아 있다. 장상궁이 상태를 살피러 와 있고.

장상궁	좀 어떠십니까?
자현	......

장상궁	이제 좀... 움직일 만하신지요?
자현	언제든 나갈 수 있습니다.
장상궁	... 날을 받아 가마를 준비하겠습니다.
자현	궁을 나가기 전에... 한 가지 청이 있습니다.
장상궁	(보면)
자현	... 은성대군이 평소 지내시던 처소를... 한 번만 보고 가게 해주세요.
장상궁	(들어주고 싶지만) 아마 힘들 것입니다. 아씨는 이 방에서 한 발자국도 움직이실 수가 없습니다.
자현	궁을 나가는 날, 가마에 오르기 전에... 한번 들렀다 갈 수는 없는지요.
장상궁	...... (곤란한데)
자현	(처연하게 보고)

S#59. 기루 전경 (N)

S#60. 기방 (N)

도정국이 초요경과 앉아 있다.

초요경	(술 따라주며) 내직으로 올라오신 것을 축하드립니다. 앞으로 자주 들르셔요. 오가며 인맥도 만들고 귀동냥도 하셔야지요.
도정국	안 그래도 물어볼 게 있어 들렀네.
초요경	(보면)
도정국	지난번 변란에 아직 잡아들이지 못한 자가 있어...
초요경	수괴부터 말단까지 일망타진된 거 아닙니까?
도정국	난군들을 매수한 여인!
초요경	!
도정국	그 계집이 잡히지 않았소.
초요경	...... (긴장하는)
도정국	(괜히 건드려본다) 옥살이를 하고 있는 난군들이 있으니 대질을 시키면 진범을 가려낼 수 있을 터인데...
초요경	! (그럴 리 없는데) 본 사람이 있답니까?

도정국	(예리하게 보고)
초요경	(태연을 가장하며) 헌데 그 얘길 왜 여기 와서 하십니까?
도정국	여염의 여인은 아니지 않겠소?
초요경	......
도정국	정국이 있었으나 끝내 잡히지는 않았던 묘령의 여인, 죽어간 난군들이 하나같이 은성대군의 명이었다 자백하게 만든 여인. 그 여인이... 누구겠소?
초요경	기생들은 원래 세상 잡놈들을 다 상대하는 법이라... 죄인이 와도 고하지 않고 거지가 와도 쫓아내지 않지만... 나리께서는 너무 위험한 발언을 하시네요. 죄인이 기방에 숨어 있다는 뜻입니까?
도정국	기방이라는 게 수많은 정보가 오가는 곳이니... 들을 만한 얘기가 있으면 말을 해달라는 것이오.
초요경	...... 기억해두겠습니다.
도정국	(마시면서 보고)
초요경	...... (외면하는)

S#61. 동 안 (N)

애랑이 걱정스런 얼굴로 초요경 앞에 앉아 있다.

애랑	전하께 고해야 되는 거 아니에요? 왜 다 끝난 일을 저리 캐고 다닌대요?
초요경	아직은 저 사람이 누구 편인지를 몰라.
애랑	? (고민해보다) 은성대군을 죽인 당사자니 전하 편이긴 한데...
초요경	처음부터 대업을 함께한 식구는 아니지.
애랑	전하께 더 잘 보일라고 과잉충성하는 건가?
초요경	좀 더 지켜보자꾸나. 출세를 노리는 속물인지, 아비의 원수를 갚으려는 자식의 노력인지. 그도 아니면...
애랑	(보면)
초요경	새 판을 짜려는 의외의 인물인지 말이다.
애랑	......

S#62. 기루 앞 (N)

도정국이 나온다. 일각에 기다리고 있던 휘와 기특. 수행처럼 따라붙는다. 골목을 돌아가서 주변 살피는.

도정국	초요경이 맞는 것 같습니다.
휘	!
도정국	본 사람이 있다니 흔들리면서도 그럴 리 없다는 확신이 있었습니다. 당시의 정황을 잘 아는 자의 반응이지요.
기특	못된 년 같으니라구!
휘	...... 누명을 씌운 사람이 벗길 수도 있는 법이다. 어떻게든... 초요경을 잡아야 해.
도정국	그리고...
휘	(보면)
도정국	아씨가 궁에서 나오신답니다.
휘	!
기특	(환해지며) 그럼 별일 없었던 거죠? 다시 댁으로 돌아가시는 거예요?
도정국	... (망설이다) 진양대군이 후궁 삼으려 했던 건 사실이었구...
휘	! (굳고)
도정국	헌데 중궁의 투기가 심하고 대왕대비전에서도 허락이 떨어지지 않아... 정업원으로 보내버린답니다.
기특	우리 아씨를 비구니 만든다구요?
도정국	(보는데)

휘, 굳은 채 그대로.

도정국	어찌하시렵니까?
기특	(안타까운) 이대로 아씨가 여승 되게 하실 거예요?
휘	... (참담하고)

S#63. 궁/휘의 처소 앞 (다른 날 D)

장상궁과 나인들이 밖에서 기다리고 있다.

S#64. 동 안 (D)

자현, 휘가 살았을... 먹고 자고 공부하고 그림도 그렸을 처소 안을 하나하나 살펴보고 있다. 벽도 쓸어보고... 서안도 만져보고... 보료도 쓰다듬어보고... 그가 쥐었을 붓도 잡아보고...

그리고 놓여 있는 화분 하나. 붓꽃이 피어 있다. 울컥 올라오는. 그리움으로, 서러움으로 보는데...

S#65. 궁 마당 (D)

자현을 태워 가기 위한 백가마가 준비되어 있다. 나겸이 감시하듯 지켜보는데... 장상궁이 자현을 데려온다. 나겸을 보고 멎어 서는 자현.

나겸	잘됐지? 정업원으로 가서 남은 여생을 은성대군의 극락왕생을 빌며 살아가는 거... 네가 가장 원하는 삶 아니니?
자현	인과응보.
나겸	!
자현	죄지은 자가 제대로 벌 받는 세상을, 기도드릴 거야.
장상궁	(자현을 위해 경고하는) 예를 갖추십시오. 중전마마십니다. 더 이상, 어린 날의 동무 대하듯 하시면 아니 됩니다.
자현	(굳은)
나겸	(장상궁이 저리 나오니 아량을 베풀고) 놔두세요.
장상궁	(보면)
나겸	마지막 발악인 것을.
자현	잘못된 자리에 앉아 있으면... 평생이 불안하겠지.
나겸	!
자현	하루도 편할 날이 없을 거야. 밤에도 잠들지 못할 것이고... 밥 한 숟갈, 간장 한 종지도 다 의심스러울 거야. 비단옷도 쓰라릴 것이

고 금침도 가시방석이겠지.

나겸	내 걱정은 할 거 없어. 누가 봐도 패자는 너니까.
자현	행복해?
나겸	!
자현	원하는 걸 다 쥐고... 그래서 지금이 행복하냐고.
나겸	어디, 너의 불행에 대겠니?

장상궁, 안 되겠다. 나인들에게 명을 내리고.

| 장상궁 | 아씨를 뫼시어라! |

나인들, 서둘러 자현을 가마에 태운다. 나겸이 지켜보는 가운데 가마가 빠져나가고.

S#66. 일각 (D)

자현을 태운 백가마가 가고 있다. 병사들 몇이 호위를 하고.

어을운과 함께 멀리서 지켜보는 강.

| 강 | 정업원에 발을 들이기 전에 빼돌려야 한다. |
| 어을운 | (읍하고) |

S#67. 길/가마 안 (D)

궁을 빠져나온 자현의 가마가 가고 있다. 자현, 이제 세상 초연하고.

포로 3인방이 자현의 가마를 미행한다.

S#68. 산사/요사채/휘의 처소 (D)

휘, 자현을 구해 오기 위한 출동 준비 중이다. 무기 챙기고, 복면도 준비하고. 옆에서 거들던 기특, 한편으로는 걱정이 되는데...

기특	마마... 근데요...
휘	(보면)
기특	아씨 그냥... 정업원에 계시는 게 나을 수도 있다는 생각이 들어서요.
휘	......
기특	거기 있음... 아무도 못 건드릴 거 아니에요... 우리가 데려와 봤자 제대로 보살펴드리지도 못하고... 그렇다고 댁으로 가실 수도 없는 형편인데... 마마 살아계신 것 말씀드리고 마마의 누명이 벗겨질 때까지 그냥 거기 계시는 게 더 안전할 것 같아서요.
휘	그 사람을... 봐야겠다.
기특	(보면)
휘	자현일, 내 눈으로 봐야겠어.
기특	... (걱정되고)

S#69. 정업원 근처 (N)

숨어서 기다리는 휘와 기특, 루시개. 셋 다 얼굴에 복면을 하고 있다.

S#70. 정업원/법당 (N)

주지(여승)에게 거액이 든 상자가 밀어진다. 강의 사저 수하 동호. 주지가 보면.

동호	매월, 같은 액수의 시주가 있을 것입니다. 대제학의 여식은... 저희가 맡지요.
주지	......
동호	허나 대외적으로는... 그분은 여기 계시는 겁니다. 아무도 만나지 않으면서요.
주지	(알아들었다/끄덕이고)

S#71. 정업원 일주문 안 (N)

새로운 가마가 문 안에 놓여지고. 강의 수하들이 문가에 배치된다.

일각에서 보고 있는 휘 일행, 상황이 이해가 안 가는데...

S#72. 정업원 근처 (N)

자현의 가마가 오고 있다. 병사들 계속 호위 중이고.

S#73. 정업원 앞 (N)

자현의 가마가 와 서고 대기하던 여승이 나선다. 가마꾼이 가마 열고... 자현, 내리는데...

일각에서 지켜보던 휘, 자현의 얼굴에 쿵! 저도 모르게 튀어나가려 하면. 붙잡는 기특. 휘, 돌아보면. 고개를 가로젓는 기특. 아직 때가 아니라는.

정업원을 올려다보는 자현. 여승이 합장하는데... 마주 합장하는 자현.

병사　　　그럼, 저희는 이만... (물러간다는)
여승　　　살펴 가십시오.

가마꾼들이 가마 걸고 병사들과 함께 물러가는데... 기다렸던 휘 일행, 앞으로 나가려 하고.

여승 따라 정업원 안으로 따라 들어가려는 자현. 안에서 강의 수하들이 튀어나온다. 흠칫! 놀라는 자현. 여승, 안으로 도망가 버리고.

휘, 놀라서 달려가는데!

강의 수하들, 준비된 가마에 자현을 억지로 태우고! 가마를 들고 가려는데! 휘 일행이 달려 나온다.

휘　　　아씨에게 손대지 마라!

강의 수하들, 돌아보고! 휘 일행과 일전을 벌이는데!

가마 안의 자현, 가마창을 열어보는데! 그 앞으로 지나가는 칼날! 기겁을 하고 물러나고!

휘 일행에게 밀리는 강의 수하들! 그사이 기특과 포로 3인방이 자현이 타고 있는 가마를 들고 가버린다.

휘와 루시개가 강의 수하들의 추적을 막아내는데!

S#74. 길/가마 안 (N)

자현의 가마를 들고 달리는 기특과 포로 3인방! 가마 안의 자현은 극도로 불안해지고!

S#75. 일각 (N)

세워지는 가마. 자현, 불안한데... 가마의 문이 열리고... 자현에게 내밀어지는 손. 자현, 그 손을 잡을 수가 없는데... 손은 치워지지 않고... 자현, 그 손이 익숙하다. 눈 커지는! 설마... 자현, 꿈인가... 그 손을 잡아보는데... 가마 밖으로 나오면... 손 위로, 팔 위로... 어깨 위로... 시선 끝에... 복면을 쓴 사내가 있다! 설마... 설마...

휘, 하관을 가린 복면을 내린다. 자현, 휘의 얼굴 확인하고... 숨이 멎을 거 같다.

자현   제가... 죽은 것입니까? 이제 다른 세상에서... 마마를 만난 것입니까?

휘   ......

아득해지며 휘의 품속으로 무너져내리는 자현! 받아 안는 휘에서 엔딩!

대군

사랑을 그리다

15부

S#1. 길/가마 안 (N)

자현의 가마를 들고 달리는 기특과 포로 3인방! 가마 안의 자현은 극도로 불안해지고!

S#2. 일각 (N)

세워지는 가마. 자현, 불안한데... 가마의 문이 열리고... 자현에게 내밀어지는 손. 자현, 그 손을 잡을 수가 없는데... 손은 치워지지 않고... 자현, 그 손이 익숙하다. 눈 커지는! 설마... 자현, 꿈인가... 그 손을 잡아보는데... 가마 밖으로 나오면... 손 위로, 팔 위로... 어깨 위로... 시선 끝에... 복면을 쓴 사내가 있다! 설마... 설마...

휘, 하관을 가린 복면을 내린다. 자현, 휘의 얼굴 확인하고... 숨이 멎을 거 같다.

자현	제가... 죽은 것입니까? 이제 다른 세상에서... 마마를 만난 것입니까?
휘	......

아득해지며 휘의 품속으로 무너져내리는 자현! 받아 안는 휘!

S#3. 산사 전경 (N)

S#4. 산사/휘의 처소 (N)

깨어난 자현, 휘와 마주 보고 있다. 자현, 화가 나 있다.

자현	마마의 옷을 입은 시신을 보았습니다. 섬에서... 장례도 치렀어요. 눈앞에서 마마가 묻히는 걸 봤단 말이에요!
휘	부사의 도움을 얻어 자유를 얻고자 연극을 한 것이오. 익사한 뱃사람의 시신과 바꿔치기를 했소. 죽은 사람이 되면, 유배지를 벗어날 수 있을 테니까.
자현	(재회의 기쁨, 그가 살아 있다는 안도감, 그동안 저질러버린 엄청난 일들이 뒤섞여 회한이 차오르는) 마마가 돌아가신 줄 알고... 제가... 무슨 짓을 했

는지 아십니까...

휘   ... (묻기조차 두려운 일이다)

자현   저한테 언질을 주셨어야죠! 말씀을 하셨어야죠!

휘   도성에서 자객들이 내려왔소.

자현   ! (놀라고)

휘   누구한테 알릴 시간도 없었고... 살아남고자, 자유를 얻고자 급박하게 대처한 것이오.

자현   ...... (더 이상 원망도 못하겠고)

휘   (낮게) 형님이... 무슨 짓을... 한 거요...?

자현   ! (멎는)

휘   내가 죽었다 여겨... 정말로... 형님의 후궁이 되려 하시었소?

자현   ...... (억장이 무너진다! 서러운!/내가 어떤 각오로 거길 갔었는데!)

휘   아니... 아무 말도 하지 마시오. 설명, 안 해도 좋소. 무슨 일이 있었든... 어쩔 수 없었다는 거... 나도 아오. 결국 모든 게... 다 나 때문이니까...

자현   ... (오기 나서) 네, 맞습니다. 이제는 떠나지 않겠다고! 영원히 지켜준다 약속해놓고! 죽어버린 마마를 버리고! 제 발로 궁으로 걸어들어갔습니다. 다른 사람의 여자가 되려구요! 후궁이 되려구요!

휘   ...... (먹먹해지는/그게 아닌 거 아는데)

자현   마마를 묻은 무덤에... 흙이 채 마르기도 전에! 다른 사람을 찾아갔습니다!

휘   ! (어깃장인지 진실인지 알 수가 없고)

자현   됐나요? 이제 속이 시원하세요?

휘   ...... (괴로운데)

자현   (원망이 올라오는) 그런 생각을 하면서 저는 대체 왜 데려오신 것입니까!

휘   ... 정업원으로 보낼 수는 없었소.

자현   !

휘   어떻게 해서든... 만나야 했소.

자현   뭘 확인하고 싶으셨는데요! 제 가슴을 바닥까지 찢어놓고! 그래도 기어이 다시 보려 하신 연유가 무엇입니까!

휘   봐야 했으니까!

자현   !

휘	안 보면 죽을 거 같았으니까!
자현	저를 믿지도 않으면서요?
휘	……
자현	(일어나는) 정업원으로 돌아가겠습니다.
휘	그럴 순 없소.

자현, 나가려는데. 잡는 휘.

휘	내가 나가리다.
자현	……
휘	혼자 있게 해줄 테니, 진정하고 쉬시오.
자현	……

휘, 나간다. 문 앞에서 잠시 멈추는. 차마 발이 떨어지지 않는데... 자현, 자기도 모르게 휘의 등을 향해 손을 내밀었다가 거두고.

휘, 결국 나가고 만다.

혼자 남은 자현...

S#5. 경복궁 외경 (N)

S#6. 강녕전 마당 (N)

강과 어을운이 보고 있는 가운데, 자현을 놓친 동호가 부복해 있다. 강, 진노를 누르고 있고.

어을운	(기가 차서) 아씨를... 놓쳤다고?
동호	정업원 근처에서 매복하고 기다리고 있었습니다. 호위병들이 가고 아씨를 인계하려는데 갑자기 나타난 놈들 때문에...

강, 어을운의 칼을 뽑아 다가간다. 표정 없는 어을운. 얼어붙는 동호! 그를 향해 칼을 휘두르는 강!

수하를 잃는 줄 알고 순간적으로 눈을 감는 어을운!

바닥에 댕강 떨어지는 동호의 상투!

부들부들 떨고 있는 동호. 어을운, 가만히 안도하고. 강, 칼을 다시 어을운에게. 어을운, 받아서 칼집에 넣는데...

강   (동호를) 다시는 눈에 띄지 말게 하라.
어을운   (내금위들에게 신호 주면)

질질 끌려가는 동호.

어을운   대제학이 사람을 쓴 것일까요?
강   은성의 잔당들은 어찌 되었느냐?
어을운   교동도 관아에서 처리하기로 하였습니다.
강   어찌 되었는지 알아보거라. 은성의 충실한 개들이... 주인을 잃고
            도 정신을 못 차린 듯하니.
어을운   그럼 아씨는...
강   어딜 가든 집에 연통은 넣지 않겠느냐? 대제학 댁을 잘 지켜보거
            라.
어을운   (읍하는)
강   대외적으로... 성소저는 정업원에 있는 것이다.
어을운   예, 전하.
강   대왕대비전이나 내전에서... 더 이상 관심을 갖지 않게.
어을운   ...... (알아들었고)

S#7. 산사/요사채/휘의 처소 앞 (N)

방문에 자현의 그림자. 휘, 안으로 들어가지도 못하고... 그렇다고 자현의 옆을 떠나지도 못하고 문가를 서성거린다. 다가오는 기특.

기특   (저도 궁금해 죽겠는) 아씨 괜찮으세요? 어떻게... 얘기는 좀 해보셨
            어요?

휘	...... (심사가 복잡하고)
기특	앞으로 어떡하실 거예요?
휘	... 보내는 게... 좋겠지?
기특	... (끄덕이는) 여기는 위험합니다. 저희는 할 일두 많은데...
휘	처음엔 그저... 나의 생환을 알려주고... 그간 무슨 고초를 겪었는지... 얘기를 들어보자는 생각이었다.
기특	(보면)
휘	헌데... 보고 나니...
기특	보내기 싫으신 거죠?
휘	...... 나한테 화도 나 있고... 궁에서 말 못할 고초도 겪은 거 같은데... 보낼 때 보내더라도... 마음을 좀... 풀어주고 싶구나.
기특	두 분 다... 오죽하시겠어요.
휘	난 말이다, 기특아...
기특	(보면)
휘	자신 있었다?
기특	......
휘	(자현의 그림자 보면서) 저 사람 행복하게 해줄... 자신이 있었어. 그런데 결국... 세상에서 제일 불행한 신부를 만들어준 것 같구나.
기특	이게 다 진양대군 때문이잖아요! 그분만 아니었음! 두 분 무사히 혼례 올리고 꽃같이 이쁘게 사셨을 텐데! (안쓰러워 죽겠다, 눈물 닦아내는)
휘	저 사람... 욕심내지 말 것을...
기특	마마...
휘	전장에 나가면서... 그때 차라리 이별을 고할 것을...
기특	(속상하고)
휘	날 만나지 않았더라면... 우리가 정혼하지 않았더라면... 번듯한 반가에 시집가... 좋아하는 그림 그리면서... 평안하고 다복하게 살아갔을 사람이 아니냐.
기특	......
휘	나야 대군이라... 왕실에 태어난 죄로 내 운명을 감내한다지만... 저 사람은 무슨 잘못이 있다고... 그저... 날 좋아한 것밖에 없는데...
기특	이건 끝이 아니에요! 지금은 힘드시지만... 마마는 반드시 복권하실 것이고! 그날이 오면... 아씨도 햇살처럼 웃으실 거예요.

| 휘 | ...... |

일각에 몸을 숨긴 채 휘와 기특의 대화 듣고 있던 루시개. 어떤 일이 있어도, 무슨 일을 겪어도... 휘의 애정은 변하지 않는구나... 심술 나고 슬프기도 한... 루시개... 그리고... 이런 자신이... 싫다.

S#8. 휘의 처소 안 (N)

상심에 빠져 있는 자현의 모습.

S#9. 경복궁 외경 (다음 날 D)

그 위로.

| 성억(소리) | 저는 못합니다. |

S#10. 빈청 (D)

양안대군이 대제학 성억에게 주본[1]을 강요 중이다. 단칼에 거절해버린 성억.

양안대군	! 경은 이제 새로운 주상의 신하요. 신하의 의무를 저버리겠다 이 말이오?
성억	궁으로 들어갔던 내 딸은... 정업원으로 내쳐져 식구들 곁으로 돌아오지 못하고 있소.
양안대군	......
성억	살았는지... 죽었는지도 모르오.
양안대군	......
성억	내 손으로 은성대군을 사지로 몰아넣고... 여식의 신세를 망쳤는데... 이제 그 세월을 찬양하는 글까지 쓰란 말이오?

---

[1] 명 황제에게 올리는 글로, 중국의 문책이나 오해를 해명하거나 국내 중대사건을 보고하는 데 사용하였다.

양안대군	명황제의 승인을 받아야 정국이 안정되지요... 이러다 또다시 피 바람이 불기라도 하면! 주본을 거절한 대감이 무사하시겠소?
성억	날 또 겁박하는 것이오!
양안대군	현실을 알려드리는 겁니다. 한번 타협을 했으면... 서로 방향은 맞 춰야지...
성억	... (질려서 보는데)

S#11. 산 풍경 (D)

S#12. 산사/요사채/루시개의 처소 (D)

어머님전상서(母親前上書). 자현이 안씨에게 보내는 서찰을 쓰고 있다. 루시개가 들어오다 자현 보고 놀라는.

루시개	네가 왜 여깄어? 여기 내 방이야.
자현	(기죽어 눈치 보는) 여자방은 여기밖에 없어서.
루시개	... (같은 방 쓰기는 싫지만 자현이 휘와 한 방 쓰게 될까 봐/못 이긴 척 옆에 앉으 며) 뭐해?
자현	식구들한테 소식 전하려고. 걱정할까 봐.
루시개	너 집에 안 가?
자현	... 못 가.
루시개	왜?
자현	... 집에 가면 나 때문에 식구들이 고초를 당하고... 궁에서 가라는 정업원으로 가면... 머리 깎고 출가해야 하거든. 갈 데가 없어.
루시개	그럼... (조심스럽게) 마마하구 신랑 각시 하면서 여기서 살 거야?
자현	... 아니.
루시개	... 왜? 저번에... 혼례도 올릴라구 했잖아.
자현	그날... 혼례가 깨지면서... 우리 운명도... 변했어.
루시개	... (무슨 말인지 이해가 안 가) 그럼 어떡할 건데? 마마 각시 안 하면.
자현	... 복수.
루시개	!
자현	내 인생을 망치고! 내 사랑을 망가뜨린 사람들한테! 가르쳐줄 거 야. 세상에는 해서는 안 될 짓이 있다는 거. 그 자리는 욕심으로

	올라가는 자리가 아니라는 거! 자비 없는 욕망은! 사랑이 아니라는 거!
루시개	... 너 변했다?
자현	......
루시개	궁에서 무슨 일이 있었던 거야?
자현	내가 아픈 건... 그런 게 아냐.
루시개	(보면)
자현	마마가... 나를 안 믿어.
루시개	......
자현	못 믿어.
루시개	... 여기서 엎혀살려면... 자기 앞가림은 할 줄 알아야 해.
자현	일할게. 밥도 하고 빨래도 하고. 놀고먹지는 않을 거야.
루시개	그런 거 잘 못하잖아.
자현	처음부터 잘하는 사람이 어딨어! 배우고 연습하면 느는 거지. 나, 바느질은 잘해.
루시개	... 습격이라도 당하면 넌 그냥 짐이야.
자현	... (기죽는)
루시개	나한테 호신술 배워.
자현	(환해지는) 그럼 나야 좋지!
루시개	대신... (턱짓으로 종이 가리키는)
자현	대신 뭐?
루시개	나 문자 좀 가르쳐줘.
자현	글 배우고 싶어?
루시개	기특이가 잘난 척하는 거 꼴 베기 시러. 나만 까막눈이라고 놀리고.
자현	(부드럽게 보며) 문자를 알면 그리움을 전할 수 있어.
루시개	?
자현	말로는 못하는... 그런 거.
루시개	...... (잘 모르겠는데)

S#13. 동 앞 (D)

휘, 댓돌 위에 놓인 두 여자의 신발을 본다. 자현의 신발이 눈에 들어오는. 방을 옮겼구나. 자신을 거부하는 것 같아 왠지 맘이 아픈데...

S#14. 냇가 (다른 날 D)

빨래하는 자현. 휘, 나무해 오다가 본다. 나뭇짐 내려놓고 다가가는데...

자현   (손 시려서 호 불고)

휘, 자현 밀어내고 빨래 마저 헹궈준다.

휘   왜 이런 일을 손수 하시오...
자현   (쌀쌀한) 여기는 몸종이 없으니까요. 주세요. 제가 해요.

휘, 들은 척도 안 하고 빨래 짜서 단지에 담아준다.

자현   ... 빨래도 할 줄 아세요?
휘   3년 동안 대군이 아닌 포로로 살았으니까. 밥도 지을 줄 알고 걸
            레질도... 장작도 팰 줄 아오. 기특이랑 둘이서 집도 뚝딱 지을 수
            있소.
자현   (가슴 아팠다가/다시 차가워지며 단지 들고 산사로 가는)

나뭇단 들고 따라가는 휘. 자현의 고생이 맘 아프고...

S#15. 산사 뒷마당 (D)

자현이 빨래를 널고 있다. 키가 작아서 줄에 빨래 너는 게 잘 안 되는데... 까치발
을 들었다가 깡총! 뛰어도 보고. 뒤에서 다가와 대신 빨래 널어주는 손. 휘다.

자현   ...... (새침해지는) 고맙습니다. (인사하고 가려는데)
휘   여기 있겠다고 했다면서?
자현   (돌아보면)
휘   아니 되오.
자현   ! (반발심이 올라오고)

휘	정업원으로 가는 게 싫으면 따로 안가를 구해주겠소. 돌봐줄 하녀도 붙여주고. 여기는... 위험하오.
자현	착각하지 마세요. 저는 마마와 함께하고자 여기 있겠다 한 게 아닙니다.
휘	......
자현	할 일이 있어서 남은 거예요.
휘	... (보는데)
자현	마마와 여기 모인 사람들이 하고자 하는 일, 그 일을 저도 원합니다.
휘	!
자현	잘못된 세상을 바로잡고자 하시는 게 아닙니까? 그 대의를 위해 정인의 절망도 외면한 채 스스로 죽은 자가 되셨고! 저는 그로 인해 말 못할 고초를 겪었습니다.
휘	... (아픈데)
자현	저는 구경꾼이 아닙니다. 변란의 희생자이고! 폭정의 피해자예요. 제 손으로, 원수를 갚을 것입니다.
휘	당신이 다치면... 내가 견딜 수 없소.
자현	! (당신이라는 호칭에 쿵! 무너졌다가/새삼 치받치는) 함께하지 못할 때! 저는 언제나 위험했고! 핍박을 당했습니다!
휘	!
자현	안 계신 3년 동안! 유배를 가신 동안! 마마를 무덤에 묻고 와서!
휘	......
자현	제가 편히 산 줄 아십니까?
휘	...... (미치겠고)
자현	이 사랑이... 절 기쁘게 한 시간은 찰나였어요. 그리고는 오랜 고통이었습니다.
휘	! (아프고)
자현	곁에 있으려고 남은 게 아니에요. 저는, 제 갈 길을 가는 거예요.
휘	......

가버리는 자현. 휘, 차마 따라가지 못하고.

S#16. 동 일각 (D)

루시개의 시야로 보이는 휘의 뒷모습. 기특, 다가온다. 뭘 보나 싶어서 보면... 휘의 뒷모습. 휘는 자현이 가는 방향을 보고 있고. 기특, 이 화살표들이 맘 아픈데...

루시개	기분이... 이상해.
기특	(바로 나무랄 기세다) 너 또 시샘하는 거야?
루시개	저 여자 싫었는데... 마마 앞에서 웃구 있으면 가슴이 막 쓰렸는데...
기특	근데?
루시개	둘이 싸우니까 그것도... 싫어. (가슴팍 문지르며) 여기가 아파...
기특	... 네가 어른이 되어가는 거야.
루시개	(보면)
기특	진짜 사랑은... 그 사람 갖는 게 아니라... 그 사람 행복하길 바라는 거래.
루시개	(앙탈을 부려보는) 그런 게 어딨어! 같이 행복해야지! 3년 동안 몸은 힘들었어두! 난 좋았단 말이야! 우리가! 같이 있었으니까!
기특	... 마마두 행복했을까?
루시개	!
기특	아씨를 두고 온 마마는... 하루하루... 숨 쉬는 매 순간이 고통이었어.
루시개	(우겨보는) 그럼 뭐해? 지금 봐봐! 다시 만났으면 행복해야지! (싸우고 있다는)
기특	... (한숨이 절로) 그러게나 말이다...

혼자 남아 서 있는 휘. 아픔이 깊다...

S#17. 편전 (D)

강, 용상에 앉지 않고 그저 어루만지고만 있다. 어을운, 그런 강을 지켜보고.

강	운아...

어을운	예, 전하.
강	내가 왕이 되어도... 사람들은 나를 좋아하지 않는구나.
어을운	... 그 자리는 명을 내리는 자리가 아닙니까... 원하는 걸 말씀만 하십시오. 모두가 따를 것입니다.
강	모두가 날... 뒤에서 비웃는 것만 같다. 어마마마께 인정받지도 못하는 왕, 조카의 자리를 빼앗은 숙부... 동생을 죽인 형...
어을운	전하...
강	(보면)
어을운	용상의 주인은... 전하십니다. 조선 팔도 만백성을 다스리는! 당당한 주군이십니다!
강	(쓴 미소 지었다가) 허면 가만있어서야 쓰나... 명나라에 보낼 문서도 못 쓰겠다 버티는 신하들을 위해... 연회를 열어야겠다.
어을운	......
강	(용상에 앉으며) 초요경을 불러라. 잘난 척하는 신하들을 모조리 밟아주리라. 그들이 신하 노릇을 거부해도! 나는 왕 노릇을 할 것이다.

읍하는 어을운. 빈 편전을 내려다보는 강.

S#18. 대비전 (다른 날 D)

나겸이 문안 인사를 왔다. 대비 앞에 절하고 앉는.

대비 김씨	이제 궁 생활이 좀 익숙해지셨습니까?
나겸	원래 궁에서 태어난 사람처럼 제 집 같고 편안합니다. 어마마마와 대비마마... 윗전이 두 분이나 계시니 맘도 든든하구요.
대비 김씨	나는... 후궁 출신입니다.
나겸	... (알고 있다)
대비 김씨	정승 집안의 딸이었지만... 후사가 없는 왕실에서 새로이 간택령을 내려, 정식으로 들인 빈이었지요.
나겸	... (이런 얘길 왜 하지?)
대비 김씨	제왕의 길에는... 여자가 없을 수가 없습니다.
나겸	!

대비 김씨	중전의 자리는... 한 남자의 아내이기만 한 것이 아니라... 할 일 많은 국모로서... 인내하고 다스릴 게 많은 자리지요.
나겸	자현의 일로 절 나무라시는 겁니까...
대비 김씨	성소저의 일은... 나 역시 있을 수 없는 일이라고 생각합니다. 허나... 중전이 앞으로 또 같은 일을 겪을 때... 조금은 더 너그러워졌으면 합니다. 그래야 중전도 상처를 덜 받을 거예요.
나겸	원자를 낳고 나면 저도 얼마든지 너그러워질 수 있습니다. 이러다 후궁들이 줄줄이 들어오고 다른 사람이 먼저 아들이라도 덜컥 낳아보세요. 중궁의 지위도 장담할 수 없는 일 아닙니까?
대비 김씨	...... 지나치게 조바심을 내다 주상의 성총을 잃을까 염려됩니다. 자중자애하세요...
나겸	... (고깝지만 듣는 척하고)

S#19. 예문관[2] (D)

성억이 수장으로 있는 학자들의 공간에 기생들을 불러 연회를 연 강. 초요경이 독무를 추는 동안 강과 양안대군이 기분 좋게 지켜보고 있다. 초요경이 강을 향해 고혹의 시선과 몸짓을 보내고...

성억과 다른 대신들, 모두 불쾌하게 얼어 있는데... 말석의 도정국이 분위기를 살피고 있다.

성억	(박부경에게) 예문관에서 술판이라니... 선대의 그 어느 왕도! 유학자들을 이리 모욕한 적은 없소이다!
박부경	(자기도 못마땅하지만/강을 변호해보는) 대제학께서 버티시니... 전하께서 불편한 심사를 이리 드러내는 게 아니겠소...
정연	... 눈 딱 감고 술이나 드세요. 어쨌든 전하께서 신하들을 위로하고자 만든 자리인 것을...
성억	... (참담하고)

성억을 지켜보는 도정국.

---

2) 임금의 말이나 명령을 대신하여 글 짓는 것을 담당하기 위해 설치한 관서

S#20. 궁 일각 (N)

성억이 퇴청하고 있다. 그 앞을 가로막는 도정국. 성억, 멎고. 은성대군을 죽인 도정국을 강의 사람으로 인지한 터라 냉랭한데...

도정국	(목례하고) 주본은 계속 거절하실 겁니까?
성억	조정에 사의를 표했소. 명에 보낼 문서는... 다른 사람이 쓰게 될 것이오.
도정국	대감이 쓰십시오.
성억	! (발끈하는) 공까지 나를 겁박하는 게요? 내 돌아가신 선친과도 가깝게 지냈거늘! 감히 누구한테!
도정국	따님의 안부가 궁금하시지요?
성억	!
도정국	(주변의 기척에 신경 쓰며/서찰 하나 내어주는) 보고 태우십시오.

성억, 떨리는 손으로 다급히 서찰을 여는데...

성억	(내용 확인하고 벅찬) 무사한 것이오? 우리 자현이가... 살아는 있소? (읽어보고 가슴이 콱 막히는)
도정국	진양대군에게 충성하십시오. 저들의 사람이 되어주세요.
성억	!
도정국	주상의 가장 측근이 되어... 상왕전하가 보위를 되찾으실 날을! 준비하는 겁니다.

성억, 한 손으로 서찰 몰아 쥐고 도정국의 멱살을 잡는다.

도정국	!
성억	유배 중이던 은성대군을 사살한 놈의 입에서 나올 말이냐! 이번엔 또 무슨 함정이냐?!
도정국	(굴하지 않고 계속하는) 저들이 써달라는 대로 써주고! 명나라 주문사3)가 되시는 겁니다.

---

3) 주본을 가지고 가는 사신

성억   ......

도정국   명나라까지 선위가 고해지면 상왕전하의 복위가 어려워집니다.
               다른 누구도 아닌! 대감이 가서 막아주셔야 합니다.

성억, 도정국의 심지가 느껴진다. 의심이 흔들리는데!

S#21. 궁 일각 (N)

연회를 마친 초요경, 궁을 나가려는데... 일단의 궁녀들이 다가온다. 초요경, 불길한 예감에 멎어서 보면. 얼굴 위에 뒤집어 씌워지는 보자기! 어디론가 끌려간다.

S#22. 내전 앞 (N)

의자에 묶여진 초요경. 얼굴 위의 보자기 치워진다. 눈앞에 중전이 된 나겸의 모습.

초요경   (겁나지만 아직은 자존심이 살아 있다) 하례를 꼭... 이리 받으셔야 되시
               겠습니까?

나겸   네가 어찌 감히 궁까지 드나드느냐.

초요경   전하께서 대신들을 위해 연회를 베푸신다며 입궁을 명하셨사옵
               니다.

나겸   여기는 사저가 아닌 것을 모르느냐! 부른다고 함부로 드나들 자
               리가 아니다! 신성한 학문을 논하는 예문관을 더럽혔다며 사대부
               들의 원망이 하늘을 찌르고 있어!

초요경   어명이었습니다. 천것이 어명을 거역하면 어찌 되겠습니까. 죽기
               밖에 더하겠습니까?

나겸   (가까이 다가가는) 네년의 존재가 전하의 위신을 떨어트리니... 중궁
               의 몸으로 더 이상 두고 볼 수는 없겠구나.

초요경   (무슨 짓을 당할지 몰라 공포가 커지는) 전하께는 아직, 제가 필요합니다.

나겸   기생이 너뿐이더냐?

초요경   !

나겸   (눈 맞추고/낮게) 천한 신분을 벗고 귀하게 되고자 언감생심 후궁 첩
               지를 노리는 것을 내 다 알고 있느니!

초요경	전하께서 약조를 하셨을 뿐입니다.
나겸	(멀어지며) 헌데 어쩌지?
초요경	(보면)
나겸	몸에 장애가 있으면... 후궁이 되지 못하는데...
초요경	깨끗한 몸입니다. 티끌 하나, 상처 하나 없습니다!
나겸	(빙긋 웃는)
초요경	(문득 깨닫는/공포로 얼어붙는데!)

궁녀들이 다가와 초요경의 고개를 제낀다. 수은액이 담긴 대접이 날라져 오고!

나겸	이게 뭔지 아느냐...
초요경	!
나겸	수은이다. 이 독이 눈에 들어가면... 어찌 될지 아느냐?

위기감에 묶인 손을 뒤틀며 빠져나가 보려 애쓰는 초요경!

초요경	마마! 살려주십시오! 마마께서 원치 않으시면 받지 않겠습니다. (다급한) 마마! 마마!
나겸	계속 몸 팔아 사는 데 지장은 없을 것이다. 허나! 후궁은 되지 못해!
초요경	마마!

초요경의 눈앞으로 다가오는 대접! 궁녀가 초요경의 얼굴을 틀어쥐고! 눈앞으로 카메라 다가오는!

마마! 초요경의 비명이 울려 퍼진다.

S#23. 자현의 집 전경 (N)

S#24. 자현의 집/성억의 처소 (N)

안씨, 눈물 콧물 흘리며 자현의 서찰을 읽고 있다.

성억	씩씩하게 잘 있는 척하고 있지만... 집 떠나 얼마나 고생이 많겠소...
안씨	안 되겠어요, 끝단이라도 보내서 수발을 들게 해야지.
성억	오갈 때 조심하라 이르시오. 은신처를 들키면 아니 되오.
안씨	대감! 나두 그만한 눈치는 있습니다.
성억	...... (미덥지 않고)
안씨	자현이는... 인제 (팔자가) 그른 것 같아요. (포기하자는) 아직 입신양명도 못한 우리 아들 앞날은 어찌 되려는지...
성억	...... (고민하다가) 내가 어떤 선택을 해도... 나를 믿어주겠소?
안씨	... 지금까지도 식구들 때문에 그러신 거... 다 알아요.
성억	......
안씨	(믿어주는) 뜻대로 하세요.

S#25. 경복궁 외경 (다른 날 D)

S#26. 편전 (D)

강, 성억이 쓴 문서를 읽고 있다. 명문에 감탄하는. 양안대군과 자준 들어 있고.

양안대군	대제학이 마음을 잡은 듯싶습니다. 개국 이래 가장 명문이 아닙니까?
자준	감축드리옵니다 전하...
강	주문사를 임명하세요. 이 명문을 들고 갈 사신을!
양안대군	(냉정한) 그전에 상왕부터 처리하셔야 합니다.
강	(역정 내는) 몇 번을 얘기합니까? 어린것을 건드리면 백성들이 가만있지 않을 거라고!
자준	(중재하는) 유배지에서 죽은 은성대군도 백성들 사이에 말이 많습니다. 이 판국에 상왕까지 건드리면... 수습이 어려울 수도 있습니다.
양안대군	상왕이 자라면... 성혼을 해야 할 것이고... 그 슬하에 자손이 생기면... 거기가 대통이라며 불의한 무리들이 또다시 생겨날 게 뻔합니다. 싹을 자르지 않으면! 전하께서는 평생을 고통 속에서 사시게 됩니다.
강	허나 지금은 명분이 없질 않습니까? 평화롭게 선위하고 보위에서

물러난 어린것을 핍박할 명분이!

양안대군, 수가 있는데...

S#27. 동 앞 (D)

자준이 나오는데 대기하던 홍상궁이 잡는다. 자준, 보면.

홍상궁	초요경이 자꾸 전하를 만나게 해달라며 연통을 넣고 있습니다.
자준	자르세요.
홍상궁	......
자준	내가 따로 만나 수습할 것이니 천기의 일로 어심을 어지럽히지 마시오.
홍상궁	(알아듣고)

S#28. 자현의 집 앞 (D)

보따리 들고 집을 빠져나오는 끝단. 맞은편에서 자현의 집 감시하던 강의 수하들, 나오는 사람 확인하는데... 하녀인 것을 보고 이내 주의 돌리는.

끝단, 어디론가 부지런히 간다.

S#29. 산사 앞 (D)

주변을 둘러보는 끝단, 혹시나 싶어 살피고 안으로 들어가는.

S#30. 산사 마당 (D)

루시개가 자현에게 호신술 가르치고 있다.

루시개	누가 날 건드리지 못하게 하려면 (뒤로 물러나며) 두 보는 떨어져 있어야 해.
자현	(열심히 끄덕거리며 듣는) 아...

루시개	건드려봐.
자현	(팔을 허우적거리나 닿지 않고)
루시개	(이번에는 바닥에 창을 들고) 무기가 있으면 (더 물러나며) 네 보.
자현	(거리 가늠해보고)
루시개	(다시 다가와/창 던져두고) 먼저 덤벼봐.
자현	내가?
루시개	어떻게 막아내는지 보여줄게.
자현	(끄덕이고/나름 야무지게 자세 잡고 주먹을 휘두르는데)

루시개, 자현을 잡아 바닥에 메친다! 으악! 비명을 지르며 바닥에 나뒹구는 자현!

들어서던 끝단! 자현이 당하는 거 보고 눈 돌아가는!

아파하는 자현을 보는 루시개, 약간 고소한데...

끝단	루시개 너 미쳤어!
자현/루시개	(돌아보는)
자현	(반가움에 아픔도 잠시 잊고) 끝단아!

끝단, 보따리 팽개치고 루시개에게 달려든다! 머리채를 잡고 흔드는!

| 끝단 | 이게 어디서 우리 아씨를! |

전형적인 머리채 싸움에 강한 끝단! 루시개, 속수무책으로 당하고! 자현, 옆에서 말리는데!

자현	끝단아! 그게 아냐! 나한테 호신술 가르쳐주려던 거야!
루시개	이거 안 놔!

살벌하게 덤벼드는 끝단! 루시개 벗어나려 사력을 다하지만 소용이 없는데! 끝단아! 소리치며 말리는 자현!

바깥의 소란에 나와보는 휘와 기특! 눈앞의 사태에 경악을 금치 못하고. 끝단, 살아서 나타난 휘의 모습 확인하고 갑자기 전투의욕이 사라진다. 멍해지는 끝단.

끝단   (자현 보며) 아씨... (어떻게 된 거냐는)
자현   ... (끄덕이고)

루시개, 열 받았는데!

CUT TO

세 여자. 머리칼이며 옷매무새가 엉망이다. 휘와 기특, 기가 차서 보고.

끝단   (기분에 이긴 거 같다) 뭐 무사라더니 별거 아니네.
루시개   (노려보면)
끝단   너 이제 내 앞에서 잘난 척 그만해. 머리채만 잡히면 꼼짝도 못하
           는 게!

루시개, 다시 덤빌 기세로 달려드는데! 기특이 막아서는!

기특   워워!

휘, 엉망이 된 자현이 안타깝고.

휘   괜찮은 것이오? (머리칼 쓸어 올려주려는데)

탁 쳐내는 자현. 휘, 멎고.

끝단   ? (왜 이러지 싶은데)
자현   (끝단이 손잡고) 가자.

무안해진 휘. 루시개와 기특, 눈치 보고. 끝단이 데리고 가버리는 자현에서.

S#31. 요사채/루시개의 처소 (D)

끝단, 제 머리 엉망인 채로 자현의 머리부터 빗기고 있다. 자현에게 전후 사정 어느 정도 들었고.

끝단	그래서 지금, 마마 벌주고 계신 거예요?
자현	벌은 무슨... 그냥... 내 마음이... 풀리지를 않는 거야.
끝단	... (알 것도 같고)
자현	전장에 가고... 타지에서 실종되고... 유배를 가고... 눈앞에서 죽은 척을 하고... 날 수도 없이 지옥으로 떨어뜨렸으면서... 자기는 단 한 번을 못 참고... 의심했어.
끝단	그건 상황이 그랬잖아요... 세상도 다 그런 줄 아니까...
자현	세상 사람들 다 오해하고 속아도... 자기는 그러면 안 되잖아.
끝단	......
자현	난 무슨 일이 있어도, 어떤 상황에서도... 마마를 믿었단 말이야. 그래서 다 걸 수 있었단 말이야.
끝단	...... 아씨... (위로하는)
자현	... (새삼 서러운데)

S#32. 기루 전경 (N)

S#33. 기루/초요경의 방 (N)

한쪽 눈을 가린 초요경 앞에 자준이 와 있다. 집문서와 땅문서 등 재물을 건네는.

초요경	(얼음장이다) 이게 무엇입니까?
자준	김포현의 집과 땅이네. 당분간 도성을 벗어나 요양이라도 좀 하시게.
초요경	이것이 내 한쪽 눈 값입니까?
자준	......
초요경	전하를 알현시켜주십시오.
자준	밀린 국사로 정신이 없으시네. 당분간은 용안을 뵙기 어려울 게야.
초요경	! (배신감이 몰려오는) 필요할 때는 세작으로 돌리고! 보위에 오르신

뒤에도 걸핏하면 오라 가라 하더니! 이제 와 애꾸눈 장님은 필요 없다 이겁니까?

자준   ! 말을 삼가하게. 전하는 자네를 잊지 않으시네. 다만 지금은... 때가 안 좋을 뿐이야.

초요경   다른 건 다 필요 없습니다! 전하를 만나게 해달라, 이 말입니다!

자준   어허! 보자 보자 하니 방자하기가 이를 데 없구나!

초요경   !

자준   이러니 중전마마께서도 참지 못하고 엄벌을 내리셨지!

초요경   (기가 막히고)

자준   자숙하고 있으면 다시 뵐 날이 있을 터! 조용히 도성을 나가 살라 는데두!

초요경   내가 뭘 잘못했는데 자숙입니까! 은혜를 원수로 갚는다더니! 목 숨 걸고 보위에 올려드린 대가가! 내 눈을 파낸 것입니까!

자준   (위협조로) 쥐도 새도 모르게 죽어 나갈 수도 있었다. 그나마 대업에 공이 있어 자넬 살려두신 것이야!

초요경   !

자준   감사한 줄 알고 조용히 기다리시게!

초요경   ...... (치가 떨리는데)

S#34. 교태전 전경 (N)

S#35. 교태전 (N)

초요경의 소식을 들은 강이 진노한 채 들어 있다. 기죽지 않는 나겸.

나겸   전하 대신 골칫덩이를 정리한 것뿐입니다.

강   과인이 언제 그런 부탁 하더이까?

나겸   허면 천기를 궁으로 들이실 참이었습니까?

강   ... (실은 아니다)

나겸   원망은 신첩이 다 듣고! 전하는 흙탕물 튀지 않게 하려는! 지어미의 진정이었습니다. 안 그래도 전하의 여색에 관해 흉흉한 소문들이 많은데! 거기에 천기까지 더해 추문을 만드시렵니까! 신첩이 악역을 자처해! 더 이상 뒷말이 나오지 않게 한 것입니다!

강	왜 묻지도 않고 사단을 벌이며! 시키지도 않은 일을 자꾸 하는 것이오!
나겸	(말문이 막히는)
강	앞서가지 마시오.
나겸	......
강	지존을 무시하면... 그게 곧 역심이오.
나겸	(강의 손 위에 제 손을 얹으며) 신첩을 안심시켜주십시오.
강	......
나겸	우리에겐 아직 후사가 없습니다.
강	... (네가 그래서 벌인 짓이구나/비로소 알겠고)
나겸	아들을 낳아드리겠습니다.
강	......
나겸	전하와 같이 강건한 아들을... 하여 이 나라를... 반석 위에 세우겠습니다.
강	(손 빼오며) 많은 왕비들이...
나겸	(집중하고)
강	왕자를 낳고 나면... 남편보다 자식을 택하는 걸 알고 있소?
나겸	그게 무슨...
강	역사가 말해준다오. 남편은 지는 석양이고... 자식은 떠오르는 태양이니까.
나겸	! 여인의 마음은 그런 게 아닙니다.
강	......
나겸	사랑하는 지아비를 닮은 자식을 낳고자 하는 것, 그건 여인이라면 누구나 갖는 소망일 뿐입니다.
강	중전은! 왕의 아들을 갖고 싶은 게 아닙니까.
나겸	... (억울해지는)
강	다음 보위를 이어갈 새로운 왕을!
나겸	!

S#36. 산사 전경 (N)

S#37. 공양간 (N)

임시변통으로 공양간에 목욕통을 들여놓고 자현이 목욕시키려는 끝단. 손으로 물 온도 재고 있다. 자현, 어딘가 불편한 기색이다. 안절부절하는데...

끝단   수발들어 줄 사람 없어 제대로 씻지도 못하셨죠? 저 왔으니까 오늘 목욕하시고 산뜻하게 주무세요.

자현   안 해도 돼.

끝단   왜 그러신대? 집에서는 하루라도 거르면 안 되는 깔끔쟁이시면서~

자현   그럼... 끝단이 너는 나가 있어. 혼자 알아서 할게.

끝단   (놀리듯 웃으며) 못 본 새 내외를 하고 그러신다?

자현   ...

끝단   아씨 이러심 저 섭해요. (하면서 옷을 벗기려는데)

자현   (밀쳐내며) 하지 마!

끝단   아씨! (잠깐 서운했다가/이내 예감이 오는/정색하고) 어디 좀 봐요! (옷 벗겨내는데)

자현   왜 이래! 하지 말라니까!

자현이 몸에... 가득한 상처... 끝단, 너무 놀라 말이 안 나온다...

끝단   (누르며) 이거... 누가 그런 거예요? 아씨... 궁에 들어가서... (믿을 수가 없고) 고신당하신 거예요?!

자현   (말없이 옷으로 가려보는데...)

끝단   (안 되겠다 싶어 여기저기 더 살펴보는데)

온몸이 상처투성이인... 자현의 몸. 끝단, 입을 막는다! 억장이 무너진다! 자현, 끝단의 시야에서 몸을 가리는데...

S#38. 요사채/휘의 처소 (N)

도정국이 휘에게 초요경의 일을 고하는 중이다. 기특 동석해 있고.

도정국	초요경한테서 연통이 왔습니다.
휘	(긴장하는) 무슨 눈치라도 챈 것입니까?
도정국	한쪽 눈을 잃었다고 합니다.
휘	!
기특	(놀라서) 어쩌다가요?
도정국	투기 심한 중전이 혹시라도 초요경이 후궁으로 눌러앉을까 싶어 일부러 눈을 멀게 했다는 소문입니다. 몸에 장애가 있으면 후궁이 되지 못하니까요.
기특	(질려서) 대단하다, 대단해...
휘	안팎으로 점입가경이구나. (문득 깨닫는) 천기를 향해서도 그리 패악을 떨었는데... (자현이는 괜찮았을까?)
기특	그래서 우리 아씨두 비구니 만들려구 한 거잖아요...
휘	... (그게 다가 아닐 것만 같은데)

문이 벌컥! 끝단이다.

기특	(짜증 나는) 어른들 말씀 중이신데 감히... 끝단이 너두 루시개 닮아가냐?
끝단	아씨 일로 드릴 말씀이 있습니다.
휘	......

CUT TO

기특과 도정국은 나가고 휘와 끝단만 남아 있다. 끝단, 12부에서 자현이 준 유서 봉투를 내민다.

휘	? (묻듯이 보면)
끝단	아씨가 진양대군 만나러 가시기 전에 저한테 맡긴 거예요.
휘	!
끝단	아씨한테 무슨 일이 나면... 교동도에 계신 마마한테 보내라고 한 건데... 뭔 일이 났어도 마마가 돌아가신 줄만 알았으니 전할 길이 있어야죠... 그동안 꼼짝없이 쇤네가 쥐고 있었어요.

떨리는 손으로 집어 드는 휘. 열어서 보면... 자현이 강을 만나러 가기 전, 죽음을 각오하고 쓴 글이다. 12부 37씬에서 서찰 내용 연결.

자현(NA)　　　... (중략)
　　　　　　참된 내 모습을 일깨워주신 당신, 당신은 나의 스승이고 연인이 며...
　　　　　　또 다른 나 자신이었습니다.
　　　　　　그대를 통해 못다 한 생을 이어가겠습니다.
　　　　　　그러니 너무 슬퍼 마세요.
　　　　　　언젠가 전장으로 떠나며 당신의 목숨은 나의 것이라 하셨지요.
　　　　　　당신의 삶 역시 나의 것입니다.
　　　　　　먼저 가서 기다립니다. 부디 오래 세월이 지나... 저에게 오세요.
　　　　　　꽃이 되어 기다리고 있겠습니다...

휘　　　　　(놀라서) 이거는... 죽음을 앞두고 쓴 글이 아니냐!
끝단　　　　아씨를 씻겨드리려고 보니까... 고신을 당하신 흔적이 온몸에 가 득했습니다.
휘　　　　　! (얼어붙고)
끝단　　　　이제 아시겠어요?
휘　　　　　......
끝단　　　　아씨는... 다른 사람에게 갈 수 없는 사람이에요. 죽으면 죽었지.

분노와 걱정이 뒤범벅된 휘, 벌떡 일어나 나간다. 끝단, 잘한 일인가 싶고...

S#39. 요사채/루시개의 처소 (N)

자현과 루시개, 이부자리 깔고 있는데... 휘가 들이닥친다. 놀라는 자현과 루시개.

휘　　　　　(루시개는 쳐다보지도 않고) 나가 있어.
루시개　　　?
자현　　　　... 밤이 깊었습니다. 하실 말씀 있으시면 밝은 날에 하세요.
휘　　　　　(버럭) 나가 있으라니까!
자현　　　　!

상처받은 루시개, 삐져서 나가버리고. 방문 닫히면.

자현   (루시개에게 소리친 게 화가 나는) 대체 왜 그러세요? 세상천지 마마밖
            에 모르는 아이를?

휘, 달려들어 자현의 저고리를 벗기려 한다.

자현   (놀란) 왜 이러세요!

휘, 자현의 상처를 눈으로 확인하려는. 끝단이가 말했구나! 자현, 휘의 의도가
어디에 있는지를 알겠고... 서둘러 매무새 다듬는데... 떨리는 손길로... 자현의 치
맛자락도 들춰보려는 휘... 자현, 한사코 휘의 손을 밀어낸다. 보여주고 싶지 않
은, 고통의 흔적으로 연인을 아프게 하고 싶지 않은... 휘, 한사코 밀어내는 자현
의 몸짓, 표정에서 내막을 읽어낸다.

그대로 무너지는 휘. 방바닥에 엎드려 한동안 일어나질 못한다.

자현, 어쩔 줄을 모르다가... 무너진 휘의 등을 어루만지려 손을 내미는데... 일어
난 휘의 얼굴이... 온통 눈물범벅이다. 소리 없이 고통에 찬 울음을 울고 있는. 자
현, 따라서 무너진다.

휘   얼마나 아팠소... 얼마나 치욕이었소... (자기도 당해봐서 안다)
자현   ...... (뭐라 말해야 할지...)
휘   (분노하는) 죽여버릴 거야! 다 없애버릴 거야!
자현   ... 흉터가 남았으나... 저 자신은 지킬 수 있었습니다. 상처는... 곧
            아물 것입니다.
휘   (와락! 아프게 안으며)
자현   ... (안겨 있는데)
휘   의심하지 않았소! 흔들리지 않았소!
자현   ...... (믿어지고)
휘   다만... 지켜주지 못한 내가 미웠을 따름이오.
자현   ... 알아요...
휘   차라리 나를 버릴 것이지... 여린 몸이 부서지도록... 무엇을 견딘

	것이오...
자현	(떼어내며) 마마라면 그리하셨겠어요?
휘	...
자현	마마도... 안 되잖아요...
휘	... 죽으려 한 것이오?
자현	... 처음엔 그랬지만... 마마를 묻고 나서... 원수를 갚고자 하였습니다.
휘	!
자현	(휘의 형이기도 하다/슬픈) 마마의 형님을... 제 손으로... 죽이려 했어요.
휘	!
자현	대역죄인이라 고신을 받은 거예요. 진양대군도 떳떳한 처지가 아니니... 대왕대비전에서 절 정업원에 보내는 선에서 일을 덮으려 하신 거구요.
휘	... (괴롭고)
자현	... 저는 이제... 다른 사람이 되었어요.
휘	(보면)
자현	붓꽃이나 그리고 군무도를 배우고 싶던 소녀에서... 누군가에게 살의를 느끼고... 실행도 하는... 그런 사람이 되었어요.
휘	......
자현	저는... 마마가 사랑하던... 옛날의 자현이가... 아니에요.
휘	(자현을 다시 끌어안으며) 내 죄요! 나를... 용서하지 마시오...

그의 품속에서 눈을 감는... 자현.

S#40. 동 앞 (N)

루시개, 끝단과 함께 앉아 있다.

루시개	또 싸우는 거야?
끝단	마마가 싹싹 빌고 계실걸?
루시개	뭘 잘못했길래? (그럴 리 없다는)
끝단	너같이 단순한 영혼이 복잡한 남녀상열지사의 세계를 어찌 알겠니...

루시개	(약 올랐다가) 너두 모르잖아. 지두 남자 없으면서.
끝단	(당황해서 급 버벅대는) 야, 나는 없는 게 아니라 내가 차는 거야.
루시개	... (짠하게 본다/어련하시겠어)
끝단	위로는 반가의 도련님부터 아래로는 행랑의 하인들까지! 나 좀 어떻게 해보려는 사내들이 줄을 섰다?
루시개	근데 왜 시집도 못 갔어?
끝단	! (말문이 막혔다가) 그거야 우리 아씨 모시느라고...
루시개	그럼 평생 못 가겠네.
끝단	(발끈) 갈 거그든!

S#41. 기루 전경 (다른 날 D)

S#42. 기루 마당 (D)

도정국과 수하들. 조방꾼의 안내를 받아 기방으로... 수하들은 모두 삿갓으로 얼굴을 가렸다.

S#43. 초요경의 방 (D)

도정국, 초요경 앞에 앉아 있다.

도정국	날 보자 한 연유가 무엇이오?
초요경	나리께서 누굴 위해 일하며, 무엇을 캐고자 하는 것인지... 알아야 겠습니다.
도정국	나는... 난군의 손에 선친을 잃은 사람이오. 내 진짜 원수를 알고 싶소.
초요경	......
도정국	(밀리지 않고 보는)

초요경, 옆에 둔 상자를 열어 보인다. 치부책[4])들 가득 들었고.

---

4) 자준이 대왕대비 세력으로부터 견제당한 후, 자금운용을 맡은 초요경이 뇌물 기록을 남긴 비밀 장부

도정국	! (놀라는)
초요경	정보를 주면 활용할 뒷배가 있으십니까.
도정국	......
초요경	왕과 싸울 수 있느냐 이 말입니다. 힘이 없으면, 목숨만 잃고 진실 따위는 묻히고 마는 것이지요.

잠시 생각해보던 도정국, 방문을 연다.

도정국	들어오시지요.

삿갓 쓴 수하 하나가 안으로 든다. 초요경, 보는데... 삿갓을 올리면 드러나는 얼굴은! 휘다! 기겁하여 뒤로 넘어갈 듯 물러앉는 초요경!

도정국	이것이 내 진실이오.
초요경	!

초연하게 보는 휘......

S#44. 습사장 (D)

강, 오랜만에 습사장에 나왔다. 양안대군과 나겸이 지켜보고.

강	... 가끔은 그립습니다. 백부님과 산야를 달리던 대군 시절이.
양안대군	그리워하실 게 뭐 있습니까? 지금 당장 금표를 치고 사냥을 하시면 됩니다. 조선 팔도가... 전하의 것입니다.
강	금표를 치면 백성들이 고단합니다. 지금은 그저 습사로 만족하지요. (활과 화살을 잡는데)
나겸	(자랑스러운) 백부님, 전하께서 백성을 이리도 사랑하신답니다.
양안대군	... (대꾸도 없이 긴장해서 보고)
나겸	(백부의 기색이 이상해서 시선 따라가면)

강, 활시위를 겨누는데... 얼굴에 살이 닿은 부분이 피부가 파랗게 변하고!

나겸   (당황해서) 마마...

강, 손바닥에 통증을 느끼고 활을 놓친다. 신음하며 양 손바닥 펴보는데! 손바닥이 변색된 채 온통 독이 퍼져 있다. 공포에 질리는데!

양안대군, 다가가 살피는!

나겸   (들여다보고 비명을 지른다) 전하!

강이 떨어뜨린 활을 옷자락을 감아 집어 드는 양안대군.

강   ... (질려서 보는)
양안대군   (살피는 척하다가) 독입니다. 누군가 전하를! 시해하려 한 것입니다.
나겸   (놀라서) 전하!
강   ...... (분한) 으아악! (비명을 지르는 데서)

S#45. 산사 (D)

강의 비명에 화답하듯 고개를 돌리는 휘의 얼굴. 다시 보던 장부로 돌아가는. 자현과 함께 기루에서 받아 온 장부들을 확인하고 있다.

자현   자객들은 물론이구 궁을 지키는 관군들까지 매수했어요. (장부 들이밀며) 보세요! 매달 내금위와 군기시, 상궁들한테까지 자금이 흘러 들어가고 있잖아요!
휘   ... (기가 찬다) 이렇게 돈을 많이 쓰고... 이렇게 오래 준비하고... 이렇게 많은 사람을 끌어들였는데... 내가 어리석었소. 형님의 점조직이 얼마나 퍼져 있는지도 모르고... 그저 분에 겨워... 맞대결만 했으니...
자현   ... (보는)
휘   난 순진한 바보였고... 이리 당해도 할 말이 없소.
자현   (OL) 이 사람들이 나쁜 거죠! 마마가 무슨 죄예요!
휘   ... (보는데)
자현   왜요? 뭐 묻었어요? (제 얼굴 만져보는데)

휘	정말로 나의 동지가 된 것 같아서.
자현	... (쑥스럽고) 루시개처럼 싸움은 잘 못해도... 마마와 함께 가겠습니다.
휘	안 된다고 해도... 말은 안 듣겠지?
자현	(딴청하는) 전 뭐 딱히 갈 데도 없어서.
휘	...... (미소가...)

S#46. 강녕전 (다음 날 D)

강, 빰에도 양손에도 반창고처럼 붕대를 대고. 양안대군과 나겸이 들어 있다. 쇼
크에서 회복된 강에게 문제의 활과 화살에 대해 고하는 어의.

어의	살에 발라진 독은 각시투구꽃 뿌리를 가루 낸 것이었습니다.
강	!
나겸	? 그런 것도 독이 됩니까?
어의	초오5)라고... 죄인들 사약에 쓰이는 약잽니다. 살에 발라진 돌가루에 버무려져 있었지요. 시위를 당길 때, 돌가루 때문에 용안에 상처가 났고, 독이 그 상처로 파고든 것입니다.
강	...... (분하고)
양안대군	... 이런 날이 올까 염려를 했지요.
강/나겸	(보는)
양안대군	살아 있는 상왕! 점점 자라가는 왕재!
강	(경고하는/왕재라니) 백부님!
양안대군	상왕부터 사사하세요! 전하께서 발 뻗고 주무시려면 그 길밖에 없습니다!
나겸	(동의하듯 끄덕이고)
강	...... (내키지 않는 일인데)

---

5) 맹독을 얻기 위해 대량의 초오(투구꽃의 덩이줄기)를 달여, 이를 주성분으로 만든 것이 사약이다.

S#47. 동 (D)

나겸, 강을 설득한다.

나겸	백부님 말씀에 일리가 있습니다. 다 전하를 위해 악역을 자처하시는 겁니다.
강	은성이 죽은 지 얼마 되지도 않았소. 또다시 어린 조카를 건드리기에는... 정치적 부담이 큽니다.
나겸	......
강	어마마마가 가만 계실 리도 없고...
나겸	고하지 말고 밀어붙이세요. 사사가 어려우면... 은성대군처럼 유배 먼저 보내는 방법도 있습니다.
강	...... (고민하는)

S#48. 몽타주 (다른 날 D)

- 무기 보관 창고. 어을운의 주도하에 관군들이 살을 보관하는 창고를 뒤진다.
- 심문당하는 시장과 궁장들.
- 대비전과 상왕전의 내관들과 궁녀들이 끌려간다.

S#49. 대왕대비전 (D)

장상궁, 대왕대비 심씨에게 급박하게 보고한다.

장상궁	마마! 상왕전하를 승평군으로 강등하여 궁에서 내보낸다 하옵니다!
대왕대비 심씨	! 그 어린것을 어디로 보낸단 말이냐!
장상궁	상왕전하를 다시 복위시키려는 무리들이 주상전하를 해하려 한다며... 대비전과 상왕전의 나인들이 끌려갔습니다.

벌떡 일어나는 대왕대비 심씨. 장상궁, 황급히 문을 연다. 나가는 심씨, 쫓아가는 장상궁.

S#50. 대비전 앞 (D)

자준과 병사들이 들어와 착착착 에워싸는. 대비가 지키고 있는 상왕을 끌어낼
참이다.

S#51. 동 안 (D)

대비 김씨가 두려움에 떨며 아무것도 모르는 소년왕을 꼭 끌어안고 있다. 병사
들이 들이닥쳐 소년왕 끌어내는데!

소년왕　　　(겁에 질려) 어마마마! 어마마마!
대비 김씨　　무슨 짓이냐! 전하를 어디로 뫼시는 것이냐!

말없이 소년왕 끌어내는 병사들! 대비 김씨, 미친 듯이 따라붙고.

S#52. 동 앞 (D)

소년왕이 끌어내진다. 대비 김씨, 아들을 붙잡고 늘어지고!

대비 김씨　　안 된다! 안 된다, 이놈들! 전하를 어디로 뫼시려는 것이냐! 나도
　　　　　　　가겠다! 내가 가겠다지 않느냐!

상궁들, 대비 김씨 못 따라가게 붙잡고! 소년왕은 끌려 나가는데... 때마침 도착
한 대왕대비 심씨! 수행한 장상궁.

소년왕　　　　할마마마! (가서 안기는)
대비 김씨　　　(달려가 심씨의 발치에 매달리며) 어마마마! 살려주세요!
대왕대비 심씨 누가 내 손자를! 감히 늬들이 상왕을 쫓아내려 하느냐!
자준　　　　　(나서며) 조정 대신들이 한마음으로 청하여 대전에서 고심 끝에 결
　　　　　　　　정한 일입니다.
대왕대비 심씨 살아 있는 대비가 둘이나 있는데! 윗전과 상의도 없이 무슨 짓이
　　　　　　　　냐! 절대 못 데려간다!
자준　　　　　... 즈이들은 어명을 수행할 뿐입니다.

대왕대비 심씨 주상을 뫼셔 오너라! 주상과 나눈 약조가 있다!
강(소리) 그 약조는! 진작에 깨졌습니다.
대왕대비 심씨 (돌아보는)

강이 들어온다.

대왕대비 심씨 (진노한) 이게 무슨 짓입니까, 주상!
강 어마마마의 아들이! 지금 보위에 올라 있는 조선의 왕이! 독살당해 죽을 뻔했습니다! 아무리 상왕이라 해도! 용상을 다시 위협하면 역도가 되는 것입니다!
대비 김씨 (악쓰는) 연치 어리신 전하가 뭘 알겠습니까! 우리는 모르는 일입니다! 목숨은 살려준다 하지 않으셨습니까!
강 그래서 유배에 그치는 것입니다. 배후가 드러나지 않았기에! 사사는 차마 못 시키고!
대왕대비 심씨 차라리 궁에 유폐하시오. 어미와 떼어놓기엔 아직 어렵니다!
강 잊으셨습니까? 소자는 더 어릴 때 궁 밖에서 혼자였습니다!
대왕대비 심씨 !
강 (자준 보면)

자준, 소년왕을 빼앗아 병사들에게 넘기고.

소년왕 어마마마! 할마마마!

눈물로 소리치며 이별하는 모자... 기가 막힌 대왕대비 심씨.

S#53. 대왕대비전 (D)

격노한 대왕대비 심씨가 강과 대치 중이다.

대왕대비 심씨 약조를 지키세요! 하늘이 두렵지 않으십니까!
강 손자만 애달프고! 죽을 뻔한 아들은 걱정도 안 되십니까!
대왕대비 심씨 그 어린것이 뭘 알겠습니까! 가족을 모두 잃은 대비가 뭘 했겠습니까!

강	손자의 운명은, 어마마마 손에 달렸습니다.
대왕대비 심씨	!!
강	윗전에서 소자를 비호하는 모습을 보여야! 그 아래 신하들과 백성들도 따르는 법입니다. 헌데! 어마마마께선 아직도 마음을 정하지 못한 것처럼 보이십니다!
대왕대비 심씨	(싸늘한) 어린 조카의 목숨을 두고 거래라도 하잔 것입니까.
강	어마마마께 배운 것입니다.
대왕대비 심씨	!
강	소자의 편이 되어주세요. 더 이상 신하들에게 우롱당하지 않도록! 지지를 해주세요! 그리하면 자연히! 상왕의 존재를 걸고 도발해오는 역도들이... 자취를 감출 것입니다.
대왕대비 심씨	...... (아들을 노려보는)
강	(밀리지 않고)

S#54. 내전 (D)

나겸이 강에게 대비 김씨의 폐위를 주청한다.

나겸	대비도 폐하셔야 합니다. 상왕이 군으로 강등되고 유배를 갔는데 그 어미가 대비 노릇이라니요. 당치 않습니다!
강	... 대비를 사가로 내보내면... 유배지의 아들과 연통을 하거나 역도들이 꼬이기 쉽소. 궁 안에 두는 게 나을 것이오.
나겸	그렇다고 이 마당에 전처럼 대비를 윗전으로 모실 수는 없습니다.
강	어쩌라는 것이오?
나겸	법도에 따라 폐비하되 어마마마의 간청으로 궁에 살게 한다... 이러면 명분이 살지 않겠는지요...
강	...... (동의하는)

S#55. 길 (D)

소년왕이 유배를 가고 있다. 주먹으로 눈물을 훔치면서도 의연하게 간다. 어려도 왕다운 기품. 어마마마를 찾지도, 소리 내어 울지도 않는데...

백성들, 소년왕 앞에 엎드리며 눈물 흘리고... 마마... 상왕마마... 애타게 불러댄다.

일각에서 보고 있는 휘와 자현. 삿갓과 쓰개치마로 얼굴 가린. 휘, 자기 팔을 본다. 품 안에 안겨 있던 조카의 체온이 아직도 생생한데...

인서트) 11부 12씬. 대전에서 소년왕을 안고 달리던 휘.

자현	(가여워서 미어지는) 어마마마도 할마마마도 없이... 어리신 전하 혼자 유배를 보내다니...
휘	...... (가슴 아프고)

S#56. 양안대군저 전경 (D)

S#57. 양안대군의 처소 (D)

도정국이 양안대군 앞에 불려 와 있다. 수하 재운 동석해 있고.

도정국	무슨 일로 절 부르신 것인지...
양안대군	내 특별히 은성대군을 사살한 공이 있어 자네를 불렀네.
도정국	......
양안대군	전하를 위해 무슨 일이든 할 수 있겠나?
도정국	(재운 의식했다가) 전하께서는 저의 주군이기 전에... 선친의 원수를 갚아주신 은인입니다. 보은을 위해서라면 못할 일이 없지요.
양안대군	(서안에서 작은 약병 하나 꺼내 준다)
도정국	(보면)
양안대군	초오일세.
도정국	! 그건 사약이 아닙니까!
양안대군	이걸로... 처리할 일이 있다네.
도정국	(굳는데)
양안대군	수하를 움직일 수 없을 것이니 사람은 우리가 붙여주지.
재운	......
도정국	(긴장하는데)

S#58. 동 앞 (D)

도정국을 배웅하는 양안대군과 재운. 도정국이 문 뒤로 사라지고 나면.

재운   제가 하면 될 일을 왜 굳이 다른 사람을 끌어들이십니까?
양안대군   정말 우리 사람인지 한 번은 더 두드려봐야 하지 않겠느냐.
재운   ......
양안대군   도정국이 해결을 못하면 네가 마무리를 하거라. 해서 널 같이 보
              내는 것이다.
재운   (읍하고)

S#59. 저자 (N)

깊은 밤. 포로 3인방이 종이를 한 아름 들고 다니며 여기저기 방을 붙인다.

S#60. 관아의 벽 (N)

다가오는 휘와 기특. 기특이 벽에 풀칠을 하고 주변을 살피면, 휘가 방을 붙인다. 종이 위에 크게 써진 글자. 찬위(簒位)![6]

강을 향해 선전포고를 한 것이다. 돌아서는 휘의 단호한 얼굴에서 엔딩!

---

6) 임금의 자리를 빼앗는 행위

대군 사랑을그리다

16부

S#1. 저잣거리 (N)

깊은 밤. 포로 3인방이 종이를 한 아름 들고 다니며 여기저기 방을 붙인다.

S#2. 관아의 벽 (N)

다가오는 휘와 기특. 기특이 벽에 풀칠을 하고 주변을 살피면, 휘가 방을 붙인다. 종이 위에 크게 써진 글자. 찬위(簒位)!

강을 향해 선전포고를 한 것이다. 돌아서는 휘의 단호한 얼굴에서!

S#3. 산사 전경 (N)

S#4. 산사/요사채/여자방 (N)

자현이 루시개에게 한자를 가르치고 있다.

종이 위에 천자문의 첫 구절, 천지현황(天地玄璜)부터 써놓은.

자현	천지현황.
루시개	(따라 하는) 천지현황.
자현	하늘은 검고 땅은 누르다.
루시개	? (갸웃하며) 하늘은 파랗지 않아?
자현	그거는 뒤이어 나오는 우주홍황하구 이어지는 뜻인데 하늘과 땅 사이는 넓고 커서 끝이 없다... 그니까 세상이 얼마나 넓은지를 밝히는 거야.
루시개	......
자현	안 되겠다, 좀 더 쉬운 거부터 가르쳐줄게.

사람 인(人) 자를 써 보인다. 루시개 보면.

자현	사람 인이야.
루시개	?

자현	사람은 혼자서는 살 수 없잖아. 이렇게 서로 기대어 살아가야 하는 이치를 뜻해.
루시개	(끄덕이고/글자도 쉽고 뜻도 이해가 간다) 근데... 이거 말고...
자현	(보면)
루시개	휘의 이름을 알고 싶어.
자현	!
루시개	휘의 이름을... 어떻게 쓰는 건지. 전에 한번 보긴 봤는데...
자현	... (루시개의 마음이 느껴진다. 가슴이 쿵! 내려앉고)
루시개	(말갛게 보고 있으면)

자현, 종이에 아름다울 휘(徽)를 쓴다.

루시개	(찌푸리는) 뭐가 이렇게 복잡해!
자현	(웃고) 연습하면 쉬워질 거야.
루시개	(종이 들고 한참을 쳐다보는데)
자현	(궁금한) 근데 마마 방에서 다들 무슨 얘기하는 거야?
루시개	몰라.
자현	......
루시개	알구 싶어?
자현	...... (끄덕이면)

S#5. 요사채/휘의 처소 (N)

휘에게 양안대군의 밀명을 고하는 도정국. 기특, 기함을 하고.

휘	전하를... 상왕으로 밀어낸 것도 모자라 유배를 보내더니! 이제 목숨까지 해하려 한다, 이 말입니까!
도정국	상왕전하의 존재가 부담인 것이지요. 전하께서 살아계신 한! 왕위 찬탈의 의혹이 계속 따라다닐 테니까요!
휘	... 혹여... 함정은 아닐는지... 자기들 사람도 많은데 굳이 공에게 밀명을 내린 이유가...
도정국	함정이어도 가야 합니다. 전하를 구해야지요.
기특	갈 수도 없고... 안 갈 수도 없고... (진퇴양난이구나)

휘	공이 거절한다 해도... 백부님은 다른 자객을 보낼 것입니다.
도정국	... (예상하는 바다)
휘	명을 받겠다 하고... 우리가 전하를 모셔 옵시다.
기특	예?! (대담한 계획에 놀라는데)

바깥의 인기척 눈치 챈 도정국, 쉿! 입술에 손을 댄다. 휘와 기특, 긴장하면. 스르륵, 칼을 뽑는 도정국, 문을 박차고 칼날을 겨누는데!

흐익! 밖에서 귀 기울이던 두 소녀! 뒤로 넘어가고! 안의 남자들, 놀라서 본다.

휘	거기서 뭐하는 것이오?
자현	(둘러대는) 아니 저... 달도 밝고... 루시개한테 호신술도 좀 배우고 그러느라고...
루시개	(일어나 엉덩이 털고/자현이 손 잡아 일으키는데)
휘	궁금하면 들어오시오.
도정국	(놀라서/안 된다는) 마마!

자현도 뜻밖인데...

휘	우리 사이에 숨길 것은 무엇이며 가릴 일은 뭐가 있겠소. 밖에서 애태우지 말고 들어오시오. 머리가 하나라도 더 모이면 아무래도 낫지 않겠소?
자현	... (기쁘고)

도정국, 휘의 결정이 놀랍고. 루시개가 냉큼 먼저 들어간다. 자현에게 손을 내미는 휘. 자현, 그 손을 잡고 안으로 들어간다.

S#6. 동 안 (N)

남녀가 섞여 작전 회의 중인 휘의 사람들.

도정국	제가 혼자 가는 게 아닙니다. 양안대군이 수하를 붙였어요.
휘	...... (고민하는데)

도정국	암살대가 도착하기 전에! 전하를 빼돌려야 합니다.
휘	어렵겠지만 가는 길을 최대한 늦춰볼 수 있겠소?
도정국	중간에 매복을 놓아 산적인 척 공격하면... 몇몇은 떨궈낼 수 있을 것입니다.
휘	(걱정인) 전하의 유배지를 지키는 관군들과 전면전을 하면 병사들이 상할 텐데...
기특	(그런 생각까지 하는 휘가 안쓰럽고) 그런 거 저런 거 다 배려하고 신경 쓸래면 싸움 못해요. 그냥 전하를 구해내는 거, 그거 하나만 생각하셔야 해요.
자현	(휘의 심정 안다/나서는) 저한테 생각이 있는데요... (도정국에게) 궁녀복 한 벌 구해줄 수 있으세요?
도정국	?
휘	!

모두가 돌아보는.

S#7. 관아 벽보 앞 (다음 날 D)

찬위, 찬탈의 벽보가 붙어 있다. 웅성거리는 백성들.

S#8. 편전 (D)

떼어 온 찬위 벽보를 손에 든 강, 갈갈이 찢어버린다. 대기 중인 어을운.

강	역도의 무리가 대체 얼마나 되길래! 도성을 이리 휘젓고 다닌단 말이냐!
어을운	... (면목이 없다)
강	모두가 같은 놈들이다! 성소저를 데려가고! 과인을 죽이려 하고! 찬위니 찬탈의 벽보를 붙인 놈들은 모두 일당들이란 말이다!
어을운	...... (동의가 되고)
강	(진노를 누르지 못하다가) 차라리 감시의 눈길을 늦추거라.
어을운	?
강	방심하면, 틈이 생길 것이다. 대제학의 식구들이 정해놓고 오가는

데가 있는지! 다시 살펴보라 이 말이야!

어을운   ! (알아들었다/읍하고)

가라앉지 않는 강의 진노.

S#9. 산사 마당 (D)

금부의 관원복을 입은 휘와 기특, 포로 3인방 길 떠나려 나서는데. 궁녀복 입고
루시개와 함께 나오는 자현. 휘, 자현 앞을 가로막고.

휘   안 된다지 않았소! 당신은 여기서 산사를 지키시오!
자현   그럼 여기가 정업원과 다를 게 무엇입니까!
휘   위험하단 말이오!
자현   그건 마마도 마찬가지예요! 제가 가지 말라고 하면! 마마는 안 가
         실 겁니까!
휘   제발! (말 좀 들으라는)
자현   ...... (물러서지 않는) 말로만 함께하자 해놓고! 행동할 때는 위험하니
         물러나 있으라! 존중하는 척했던 것은 입바른 생색이었나요? 저
         도! 무작정 우기는 게 아니에요! 상왕전하를 뫼시는 일에! 저도
         필요한 자리가 있다구요!

휘, 미치겠는데!

S#10. 산/산길 (D)

포로 3인방. 준과 덕만, 호치가 함정을 준비 중이다. 덕만과 호치가 땅을 파고.
준은 나무 위에 올라가 그물을 건다.

S#11. 길 (D)

도정국과 재운 일행이 말을 달리고 있다. 표정이 결연한 재운.

S#12. 다른 길 (D)

휘와 자현이 한 말에, 기특과 루시개가 같이 타고 달려가는데!

기특, 루시개랑 같이 가는 게 좀 좋다. 루시개는 누구든 별 상관도 없고.

자현의 허리를 꼭 잡아 안는 휘! 그런 휘의 얼굴을 돌아보는 자현의 얼굴에서!

S#13. 강녕전 (D)

강이 수라를 받았다. 수라 위에 반쯤 먹은 게장 놓였고. 상 물리고 숭늉 마시는
데... 문득 몸이 가려워지는. 옷깃 위로 드러난 목덜미 등등 문질러보는데... 손등
에 반점이 올라와 있다.

강   이게 무엇이냐?

놀라서 다가오는 홍상궁!

강   (홍상궁 보면)
홍상궁   (더듬는) 바... 반점이 올라온 것 같사옵니다.
강   (진노하는) 또 독이 든 것이냐!
홍상궁   (다급한) 기미할 때만 해도 아무 이상이 없었사온데...

겁먹은 궁녀들, 상부터 치우려 하면...

강   그대로 두지 못할까!

궁녀들, 얼어붙고.

강   어의를 불러라! 내금위는 수라간을 폐쇄하고! 오늘 수라상에 손
            을 댄 나인들은 모조리 잡아들이라!

홍상궁, 달려 나간다! 강, 반점이 올라오는 두 손을 보면서 속이 뒤집어지는데!

S#14. 궁/수라간 앞 (D)

수라간 궁녀들이 줄줄이 잡혀간다.

S#15. 수라간 안 (D)

어을운이 지켜보는 가운데 내금위들이 수라간의 찬장을 뒤져보고 각 재료들을 수거하고 있다.

S#16. 강녕전 안 (D)

수라상은 내가고 없다. 어의가 강을 진맥하고 있고. 나겸이 걱정하는 얼굴로 곁을 지키는데... 홍상궁이 문가를 지키고.

어의	약물은 아니옵니다. 음식이 맞지 않아 과민반응이 일어난 것으로 보이옵니다.
강	...... (못 믿겠고)
나겸	어떤 음식이 전하를 이리 만든 것입니까?
어의	수라상을 살펴보니 게장이 있던데... 익히지 않은 게는 사람에 따라 두드러기와 가려움증이 생기기도 하옵니다.

목침을 던져버리는 강! 맞지는 않았지만 얼음이 된 어의.

강	어디서 헛소리냐! 내가 그동안 게장도 못 먹고 산 줄 아느냐! 익힌 것이든 날것이든 간에! 게를 먹고 이런 적은 한 번도 없었다! 너도 한 패더냐! 너도! 내가 죽기를 바라는 것이냐!
나겸	전하, 고정하시옵소서...

착 엎드리는 어의. 여전히 노려보는 강!

어의	전하! 식재료에 대한 과민반응은 있다가도 사라지며! 없다가도 새로이 생기기도 하옵니다! 전하께서 보위에 오르신 뒤 날마다 밤잠을 이루지 못하고 입맛까지 잃으시니 기력이 허하여 없던 반

응이 일어난 것으로 사료되옵니다!

강	...... (의심이 계속되고)
나겸	게에 대한 과민반응이라면 처방이 어찌 되느냐! 처방이 효과가 있으면 어의의 말이 맞을 터.
어의	복숭아나무, 괴화나무, 뽕나무, 매화나무, 버드나무의 가지를 넣고 달여낸 오지탕에서 목욕을 하여 살갗을 가라앉히고... 침을 놓아 기력을 회복하시게 할 것이옵니다.
나겸	좀 전보다 두드러기가 좀 가라앉은 듯하옵니다. 탕제를 드시고 경과를 지켜보면 독이 아니라 식재료 때문인 것이 드러나겠지요.
강	네 말에 한 치도 거짓이 없으렷다!
어의	신의 목줄을 걸겠나이다, 전하!
강	......
나겸	(홍상궁에게) 수라간에 일러 앞으로 게장은 들이지 말라 하시게.
홍상궁	예, 마마.

강, 갑자기 용포를 벗는다!

나겸	(당황해서) 마마, 왜 이러시옵니까?
강	이걸 입은 뒤부터 몸이 가려웠소! 화살에도 독을 묻히는데 옷에는 못 바르겠소? (벗어서 팽개치며/어의에게) 이것도 가져가서 조사하라! 안감에 이상한 걸 바르진 않았는지!
어의	(용포를 챙기고)
나겸	(과민해진 강을 걱정스레 보는데)

S#17. 내전 (D)

강의 신경증을 걱정하는 나겸과 자준.

나겸	먹는 거, 입는 거, 잠자리... 티끌 하나까지 다 확인하시고... 가까이 있는 내관들, 상궁 나인들도 믿지 못하십니다.
자준	어의가 이르길 신경증이라고 하더군요.
나겸	지난번 그 지경을 당하셨으니 전하의 불안도 이해는 가지만... 정도가 심하시니 걱정입니다.

자준	시간이 지나면 차차 나아지지 않겠습니까?
나겸	전하의 하루하루가... 지옥이 되어버린 게 문제지요. 궁에 들어오면... 보위에만 오르고 나면 모든 게 해결될 줄 알았더니... 날마다 새로운 근심이 생깁니다.
자준	하루빨리 원자를 낳으세요. 후사가 생기면 전하께서도 안심을 하실 겁니다.
나겸	(한숨. 그게 맘대로 되나...)

인서트) 14부 65씬. 자현이 나겸에게 경고하던.

자현	잘못된 자리에 앉아 있으면... 평생이 불안하겠지.
나겸	!
자현	하루도 편할 날이 없을 거야. 밤에도 잠들지 못할 것이고... 밥 한 숟갈, 간장 한 종지도 다 의심스러울 거야. 비단옷도 쓰라릴 것이고 금침도 가시방석이겠지.

나겸, 자현의 말이 저주가 된 것 같아 서늘한데...

자준	마마도... 힘드시지요?
나겸	권세도 없이 한직을 떠돌던 옛 시절이 그리우십니까?
자준	... (아니라는)
나겸	저도 싫습니다. (다시 다잡는) 비 새는 초가삼간에서 웃는 것보다 호화로운 궁에서 우는 게 나은 법입니다. 외로워도... 괴로워도... (앞자락을 쓸어내리며) 저는 이 당의가 좋고... 교태전이 좋습니다.
자준	...... (나겸이 이해되고)

S#18. 영월 전경 - 소년왕의 유배지 (D)

S#19. 소년왕 유배처/방 안 (D)

소년왕, 이부자리도 없이 맨바닥에 누워 있다.

윗목에 밀쳐진 상에는 말라비틀어진 밥, 간장 종지, 짠지 하나뿐. 옆으로 넘어져 뒹굴고 있는 빈 주전자.

울 기력도 없이 무표정하게 누워 있는 소년왕. 낮게 불러보는 그리운 이름.

소년왕   어마마마...

S#20. 동 앞 (D)

관군이 그 앞을 지키고 있다.

S#21. 산/산길 (D)

덕만과 호치가 길 가운데 파놓은 구덩이 위에 나뭇가지를 얼기설기 올려 위장한다.

서로의 얼굴에 검정칠하고 각자의 무기를 들고 수풀에 숨어 있는.

S#22. 동 근처 (D)

도정국과 재운 일행이 달려오는데.

S#23. 다시 산길 - 21씬과 동 (D)

포로 3인방이 숨을 죽이고 기다리고 있는데... 달려오는 도정국과 암살대. 선두의 재운! 그가 탄 말이 위장한 허방에 빠지면! 말이 고꾸라지면서 재운이 허공을 날아간다! 바닥에 굴러 착지하는 재운! 말은 다리를 다쳤는지 일어서질 못하고!

아싸! 일각에 숨어 있던 포로 3인방이 소리 없는 쾌재를 지른다!

도정국과 다른 수하들, 말을 세우는데...

도정국   (말에서 내려 다가오며) 괜찮으시오?
재운   ...... (열 받은)
도정국   역참에 들러 새 말을 받아야겠소.

수하에게 다가가는 재운. 도정국, 보면. 재운이 마상의 수하에게 다가가 시선 준다. 수하, 시선의 뜻 알아듣지 못하고 당황하면. 이내 수하를 후려치는 재운! 수하가 말에서 굴러떨어지듯 내려오면. 이내 그 말에 올라탄다.

도정국	! 뭐하는 겁니까?
재운	(수하에게) 말을 구해 빨리 따라오너라.
수하	(자세 잡고 읍하는)
도정국	...... (질리고)
재운	갑시다!
도정국	... (어쩌나 싶은데)

재운, 남은 수하들과 함께 다시 출발하고... 도정국, 일각에 숨어 있는 포로 3인방에게 눈길 한번 주고 이내 따라가는데...

남은 수하, 다친 말 수습하고...

S#24. 동 일각 - 시간 경과 (D)

포로 3인방, 어이가 없다.

준	이런 건 계획에 없었는데...
호치	뭐 저런 놈이 다 있대? 그냥 부하를 후려치고 말 빼앗아 가부네?
덕만	빨리 따라갑시다. 이렇게 되면 맞짱 떠야 되는데 선발대 인원으로는 힘들 것이오!
준	(짐 챙기며) 서두르자!

유배지 방향으로 달리기 시작하는 3인방!

S#25. 유배지 동네 일각 (N)

자현과 루시개가 술 제조하고 있다. 법주[1] 술병 안에 가루를 타 넣는.

---

1) 쌀과 누룩을 주원료로 하여, 덧술 하여 빚는 술

옆에는 휘와 기특이 주변 경계 중이다.

S#26. 유배지 처소 앞 (N)

관군들이 지키고 있는 소년왕의 유배지 처소. 궁녀복 입은 자현과 루시개, 의금부 관원으로 위장한 휘와 기특이 다가간다. 경계하는 관군.

관군1	누구냐!
자현	(환하게 웃으며) 고생들 하시네요~

루시개 뚱하게 있으면. 자현이 루시개 뒤통수 잡아 억지로 인사시키고.

관군2	(복색들 보며) 궁에서 오시었소?
자현	대비전에서 나왔습니다.

서로 쳐다보는 관군들.

자현	대비마마께서 어린 아드님 보내놓고 걱정이 돼서... 지키느라 고생하시는 분들 요기나 좀 하시라며 하사품을 보내셨습니다.
관군1	그런 걸 받아도 되나...
기특	뇌물도 아니고 돈도 아니고... 먹어 치우는 음식인데요 뭐. 우리 항아2)님이 임금님 드시는 법주도 좀 챙겨 왔는데... 어떻게 약주는 좀 하시나?
관군2	임금님 드시는 술?

관군들, 침이 꼴딱.

휘	어서 상을 봐드리게.

자현과 루시개, 마루에 바구니와 보따리 펼치고. 관군들, 무기 내려놓고 다가간다. 시선 주고받는 휘와 기특.

---

2) 상궁(尙宮)이 되기 전의 어린 궁녀를 이르던 말

S#27. 유배지 처소 안/앞 (N)

잠들어 있는 소년왕. 방 안으로 내딛어지는 남자의 버선발. 따라 들어오는 여자의 버선발. 휘와 자현이다. 곧장 조카에게 다가가는 휘. 자현의 눈에 들어오는 초라한 밥상. 가슴이 콱 막힌다.

휘, 잠든 소년왕을 안아 들며 조용히 깨운다.

휘	전하...
소년왕	......
휘	(얼굴을 어루만지며) 전하...

눈을 뜨는 소년왕. 휘의 얼굴 확인하고 미소가 떠오른다.

소년왕	숙부님...
휘	(빙그레 웃어주며) 뫼시러 왔습니다.
소년왕	어마마마한테... 가는 거예요?
휘	(끄덕이고)

숙부 휘의 목을 확 끌어안는 소년왕. 지켜보는 자현, 가슴 아프고. 두 사람, 소년왕을 데리고 나간다.

S#28. 동 앞 (N)

약 탄 술에 취한 관군들이 마루에 쓰러져 있다. 바닥에 널려진 음식과 쓰러진 관군들 사이를 피해 소년왕 안고 나오는 휘와 자현. 기특, 다가가 받아 안으려 하지만. 휘, 소년왕을 내주지 않는다. 끝까지 품에서 놓지 않는데... 얼른 두 사람 신발부터 챙기는 기특. 휘와 자현, 신발을 신고 마당으로 내려서는데...

S#29. 유배지 처소 근처 (N)

도정국과 재운 일행이 인근에 다다랐고...

S#30. 유배지 처소 마당 (N)

휘와 자현 일행, 소년왕을 안고 처소를 빠져나가려 한다.

문밖에 도정국과 재운 일행이 도착한다. 말에서 내려 칼을 뽑으며 안으로 들어오는데... 도정국, 여차하면 재운을 벨 생각으로 같이 칼 뽑으며 들어오고.

나가려던 휘와 자현, 재운과 정면에서 부딪히는데!

자현의 얼굴 알아본 재운, 멈고! 자현, 황급히 얼굴을 돌리는데! 기특, 낮게 속삭인다.

기특   저희가 맞서겠습니다. 먼저 가세요!
휘   !

도정국과 기특, 서로 눈빛 주고받고!

기특   마마는 우리가 뫼신다! 길을 터라!
재운   (칼 고쳐 잡고) 어림없는 소리!
도정국   (짐짓) 어디서 온 역당들이냐! 전하를 내려놓아라!
재운   (휘의 얼굴 보고 눈을 의심하는) 은성대군?

닥쳐! 만주어로 소리 지르며 달려드는 루시개! 기특과 루시개가 재운과 수하들을 대적하고! 휘와 자현, 소년왕을 안고 뒷문으로 도망간다! 재운, 휘를 쫓아가려는데! 뒤늦게 도착한 포로 3인방이 이를 덮치고!

도정국이 대신 휘를 쫓으며 재운에게 소리친다!

도정국   승평군은 내가 맡겠소!
재운   ! (싸우며 보고)

기특과 루시개, 포로 3인방이 재운과 수하들 상대하고!

도정국이 휘가 간 방향을 향해 달린다!

기를 쓰고 따라가려는 재운! 기특과 루시개, 사력을 다해 막는데! 재운이 빠져 나가자 기특이 따라붙는 수하들 물리쳐가며 말을 타고 따라간다.

S#31. 영월 일각 (N)

휘와 자현, 소년왕을 안고 달린다. 가다가 멈춰 가쁜 숨을 몰아쉬는데... 다가오는 발자국 소리! 기척에 놀라서 돌아보면! 도정국이다. 다가오면.

휘	도착이 너무 빨랐소.
도정국	지연책이 먹히질 않았습니다. 공을 세우려고 어찌나 몰아세우든지...
자현	그럼 이제 어찌합니까?
도정국	이대로 도성으로 가십시오!
휘	공은 어찌하려는 것이오?
도정국	놈들을 다른 방향으로 유인하겠습니다. 현장이 처리되면 두고 온 말들이 있으니 저희가 따라잡을 수 있을 것입니다.

끄덕인 휘, 자현을 데리고 가려는데... 길을 막아서는 재운! 다들 긴장하고... 소년 왕은 휘의 품속으로 더욱 파고든다.

재운	자꾸 길을 늦추려는 것이 수상쩍다 했더니 네놈이 역당과 한 패였구나! (휘 다시 한번 확인하고) 교동도에서 농간을 부린 것도 네놈이렷다!
도정국	진짜 역당은 네놈들이 아니냐! 오늘 여기가! 네놈의 무덤이 될 것이다.

재운, 도정국 무시하고 휘와 소년왕에게로 가려는데! 도정국, 막아서며!

도정국	가십시오, 대군!

휘, 소년왕을 안고 뛰면! 자현도 따라 뛰고!

도정국, 재운과 치열하게 싸운다!

S#32. 일각 (N)

휘와 자현, 소년왕 데리고 도주 중인데... 말발굽 소리에 돌아보면 기특이 말을
타고 오고 있다. 내려서 말고삐 건네며.

기특	마마! 먼저 타구 가세요!
자현	! (다행이다 싶고)
휘	(소년왕부터 태우고/자현에게 손을 내미는) 갑시다.
자현	... (물러나는)
휘	?
자현	여기서부터는 전하만 모시고 혼자 가세요.
휘	그게 무슨 소리요!
기특	(초조한) 어서 빨리 영월땅을 벗어나셔야 합니다.
휘	(그러니까) 빨리 타시오!
자현	여기까지는 제가 할 일이 있었습니다. 하지만 이제부터는! 제 존재가 방해가 될 것입니다.
휘	! 그게 무슨 소리요!
기특	(자현의 말에 동조하는) 한 마리 말에 사람 셋이 탈 순 없습니다. 혼자서 타고 오는 추적자들에게 금방 따라잡힐 거구요!
휘	이 사람을 두고 갈 순 없다!
자현	저를 두고 가시는 게 아닙니다! 전하를 뫼시는 겁니다! 박내관하구 다른 사람들 찾아서 뒤를 따라가겠습니다.
휘	대체 왜 이러는 거요!
자현	가세요!
휘	!
자현	저는 마마가 지켜줘야 하는 약한 여인이 아니에요! 함께 싸우는 동지예요! 절 믿으세요! 동지사도 있고! 박내관이랑 우리 편이 든든하게 버티구 있는데 제 걱정은 하지 마시구! 얼른 영월땅을 벗어나세요!
소년왕	(말 위에서 불안한) 숙부님...

결심한 휘, 자현을 힘주어 확 끌어안는. 자현의 귓가에 속삭인다.

휘	도성에서 만납시다!
자현	!

휘, 자현을 두고 말에 올라타는. 말없이 서로를 보는 두 사람.

휘	(기특에게) 아씨를 부탁해.
기특	(끄덕이고/걱정 말라는)

이윽고, 말을 돌려 떠나는 휘. 자현, 그 모습 보고 섰는데... 미련이 무서워 돌아보지도 않는 휘! 숙부의 품에 안겨 달리는 소년왕!

S#33. 유배지 처소 마당 (N)

루시개와 포로 3인방이 강의 수하들과 싸우고 있다. 소란에 뒤늦게 눈뜬 관군들! 누구 편을 들어야 할지 몰라 우왕좌왕하는데! 움직임이 둔한 호치, 칼을 맞고!

S#34. 다시 영월 일각 - 31씬과 동 (N)

도정국과 재운이 싸우고 있다. 겨루기 끝에 도정국이 재운의 팔을 베고! 수세에 몰린 재운, 후퇴할 기세인데!

달려가던 재운, 내려오던 자현과 마주친다!

기특	(뒤에서 위험을 경고하는) 아씨!

자현, 뒤로 물러서는데... 재운, 자현을 잡고 칼로 위협한다.

재운	(도정국과 기특에게 경고하는) 따라오지 마라! 계집은 내가 데려간다!
도정국	(긴장하며 다가가는데)

기특도 앞에서 압박하며 다가가고!

재운   (양쪽의 압박에 발악하는) 거기 서! 다가오지 말라니까!

정신 똑바로 차리려 애쓰는 자현, 재운의 팔에 흐르는 피를 본다. 루시개의 호신술 강의가 떠오르고!

인서트) 루시개가 자현을 뒤에서 안으며 시범을 보인다.

루시개   적이 뒤에서 잡으면 팔꿈치를 써!

            자현의 팔을 잡아 동작을 가르쳐주는.

자현, 피가 줄줄 흐르는 재운의 상처 부위를 덥석 잡고 다른 팔의 팔꿈치로 재운의 갈비뼈를 가격한다! 윽! 뒤로 픽! 물러나는 재운! 기특, 바로 자현의 팔을 잡아끌어 제 뒤로 세우고! 도정국, 재운과 대적할 자세 잡는다!

욕설을 내뱉으며 뒤로 물러나는 재운! 샛길로 도망치는데! 도정국, 뒤를 쫓고.

자현, 스스로의 행동이 믿기지가 않는다.

S#35. 산길 (N)

재운이 달리고 있다. 재운을 놓치는 도정국! 숨을 몰아쉬는데!

S#36. 유배지 처소 앞 (N)

기특과 자현이 온다. 수하들 다 정리하고 밖으로 나오는 루시개와 포로 3인방.

도정국도 뒤늦게 도착한다.

도정국   (말을 찾아 타면서) 한 명을 놓쳤소. 내가 처리할 터이니 어서들 도성
            으로 올라가시오. 산사에서 만납시다.
루시개   휘는?
자현   (뿌듯한) 전하를 뫼시고 먼저 가셨어.

루시개	?! (설마, 자현을 두고? 의아한데...)
도정국	아씨를 부탁하오.
기특	걱정 마십시오!

도정국, 말을 타고 달려 나가면. 나머지 일행도 도성으로 돌아가기 위해 각자의 말에 올라타는데. 루시개, 자현에게 손을 내민다. 자현, 루시개의 뒤에 올라타고.

S#37. 산길 (N)

소년왕을 태우고 달리는 휘. 그제서야 뒤를 돌아보는. 잘한 짓일까? 자현은... 무사할까?

S#38. 다른 길 (N)

거친 숨을 몰아쉬며 달리는 재운.

S#39. 일각 (N)

말을 타고 달리는 도정국.

S#40. 경복궁 외경 (다음 날 D)

S#41. 편전 (D)

강, 성억에게 명나라 주문사를 임명하고.

강	어려운 결심을 해주어 고맙소. 명나라까지는 먼 길에 고된 여정인데.
성억	신이 무사히 다녀오면... 전하께 한 가지 청이 있사옵니다.
강	말해보시오.
성억	정업원에 있다는 제 여식을...
강	! (멎고)
성억	돌려받기를 원하옵니다.

강	... 경이 나라에 공을 세우면... 원하는 상을 가져갈 수 있지 않겠소? 명분이 생기면, 대왕대비전에 청해보리다.
성억	성은이 망극하옵니다.
강	... 더 큰 광영이... 경의 집안을 찾아갈 수도 있을 것이오.
성억	... (서늘한데)

S#42. 내전 (D)

자준, 나겸에게 성억의 소식을 알린다.

나겸	대제학이 주문사가 되었다구요?
자준	예, 마마.
나겸	(못마땅한) 인재가 그리도 없답니까! 한때는 역당의 사돈이요, 전하의 심기를 어지럽힌 자현이의 부친이 아닙니까.
자준	조정에 문장이 대제학만 한 신하가 없습니다. 명나라까지 고생길을 자처하는 사람도 없구요.
나겸	대제학의 세가 커져가면... 여식을 정업원에 내버리고 가만있겠습니까?
자준	......
나겸	가문의 명예를 위해 자결이라도 시킬 것이지.
자준	(멎고)
나겸	한번 다녀오세요.
자준	(보면)
나겸	얌전히 머리 깎고 불도를 닦고 있는지... 아니면 또 무슨 딴생각으로 꿍꿍이를 품고 있는지... 소식을 알아볼 때가 된 듯싶습니다.
자준	그러지요, 마마.

S#43. 산 (D)

말이 쉬고 있다.

풀숲에 산딸기... 나무에서 오디 열매 따는 휘.

기다리고 있는 소년왕에게 갖다가 먹인다. 소년왕, 조심스레 먹어보고. 맛있는지 얼굴 환해진다. 휘도 안도의 미소.

소년왕	맛있습니다. 숙부님께서는 어떻게 이런 열매를 아십니까?
휘	이런 것만 먹고 살아야 했던 때가 있었으니까요.
소년왕	왜 이런 것만 드셨습니까? 밥이랑 고기도 드셔야지요.
휘	(웃으며) 전하께서 자라면... 기억해두셔야 합니다.
소년왕	(보면)
휘	세상에는 밥과 고기가 없어 산에서 열매를 따다 먹어야 하는 백성이 있고... 왕은... 그런 백성을 먼저 챙길 줄 알아야 한다는 것을요.
소년왕	(고개 끄덕이고)
휘	......

지나온 길을 돌아보는 휘. 자현이 잘 오고 있을까?

S#44. 도성/거리 (D)

만신창이가 된 재운이 가고 있다. 사람들, 재운의 행색에 위협을 느끼고 슬금슬금 피해 가는.

S#45. 양안대군저 앞 (N)

재운, 대군저 안으로 들어가려는데... 목을 겨누는 칼날. 기다리고 있던 도정국이다.

도정국	뛰어봤자 벼룩이지. 여기서 만날 줄 알았다.
재운	(공포와 분노가 뒤섞이는) 배신자!
도정국	진짜 배신자들은 네놈들이 아니냐! 나라와 백성을 배신한 모리배들!

재운, 팔목으로 칼날을 제치고 응대하려는데! 도정국, 순식간에 베어버린다! 윽! 절명하는 재운!

S#46. 동 안/마당 (N)

재운의 시체를 마당에 던져놓는 도정국! 석구와 함께 나와 보던 양안대군, 흠칫 멎어서면.

도정국	유배지에 승평군은 없었습니다.
양안대군	(재운의 시체를 내려다보며) 동지사에게 딸려 보낸 우리의 수하가 아니던가.
도정국	적과 내통을 했더군요.
양안대군	!
도정국	유배지에서 달아난 승평군과 일당을 쫓으려는데 절 막았습니다.
양안대군	... (믿을 수가 없고)
도정국	죽음으로 단죄하여 끌고 왔습니다. 더 있을지 모르는 대감 수하의 내통자들을... 추려내셔야 할 거 같습니다.

이제 막 칼을 받아 울컥거리며 나오는 피가 마당을 물들인다. 양안대군, 재운이 바로 직전에 죽었음을 알아채는데...

S#47. 산사 전경 (N)

산속에 파묻힌 고요한 산사.

S#48. 요사채/휘의 처소 (N)

잠들어 있는 소년왕. 다독이던, 휘, 소년왕의 머리를 쓸어주고 밖으로 나오는데...

S#49. 동 안/마당 (N)

나와보는 휘, 일주문 밖을 내다보며 서성인다... 기다리다 안 되겠다. 밖으로 나가면!

S#50. 산사 앞길 (N)

산사에서 나오는 휘, 다급히 걸어 내려가면... 저 앞에서 올라오는 우리의 일행들. 기특과 루시개, 포로 3인방.

기특   (반가워서) 마마!

포로 3인방도 싱글거리며 마마!를 외치는데... 휘, 자현을 열심히 찾는다. 사내들 몸에 가려서 보이지 않는. 휘, 계속 고개 돌리면서 찾는데... 일행들 사이로 가려진 자현의 옷자락이 보인다. 휘, 달려 내려가면! 이윽고 자현도 모습을 드러내는데! 옷자락에 말라붙은 핏자국! 반가웠던 휘, 사색이 되고.

휘   다친 것이오? 칼이라도 맞았소?
자현   제 피가 아닙니다.
휘   (더 놀라서) 놈들의 피를 뒤집어쓸 만큼 가까이 간 것이오!
자현   전 무사합니다! 손끝 하나 안 다쳤으니까 걱정 마세요.
루시개   (눈꼴 서서 못 봐주겠다) 싸움은 우리가 다 했구! 다친 건 우리들이거든!
호치   (다친 팔 내밀며) 그놈들이 제 팔 베어버렸어요!

기특이도 다가가 자기 아픈 데 들이밀고. 다들 휘에게 생색내고 엄살 부리는데... 뒤에서 가만히 웃으며 지켜보는 자현. 휘, 어떻게 해서든 자현에게 다가가려는데... 산사 식구들에게 둘러싸여 잘 안 되고.

S#51. 요사채/휘의 처소 (N)

몸단장 새로 한 자현, 잠든 소년왕 다독이고 있다. 자리끼 떠서 들어오던 휘, 그런 자현의 모습에 심쿵하고. 아이와 함께 있는 모습이 미래의 한 그림 같아 설렌다. 소년왕 머리맡에 자리끼 내려놓고 맞은편에 앉는.

자현   루시개의 마음을... 좀 알 것 같아요.
휘   루시개?
자현   3년의 동고동락에 댈 바는 아니지만... 이렇게 마마와 함께 생사고

휘	락을 겪고 나니... 한층 더 가까워진 것 같고... 서로의 맘속에 들어가 있는 것 같아요.

휘	난 싫소. 이 맘고생을 또 겪으라고? 절대 사양이오.
자현	......
휘	다음부터는 처소에서 얌전히 기다리시오. 한 번만 더 따라나섰다가는 내 심장이 남아나질 않을 테니.
자현	(미소하다 문득 걱정되는) 우리가... 상왕전하를 잘 지킬 수 있을까요?
휘	...

인서트) 9부 33씬. 주상의 유언.

주상	네가 지켜라.
휘	전하...
주상	우리 가족을... 지켜다오.
휘	......
주상	새 나라가 또다시 왕자의 난에 휘말리면... 백성들의 신망을 얻을 수 없을 게야... (기어이 푹 쓰러지는!)
휘	전하! (안아 드는)
대비 심씨	! (멎고)
주상	(동생의 품속에서) 아무도... 죽게 하지 마라. 핏줄은... 살려야 한다.

죽어가는 주상의 얼굴과 오버랩되는 현재, 평화롭게 잠들어 있는 소년왕의 얼굴.

휘	아무도 죽게 하지 말라 당부하셨는데... 난 형님의 유훈을 받들기 위해 나 자신은 세상에 없는 사람으로 만든 셈이오.
자현	? (보면)
휘	세상은 날... 죽은 자로 알고 있지 않소?
자현	마마께서 다시 세상으로 나아가는 날은... 진실과 정의가 이기는 걸 보여주는... 승리의 날이 될 거예요...
휘	헌데... 그날이 와도 나는 아플 것이오.
자현	(보면)
휘	벌을 받아야 할 사람이 다른 누구도 아닌... 내 형님이니까.
자현	!

| 휘 | 우리는 가족끼리 싸우고... 핏줄끼리 칼을 겨눠야 하는... 그런 운 |
| | 명이 되고 말았으니까. |

자현, 말없이 휘의 손을 잡는다. 말로써는 위로할 수 없는 아픔. 휘, 묵묵히 자현의 마음을 느낀다.

S#52. 요사채/남자방 (N)

기특과 포로 3인방. 서로의 상처에 약 바르고 붕대 감아주며 치료 중이다. 아랫목에 누워 엄살이 극에 달한 호치.

호치	아이구 나 죽네! 호치 죽어...
준	아, 덩치도 산만 한 놈이 엄살은. 영월서 여기까지 안 죽고 어떻게
	왔대?
덕만	하여간 은신처를 잘못 잡았어.
기특	(뭔 소린가 싶어 보면)
덕만	싸우고 나서 기력을 회복할라믄 괴기도 좀 먹고 보양을 해야 할
	거 아녀? 근데 삼시세끼 풀떼기만 먹어야 하는 절집에다 살림을
	차렸으니 몸이 이래두 어디 금방 낫겠냐구.
호치	나가서 사냥이라두 하까? 밖에서 구워 먹구 오면 되잖어!
기특	진양대군이 여기서 그 짓 하다 주지스님한테 혼난 거 몰라요?
호치	아니 우리는 밖에서 먹자구, 절 밖에서.

들은 척도 안 하는 기특. 포로들, 실망하고.

S#53. 요사채/루시개의 처소 (N)

방 안에 물대야 하나 들여놓고 다친 곳 씻어내는 루시개. 쓰라려서 얼굴 찡그리는. 문득 자현의 빈자리 본다. 가슴에 바람이 부는 것 같다. 자현은 휘의 처소에 들어 있는데... 두 사람은 같이 있는데...

물을 묻혀 방바닥에 휘의 이름을 써본다. 자현에게 배운 단 하나의 글자. 아름다울... 휘(徽).

S#54. 요사채/휘의 처소 (N)

잠든 소년왕 사이에 두고... 휘와 자현이 서로를 마주 보며 옆으로 누워 있다. 소년왕의 머리 위로 손을 뻗는 휘. 그 손을 마주 잡는 자현... 그렇게 잠들지 못하는... 서로의 얼굴을 쳐다보기도 아까운... 그런 밤이 가고 있다.

CUT TO

아침, 동이 트고. 잠들어 있는 자현의 얼굴 위로 창호지를 통과한 햇살이 비치는데... 먼저 눈뜬 휘, 가만히 잠든 자현의 얼굴을 보고 있다. 고난의 나날 속에 유일하게 허락된 벅찬 행복이다.

S#55. 경복궁 외경 (다른 날 D)

S#56. 편전 (D)

도승지 심정, 유배지에서 올라온 장계를 올린 상태. 강이 보고 있다. 긴장 속에 지켜보는 양안대군과 도정국. 장계를 다 읽은 강이 진노 속에 장계를 내려놓는다.

강	어린것을 놓쳤다구요?
심정	그러하옵니다, 전하. 유배지에 난군들이 들어 관군들과 싸우고 승평군을 데려갔다 하옵니다!
강	과인이 뭐라 했습니까! 모두가 같은 놈들이라 하지 않았습니까!
양안대군	......
강	동지사에게 전권을 내리겠소.
도정국	(보면)
강	조정 대신 누구든 가리지 않고 수사하여 역당의 배후를 찾아내고! 잃어버린 어린것을 반드시 찾아오시오.
도정국	받들겠사옵니다, 전하.
강	허나 이번에도 아무런 성과가 없으면... 관직을 내놓을 각오를 하시오.
도정국	신, 반드시 잔당들을 찾아내어 어심을 평안케 해드리겠나이다.
강	......

양안대군, 마음이 불편하고. 심정, 그런 양안대군의 기색을 살피다가 다음 장계를 올린다.

심정   함경도 관찰사가 보내온 장계입니다. 여진족이 전하의 즉위를 축하하는 사절단을 보내고 싶답니다.
양안대군 ! (강을 보고)
강   ...... (태연하게) 과인을 보고자 한다?
심정   ......
강   향통사³⁾를 보내세요. 축하를 하겠다는데... 받아야지요.
양안대군 ...... (불안한데)

S#57. 동 앞 (D)

양안대군과 도정국이 나온다.

양안대군 (압박하는) 잃어버린 승평군부터 찾으시게.
도정국   (밀리지 않는다) 그러려면 누가 데려갔는지를 알아야 하고, 그 배후는 전하를 시해하려 한 자들과 연결이 되어 있을 것입니다. 전하의 말씀대로 그 문제를 먼저 해결하는 게 맞습니다.
양안대군 ...... (곤란한데)

읍하고 물러가는 도정국. 그 뒤를 노려보는 양안대군.

S#58. 대왕대비전 (D)

폐위되어 소복을 입은 대비 김씨가 대왕대비 심씨 앞에 눈물 흘리고 있다. 안타까이 지켜보는 장상궁.

대비 김씨 어마마마... 소첩을 궁에서 내보내 주십시오. 우리 명이가 조선 팔도 어느 곳을 떠돌고 있을지! 살아는 있는지! 무사한지! 제가 나

---

3) 외국 사신을 접대하는 일을 맡은 임시 벼슬은 접반사이나, 여진족은 격을 한 단계 낮춰 지방통역관에 해당하는 향통사를 보낸다.

가서 찾아봐야 합니다!

대왕대비 심씨 (걱정이 태산이지만) 이것은 희망의 시작일 수도 있습니다.

대비 김씨 명이가 사라졌다지 않습니까! 어떤 놈들이 우리 전하를 데려갔을지! 누가 알겠습니까!

장상궁 (달래보는) 상왕전하를 해하고자 하는 놈들이라면, 그 자리서 사단을 냈을 것입니다. 굳이 유배지에서 모셔 간 것은... 전하를 살리고자 하는 뜻이 아니겠습니까?

대비 김씨 ... (잦아들고)

대왕대비 심씨 대체 어떤 사람들이 움직이고 있는지 도승지를 통해 수소문을 해보리다.

대비 김씨 ... 어마마마는 어찌 사셨습니까.

대왕대비 심씨 ...... (보면)

대비 김씨 자식의 생사를 몰라 이리 피가 마르는데... 전하를 잃고 은성대군을 보내시고... 어마마마는 어찌 견디셨습니까...

대왕대비 심씨 어미로서는... 이미 생을 다했지요.

장상궁 ...... (심씨의 괴로움을 잘 안다)

대왕대비 심씨 마지막 남은 아들... 강이가... 주상이... 더 이상은 폭주하지 않게 막아내는 것, 그게 내 남은 왕실의 의무라... 그것 때문에 죽지 못하고 살아 있습니다.

대비 김씨 ...... (눈물짓는데)

S#59. 산사/요사채/휘의 처소 (다음 날 D)

도정국이 궁 내 상황을 휘에게 보고하고 있다. 자현과 기특, 같이 듣고 있는.

휘 헌데 누가 형님을 해하려 했을까...

기특 진양대군에게 대적할 만한 신하들은 모조리 죽었고 마마도 돌아가신 걸로 되어 있는데...

도정국 우리가 움직인 적이 없는데 진양대군을 독살하려 한 세력이 따로 있다는 건... 조정에 반정이 모의되고 있다는 겁니다...

자현 (OL) 거꾸로 생각해볼 수도 있어요.

모두가 본다.

자현	진양대군은 마마를 역도로 만들기 위해 우리 혼례식을 피바다로 만들며 자해를 했던 사람이잖아요?
휘	! (깨달아지는) 허면 이번에도...
자현	진양대군의 활과 화살에까지 손을 댈 수 있을 정도로 접근을 했는데 왜 음식에 바로 독을 타지 않았을까요? 피부만 상하고 목숨에는 아무런 지장이 없었잖아요. 그 시도로 이득을 본 게 누구죠?
휘	그 결과... 상왕전하가 폐위되어 유배를 가시게 되었지.
도정국	그리고 나서 양안대군이 기다렸단 듯이 저에게 암살령을 내렸지요.
기특	(진상이 보이는) 양안대군!
휘	......
기특	마마를 북방으로 끌고 가 함정에 몰아넣은 것도 그분이잖아요!
휘	형님이 시킨 일인지, 독단적으로 한 짓인지...
도정국	진양대군이 가담한 일 같지는 않은 게... 진양대군이 느끼는 공포는 진짭니다.
휘	!
도정국	지금 진양대군을 모시는 나인들은 파리 목숨이나 다름없습니다. 누군가 자기의 목숨을 노린다 여겨서 신경증이 말이 아닙니다.
휘	허면... 백부님을 칩시다.
자현	! (보면)
휘	어마마마께 들은 적이 있소. 형님이 오랫동안 후사가 없었던 게... 누군가의 음모였다고. 형님의 정궁과 후궁들이 회임만 하면 문제가 생겨 대비마마도 사저로 피접 보내지 않았소? (양안대군이 범인이라는)
기특	양안대군을 어떻게 치자는 말씀이세요?
휘	양안대군이 배후임을 형님에게 고해야지!
도정국	!
휘	사저 시절부터 간자 노릇을 한 홍상궁! 선대의 후궁들에게 접근할 수 있었던 어의나 의녀들, 백부님과 가까이 지내는 궁장과 시장들을 추적하면 증좌를 찾을 수 있을 것이오.
도정국	양안대군이 배후라고 하면... 진양대군이 어떻게 나올까요?
휘	백부는 형님을 위해 한 일이라 자부할 테지만... 어려서부터 형님을 망쳐놓은 장본인이오.

자현	(보면)
휘	이번에는... 선을 넘었어.

다들 공감하고.

S#60. 자현의 집 앞 (D)

보따리 든 끝단이 나온다. 주변 살피는. 감시꾼들이 눈에 띄지 않는다. 집 앞에 좌판을 벌인 엿장수와 떡장수뿐. 안심하고 달려가는데... 엿 팔던 엿장수, 좌판 그대로 놓고 끝단의 뒤를 밟는다. 익숙하게 자리 옮겨 엿판, 떡판 다 관리하는 떡장수. 남아 있는 감시꾼이다.

S#61. 산사/일주문 (D)

끝단이 안으로 들어가고.

뒤따라온 어을운의 수하가 맞은편 일각에 숨어 산사 안을 살피고 있다. 들어가지는 않고...

S#62. 몽타주 (D)

- 대전 앞. 홍상궁, 처소로 돌아가는데 관원들이 와서 끌고 가는.
- 내약방. 어의가 끌려 나오고.
- 의금부. 도정국이 이들을 대질심문한다.

S#63. 강녕전 (다른 날 D)

강에게 홍룡포를 입히는 나인들. 몸이 가려워진 강, 갑자기 옷을 벗어던지는데! 이곳저곳 몸을 살핀다. 발진이 일어나 있고...

모두들, 이제 죽었구나 하는 표정.

S#64. 궁 일각 (D)

도승지 심정이 양안대군을 모셔 왔다. 다급히 왕의 처소로 가는 두 사람.

심정	이러다 궁 안에 남아날 사람이 없겠어요! 수라간 나인들은 수라를 올릴 때마다 목숨을 내놓는 심정이고. 이번에는 또다시 상의원을 뒤집으시니.
양안대군	...... (심각하고)
심정	그래도 전하께서 영상의 말은 좀 듣지 않으십니까? 제발 좀 말려주십시오.

S#65. 강녕전 (D)

칼을 쥐고 있는 강. 상궁 나인들, 내관들... 모두 두려움에 떨고 있는. 어의도 불려 와 있고. 상의원 어침장이 꿇어앉아 바들바들 떨고 있다.

강	(칼 겨누며) 어찌하여 네가 만든 옷만 입으면 몸이 따갑고 아픈 것이냐.
어침장	전하! 신은 전대에 만들어드리던 것과 똑같이 용포를 짓고 있을 뿐이옵니다.
강	(궁녀들에게로 칼날의 방향을 바꾸는) 그럼 늬들이냐! 늬들이 옷을 가져오며 무언가를 바른 것이냐!
나인들	(기겁을 하며) 아니옵니다, 전하! / 억울하옵니다!
어의	전하! 옥체에 발진이 일어난 것은 최근 신경증으로 수라를 들지 않으신 탓에 영양이 부족해져 생겨난 것이옵니다. 수라를 제대로 드시고 탕제로 다스리시면 자연 낫게 될 병증이라...
강	(용포를 어침장에게 던지며) 어디 한번 입어보라!
어침장	(덜덜 떨고)
강	어의의 말이 맞는지! 용포가 안전하다는 것을 증명해보란 말이다!
어침장	전하... 신하가 용포를 입는 것은 대역죄이옵니다.
강	... 그래서... 못 입겠다? (의심하는데)

밖에서 내관이 고하는 소리.

| 내관(소리) | 전하... 양안대군과 도승지 심정 들었사옵니다. |
| 강 | ! 어서 뫼시어라! 역도들의 자백을 같이 들어야겠다! |

문이 열리고 양안대군과 심정 들어오는데! 방 안의 상황 보고 한눈에 짐작되는.

양안대군	전하...
강	어서 오세요, 백부님. 오늘 또 과인을 시해하려는 음모가 있었습니다! 이제는 용포에 독을 발라 절 죽이려 하고 있어요!
양안대군	모두 나가 계시오.
강	백부님! 자백을 받아내야지요!
양안대군	모두 나가라는데두!
강	!

다들 눈치 보면서 슬금슬금 물러나고. 도승지 심정, 어침장과 나인들을 데리고 나간다.

S#66. 동 앞 (D)

도정국이 내금위장 어을운과 함께 드는. 어침장과 나인들 데리고 나오던 도승지 심정, 이들을 보고 흠칫. 아직 문 열려 있고.

심정	무슨 일이오?
어을운	(도정국 보는)
도정국	전하의 시해를 사주한 수괴를 잡았습니다.
심정	누굽니까!
도정국	......

S#67. 다시 동 안 (D)

양안대군, 강 앞에 무릎을 꿇는다. 강, 멋어서 보고.

| 강 | 왜 이러십니까, 백부님. |
| 양안대군 | 전하... 전하께서는 지금... 있지도 않은 역도를 의심하고 계십니다. |

강	있지도 않은 역도라니요... 백부님도 같이 보지 않으셨습니까? 절 죽이려 하던 그 수많은 시도들 말입니다!
양안대군	전하께서는 신경증에 걸리신 것입니다. 그 시초는 신의 잘못이구 요.
강	?! 그게 무슨 소립니까!

도정국과 어을운 들어오고. 심정도 따라 들어온다.

도정국	물러나십시오, 영상!
강	(보면)
도정국	전하! 양안대군이 역도입니다!
강	!
양안대군	(얼어붙고)
강	(어을운 보면)
어을운	궁장과 어의가 자백을 했습니다. 궁장이 전하의 활에 손을 댔고, 어의가 그것이 독이라고 거짓 증언을 한 것입니다.
강	허면 그게... 독이 아니었단 말이냐?
도정국	독성이 있어 옥체를 상하게 한 것은 사실이나 전하를 해할 목적 으로 발라진 것이 아닙니다.
강	허면...
양안대군	(나선다) 상왕을 폐위시키고 사사할 명분이 필요했습니다.
강	!
심정	(열 받고) 죄 없는 상왕을 끌어내리고자! 전하의 옥체를 위협했단 말입니까!
도정국	잘못된 충심은 역심이나 다름없습니다. 양안대군을 금부로 모셔 가겠습니다!
강	(양안대군 앞으로 가 주저앉아 눈을 맞춘다)
양안대군	......
강	왜 그러셨습니까?
양안대군	... 주상을 위해서였소.
강	내가 아직도... 생각시의 죽음에 벌벌 떨면서 울음을 터뜨리던 어 린애로 보이십니까...
양안대군	...... 상왕을 제거한 것은! 주상의 보위가 반석에 오르고 종묘사직

이 탄탄해지기 위해서! 반드시 필요한 일이었어요!

강   제가 할 수 있었다구요!

양안대군   ······

강   현명한 신하들을 등용하고 백성들을 위한 선정을 베풀어! 이 나
         라를 강하게! 태평성대로 만들 수 있었단 말입니다! 백부도 나를
         못 믿은 것입니까! 끝없이 날 의심하던 어마마마와 다를 게 무엇
         인데요!

양안대군   그 길을... 좀 더 쉽게 만들어드리려던 겁니다.

강   (칼을 휘두른다) 백부는! 날 꼭두각시로 만드셨습니다!

양안대군   ······

다들 눈을 질끈 감는데! 차마 양안대군을 베지 못하고... 칼을 떨어뜨리는 강.

양안대군   ······

어울운   ... (강이 가엾다/슬프고)

강   (일어나는)

모두 얼어 있는데... 도정국, 주의 깊게 지켜보고.

강   오늘의 일은... 불문에 붙인다.

도정국   전하! 아무리 진짜 독이 아니라 하나 이런 음모를 꾸민 것은 역모
         에 버금가는 죄질로...

강   이 일이 조금이라도 새나갈 시에는! 이 안에 있던 자들의 목을 베
         겠다.

다들 긴장하는데.

강   허나 백부님은... 영상의 직을 거두고 대군저에 연금한다.

양안대군   주상!

강   아시겠습니까? 이제 백부님은... 세상으로 나오지 못하시는 겝니
         다. 죽는 그날까지! 방 안에서! 집 안에서! 당신이 만든 괴물을 그
         리워하며 사십시오.

양안대군   ! (믿을 수가 없는데)

도정국, 양안대군을 끌고 나가려 하면... 양안대군, 도정국을 노려보고.

강   (어을운에게) 내금위장이 모시게. (마지막 예다)

어을운, 도정국에게서 양안대군을 넘겨받는다.

S#68. 양안대군저 (D)

어을운이 양안대군을 데리고 왔다. 양안대군을 문 안에 넣고 병사들이 대문가를
지키기 위해 자리를 잡는데.

양안대군   도정국을 조심하시게.
어을운   !
양안대군   상왕을 처리하라고 보냈더니 우리 수하들을 죽였고... 주상과 내
            사이를 이간질했지.
어을운   확실합니까?
양안대군   (끄덕/확신한다는) 증좌는 없지만... 결과가 말해주지 않는가?
어을운   ...... (고민되는데)

S#69. 건춘문 앞 (D)

돌아오는 어을운. 엿장수로 위장했던 수하가 다가온다.

어을운   (보면)
엿장수   (읍하고)
어을운   대제학 댁이 뭐 달라진 거라도 있느냐?
엿장수   그 집 하녀가 드나드는 절이 있습니다.
어을운   !
엿장수   윗전을 모시고 가는 것도 아니고 보따리 들고 자꾸 오가는 게 수
            상합니다.
어을운   (생각해보다가) 그 절이 어디냐?
엿장수   ......

S#70. 궁 일각 (다음 날 D)

여진족 사신단이 오고 있다. 도승지 심정이 이들을 안내하고.

S#71. 정전 마당 (D)

강 앞에 나온 홀리가이 사신. 강을 보좌하고 있는 어을운. 뒤에는 정사와 부사를 비롯한 사신 일행들이 죽 서 있고. 조정 대신들의 모습은 보이지 않고 도승지 심정 정도 와 있다. 여진족 사신들이 무슨 말을 할지 몰라 강이 일부러 대신들을 부르지 않은 것.

사신단이 강에게 절하고.

강	먼 길 오느라 수고하시었소.
정사	저희 족장께서 하루빨리 전하께 축하를 드리고자 길을 서둘렀사옵니다. 저희 땅에서 나는 명마와 가죽, 모피 같은 특산물들로 하례의 마음을 전하옵니다.
강	조선말을 잘하시는구려. 통역이 필요 없겠소.
정사	더불어 살아가야 하니 저희 땅엔 조선말을 하는 사람들이 많습니다.
강	... 우리도 답례를 준비할 터이니 갖고 돌아가 그대의 주군을 기쁘게 해주시오.
정사	저희 주군이 기다리는 것은 따로 있사옵니다.
강	!
어을운	(긴장하고)
정사	바라옵건대 즉위 전에 약속했던 바를 이행해주시고... 형제의 나라로서 예를 갖춰주시면, 귀국과 앞으로 영원한 우애를 나눌 수 있으리라 기대하고 계시옵니다.
강	약속을 지켜라?
정사	(읍하고)

부사가 주의 깊게 지켜보는데...

강	지금 너희가 조선의 왕을 겁박하러 온 것이냐!
정사	(날카로워지면서) 겁박이라니! 약조한 것을 지키라는데 무슨 말씀이십니까! 갈 때 마음 다르고 올 때 마음 다르다더니! 전하께서 우리의 도움으로 보위에 오르실 때는 언제고! 이제 와 면을 바꾸십니까!

용상에서 뚜벅뚜벅 내려가는 강! 어을운의 칼을 받아 사신을 베어버린다! 으악! 도승지 심정과 상궁, 내관들 비명을 지르고! 경악하는 부사! 사신단 일행 모두가 얼어붙는데!

강	(사신단에게 다가가는)

뒤로 물러나는 사신단! 부사가 일행을 보호하듯 뒤로 막아주는데...

강	(부사에게 칼을 겨누며) 가서 너희 족장에게 전하라! 감히 일국의 대군을 3년이나 포로로 억류하는 만행을 저질렀으니! 응징하는 것이 마땅하나! 그간 어린 왕이 보위에 있어 원수를 갚지 못하였다! 이제 과인이 보위를 이어받아! 상국의 위엄을 보이고자 하니! 예를 갖추지 않으면 대군을 끌고 가 쓸어버리겠노라고!

굳은 얼굴의 부사. 사신단들 질려 있는데... 돌아서는 강의 얼굴에서!

S#72. 거리 (다음 날 D)

어을운이 수하들을 이끌고 어디론가 가고 있다. 엿장수로 위장했던 수하도 보이고.

S#73. 자현의 집/대문 안 (D)

마당에 보따리 몇 개. 안씨가 나가려는 걸 끝단이 필사적으로 막고 있고 득식이 지켜보는 중.

끝단	(휘의 존재 때문에 결사적으로 막고 있는) 안 된다구요, 마님! 아씨는 거

기 숨어계시는 건데... 이렇게 식구들이 드나들면 들통나구 만다구요!

안씨   끝단이 네가 여태까지 몇 번을 오갔어도 별 탈이 없었잖니... 산사에 불공드리는 척 가서... 나두 우리 딸 얼굴 좀 보자.

끝단   잘 계세요! 절밥이 입에 맞으시는지 아주 포동포동해지셨어요~

득식, 보따리 집어 든다.

득식   가시죠.

끝단   (안 된다는) 도련님!

득식   (든든한 남자인 척) 걱정 마라. 내가 동행하는데 무슨 일이야 있겠느냐? 집 주변에 감시가 사라진 지 좀 되었고 혹 가다 무슨 일이 생기면 내가 다 알아서 하마.

끝단   ... (난감한데)

안씨, 냅다 문 열고 나가는! 마님! 소리치며 따라가는 끝단! 득식도 나가고.

S#74. 거리 (D)

안씨, 괜히 주변 살피며 가는데... 따라가는 끝단, 미치겠고. 득식은 끝단이랑 같이 어디 가는 게 마냥 좋은.

S#75. 산길 (D)

어을운 일행이 산사를 향해 올라가고 있다.

S#76. 산사 앞 (D)

안씨 일행 도착해 있다. 끝단, 먼저 들어가서 상황 체크하려는.

끝단   일단 여기서 기다리세요. 아씨 놀라지 않게 제가 들어가서 말씀을 드릴 테니까.

안씨   안에 있는 건 확실하지?

끝단	요사채에 계실 거예요.
안씨	(들어가 버리는)
끝단	(당황해서 따라 들어가는) 마님!

득식도 따라가고. 한 발 늦게 도착한 어을운 일행, 안씨 일행 목격하고.

| 어을운 | (수하들에게) 여기서 기다려. |

혼자서 안으로 따라 들어가는 어을운.

S#77. 요사채/마당 (D)

자현, 루시개에게 호신술 더 배우고 있는데... 지켜보는 휘와 기특. 루시개, 자현을 거칠게 다루면.

휘	(루시개 잡으며) 살살 해. 연습하다 다치겠다!
루시개	(빈정 상해서) 실전에서 연습처럼 하는 적군이 있어?
휘	아니 그건 그렇지만...
자현	저 괜찮아요, 마마.
루시개	(흘겨보고)

휘는 괜히 자현이 털어주는데... 그 위로.

| 안씨(소리) | (울먹해서) 자현아! |

얼음 되는 자현과 휘! 루시개와 기특도 얼어붙고. 자현, 서서히 고개 돌리면... 눈앞에 어머니다! 휘, 얼른 고개 돌려 제 얼굴 숨기고...

S#78. 산사 일각 (D)

산사 여기저기 찾아다니는 어을운.

S#79. 요사채 마당 (D)

다가오는 딸을 바라보는 안씨, 회한이 차오르고... 자현, 다급히 오는데...

자현   어머니...

잠자코 보던 안씨, 자현을 안고...

산사 안을 헤매던 어을운, 자현과 안씨를 발견한다. 일각에 몸을 숨기고 두 사람 지켜본다. 자현의 얼굴, 확인하고!

어을운의 존재 모르는 채 안씨와 재회의 감격 나누는 자현! 지켜보는 끝단과 루시개. 득식, 휘의 존재를 의식하는. 아직 얼굴은 못 봤다. 누굴까 싶어 쳐다보는데... 요사채를 빠져나가려는 휘, 어을운 쪽으로 가고. 어을운, 자현을 보느라 아직 휘는 못 봤는데... 다가가는 휘의 얼굴에서 엔딩!

대군 사랑을 그리다

17부

S#1. 요사채/마당 (D)

자현, 루시개에게 호신술 더 배우고 있는데.., 지켜보는 휘와 기특. 루시개, 자현을 거칠게 다루면.

휘	(루시개 잡으며) 살살 해. 연습하다 다치겠다!
루시개	(빈정 상해서) 실전에서 연습처럼 하는 적군이 있어?
휘	아니 그건 그렇지만...
자현	저 괜찮아요, 마마.
루시개	(흘겨보고)

휘는 괜히 자현이 털어주는데... 그 위로.

안씨(소리)	(울먹해서) 자현아!

얼음 되는 자현과 휘! 루시개와 기특도 얼어붙고. 자현, 서서히 고개 돌리면... 눈앞에 어머니다! 휘, 얼른 고개 돌려 제 얼굴 숨기고...

S#2. 산사 일각 (D)

산사 여기저기 찾아다니는 어을운.

S#3. 요사채 마당 (D)

다가오는 딸을 바라보는 안씨, 회한이 차오르고... 자현, 다급히 오는데...

자현	어머니...

잠자코 보던 안씨, 자현을 안고...

산사 안을 헤매던 어을운, 자현과 안씨를 발견한다. 일각에 몸을 숨기고 두 사람 지켜본다. 자현의 얼굴, 확인하고!

어을운의 존재 모르는 채 안씨와 재회의 감격 나누는 자현! 지켜보는 끝단과 루시개. 득식, 휘의 존재를 의식하는. 아직 얼굴은 못 봤다. 누굴까 싶어 쳐다보는데... 요사채를 빠져나가려는 휘, 어을운 쪽으로 가고. 어을운, 자현을 보느라 아직 휘는 못 봤는데...

자현을 지켜보는 어을운. 법당에서 나온 스님들 무리가 마당으로 내려오는데... 어을운, 몸을 피한다. 아슬하게 휘와 마주칠 타이밍이 비껴가고.

요사채를 빠져나가려는 휘와 기특을 잡아 세우는 득식.

득식	자현일 도와주신 분들인가요?
기특	!
휘	......
득식	오래비 되는 성득식이라고 합니다. 이 은혜를 어떻게 갚아야 할지...

휘, 천천히 고개를 돌리면. 휘를 알아보는 득식! 헥! 기겁을 하고. 기색에 돌아보는 안씨, 뒤늦게 놀라는.

S#4. 요사채/휘의 처소 (D)

안씨 앞에 휘와 자현. 안씨, 그간의 사정 다 들었다.

안씨	... 차라리... 둘이 멀리 가서 살아.
자현	...... (안씨에게는 미안하고)
휘	......
안씨	도성은 위험해. 도망이라도 가.
휘	어머님...
안씨	(보면)
휘	저는 따님을... 떳떳한 신부로 만들어주고 싶습니다. 평생을 도망자로 살게 할 수는 없습니다.
안씨	(휘에게) 그렇다고 언제까지나 이렇게 절에서 더부살이를 할 수도 없지 않습니까?

자현	어머니... (그만하라는)
휘	은애하는 마음이 있으면... 떨어져 있어도 떨어진 것이 아니며... 죽음조차도 갈라놓지 못한다는 걸... 따님을 통해 알았습니다.
자현	(보는)
안씨	......
휘	너무 고생을 시켜서... 만나지 말 걸 그랬다고, 이 사람 보내줄 걸 그랬다고 후회도 해봤는데... 이별은 더 어려웠습니다.
자현	저희는요... 안 되는 일을 향해 애쓰기보다... 그냥 되는 일을 향해 노력하기로 했어요.
안씨	자유를 얻기 위해 죽은 사람이 되고... 세상을 바로잡기 위해... 숨어 사는 일 말이냐?
휘	...... 죄송합니다.
안씨	(휘를 짠하게 보면서) 귀하게 태어나... 이 무슨 듣도 보도 못한 고초입니까...
휘	고생을 해보니... 정말 귀한 게 무엇인지 알게 되었습니다. 역경이... 제 마음을 더 깊게 하고... 어렵게 만나는 한순간이... 뼈에 사무칩니다. 평탄하게 살아갔더라면... 몰랐을 것입니다. 삶이 얼마나 귀한지, 이 사람... 얼마나 은애하는지...
자현	... (벅차고)
안씨	에미 마음은 그런 거 깨닫지 못해도 좋으니까... 우리 딸하구 알콩달콩... 웃으며 살아가기를... 그리 바랬습니다.
자현	어머니... 저는 지금두 행복해요.
휘	(다사롭게 자현 보고)

그런 두 사람 보는... 안씨의 걱정 많은 시선...

S#5. 동 앞 (D)

득식, 끝단에게 열변을 토한다.

득식	이건 말이 안 돼! 아니 죽을라믄 자기 혼자 죽지! 왜 자꾸 우리 자현일 끌어들이냐구!
끝단	그럼 뭐 아씨가 정업원에서 늙어 죽으면 그건 뭐 좋은 팔자예요?

득식	자현이 저거는 사서 고생이야. 지난번에 궁에 들어갔을 때 그냥 얌전히 후궁 됐음 좋았잖아.
끝단	(기겁해서 득식의 입을 막으며) 조용히 해요! 누가 들으면 큰일 나요! 어쩌면 도련님은 한 집에서 자기 동생을 그리도 몰라요? 아씨는! 마마 없음 죽어요! 다른 사람하군 못 살아요!
득식	(끝단의 손 떼어내며/괜히 부끄럽고) 다들 포기할 거 포기하고 그러고 사는 거지. 누군 뭐 마음이 없냐? 누군 뭐 좋아하는 사람 없어? 이런저런 이유로 안 되는 건 안 되는 거구나 접기두 하구 그러는 거지.
끝단	도련님이 죽어도 좋은 저런 불같은 사랑을 어찌 알겠어요...
득식	야, 나두! 나름대루 아픔 많거든?
끝단	아프죠. 아파서 용기는 못 내죠.
득식	... (정색하고) 내가 용기 내면 받아줄 수나 있어?
끝단	! (심쿵)
득식	핏줄이 어디 가냐? 나두 어머니 아버지처럼! 대군하구 자현이 못 지않게! 사랑꾼이 될 수 있는 사람이야.
끝단	(미심쩍게 보면)

강렬한 시선으로 다가가는 득식. 뭔가 분위기 잡히는가 싶은데 둘 사이로 불쑥 내밀어지는 누룽지. 득식, 아, 이거 뭐야... 김새고.

끝단	(언제 분위기 잡았냐는 듯 먹을 거에 바로 반응하는) 어, 누룽지다!
루시개	절간이라 뭐 줄 것도 없구 그래서.

누룽지 나눠서 득식에게 한 조각 건네는 끝단. 루시개와도 다시 사이좋게 나누고.

CUT TO

셋이 졸졸이 앉아서 누룽지 먹고 있다.

득식	루시개 넌 참 말도 안 늘고 눈치도 안 는다, 그지?
루시개	... (뭐래? 와그작 누룽지 씹어 먹는)
득식	너네 고향에서 사신들 왔다 일 당한 거는 아냐?

루시개	(먹다 말고) 우리 고향?
득식	여진족이 사신을 보냈는데 우리 임금님이 삭! 베어버렸잖아.
루시개	! (충격받고)
끝단	아니 아무리 여진족이라두 그렇지 사신을 막 그렇게 함부로 죽여 버리고 그래도 되는 거예요?
득식	안 되지. 그래서 난리 났어.
루시개	...... (심란하고)

S#6. 북평관 앞 (D)

자준이 병사들을 데리고 들어간다.

S#7. 동 안 (D)

자준이 지켜보는 가운데 병사들이 북평관 내부를 뒤진다. 한쪽에 몰려 서 있는 부사와 수행들.

부사	(모욕감에 부들거리며 항의하는/만주어) 정사를 죽인 것으로 모자랍니까! 어디 사신단의 짐을 함부로 건드리십니까!
자준	(노려보는/뭐라 하건 상관없이) 부사도 목을 내놓으시겠소?
부사	! (굳고)
자준	(아랑곳없이) 문서로 보이는 것은 모조리 확보하라.

병사들, 침상 아래까지 샅샅이 뒤진다. 부사, 이를 악물고.

S#8. 대왕대비전 (D)

강이 여진의 사신을 벤 일을 야단치는 대왕대비 심씨.

대왕대비 심씨	(준엄하게) 제정신입니까? 아무리 오랑캐라 하나 정식으로 맞이한 사신입니다! 이는 고금에 없는 일이에요!
강	......
대왕대비 심씨	고려 말에 명나라 사신 '채빈'이 왔다가 살해당한 일이 있으나! 그

	것도 호송관을 시켜서였지 왕이 직접 하지는 않았습니다!
강	어마마마의 소원을 이루어드린 것입니다.
대왕대비 심씨	!
강	실종된 은성이 죽은 줄 아셨을 때... 복수를 하겠다고, 반드시 응징하겠다고 하지 않으셨습니까?
대왕대비 심씨	......
강	사신을 베었으니 놈들이 조선의 불같은 분노를 알았을 것입니다. 필요하면, 정벌도 나설 것이에요.
대왕대비 심씨	왜 지금입니까? 은성도 죽고 없는 마당에! 이제 와서 복수에 나서는 이유가 뭐냐구요!
강	상국을 형제의 나라 업수이 여기며! 감히 조선의 군주인 소자를 우습게 아는 놈들이니까요!
대왕대비 심씨	백부를 실각시킨 이유도 그것입니까?
강	백부야... 어릴 때부터 소자 곁에서 떼어놓으려고 안달하지 않으셨습니까. 비상시국이라 영상의 자리를 맡겼지만... 종친이 나서는 게 보기 좋은 모양새는 아니지요. 당분간 자숙하시라 했습니다.
대왕대비 심씨	저지르기 전에 숙고하고 명을 내리기 전에 한 번 더 생각하세요. 국정은 조정 대신들과 의논해가며 처리해야 하는 것입니다.
강	예로부터 신하들이 강성해서 나라꼴이 잘 돌아간 적이 없습니다. 소자는 신하의 나라가 아닌! 왕의 나라를 만들어가고자 합니다. 강력한 왕권을 바탕으로 중원에 밀리지 않는 강대국을 만들 겁니다.
대왕대비 심씨	한 사람의 폭군이 얼마나 백성을 망치고 역사를 뒤로 가게 하는지는 아십니까?
강	!
대왕대비 심씨	제발 귀를 열고 마음을 다스리세요!
강	...... (모멸감 느끼는)

S#9. 동 앞 (D)

나오는 강. 아직도 자신을 믿어주지 않는 모후다. 열 받고.

S#10. 편전 앞 (D)

강이 오는데 자준과 어을운이 와서 기다리고 있다. 읍하는 두 사람.

S#11. 동 안 (D)

자준부터 강에게 먼저 보고한다. 어을운도 들어와 있고.

자준	훌리가이 애들이 문서를 가지고 온 것 같지는 않습니다. 샅샅이 뒤졌지만 나오는 게 없었습니다.
강	우리는 거래를 한 적이 없는 겁니다.
자준	... (긴장하는)
강	세간에 풍문이 퍼지는 일이 있어서도 안 되구요...
자준	...... 사신을 죽였다고 여진족이 보복전을 펼치면...
강	바라는 바입니다. 도발을 해오면, 확실하게 밟아주면 되니까. (어을운 보는데)
어을운	...... (자준 앞에서 할 이야기가 아니다)
강	(눈치 채고/자준에게) 가서 북방에 유지1)부터 보내세요. 군사들을 파저강으로 이동시키고 혹여 있을지도 모르는 도발에 철저히 대비하라고.
자준	받들겠사옵니다, 전하. (읍하고 물러가는데)

자준 나가면, 강에게 가까이 가는 어을운. 기다리는 강.

S#12. 동 앞 (D)

자준, 왠지 따돌려진 느낌인데...

S#13. 다시 동 안 (D)

강에게 가까이 다가온 어을운.

---

1) 임금이 신하에게 내리던 글

어을운	아씨를 찾았습니다.
강	! (손에 저절로 힘이 들어가고)
어을운	다니던 산사에 가 계시더군요. 가족들을 만나고 있어 오늘은 그냥 확인만 하고 왔는데...
강	... (안도하고)
어을운	안가로 뫼셔놓을까요? 궁으로 뫼시기는 여건이...
강	데려간 놈들은 누구더냐!
어을운	감시는 남겨놓았으나 아직 배후는 캐지 못했습니다. 다시 도망칠까 봐 조용히 물러 나오느라...
강	...... 데리고 올 수는 없으니... 내가 가야겠다.
어을운	!

S#14. 교태전 전경 (다음 날 D)

S#15. 동 안 (D)

자준, 나겸 앞에 앉아 있다.

자준	대제학의 여식은 정업원에 없었습니다.
나겸	!
자준	누군가 빼돌린 듯합니다만...
나겸	누구겠습니까... (전하라는)
자준	어을운이 전하의 은밀한 일들을 처리하는 듯한데...
나겸	어마마마의 명이니 쉽게 다시 들이진 못할 테지요. 허나! 이로써 전하께서 조강지처에 대한 의리를 지킬 생각이 없다는 것은 분명해졌습니다.
자준	전하께서 가까이하시는 모든 여인들을 초요경이나 자현이처럼 처리해버릴 수는 없습니다.
나겸	저도 압니다.
자준	(보면)
나겸	결국 중요한 건... 왕실의 후사라는 것을.

S#16. 북평관 앞 (D)

도정국이 관원으로 위장한 휘와 통역관 노릇할 루시개를 데려왔다.

도정국	(지키고 선 병사들에게) 금부에서 나왔소. 사신들을 조사하고자 하오.
병사	병조에서 탐문을 마치고 갔습니다.
도정국	(태연하게) 몇 가지 더 물어볼 게 있으니 문을 여시오.
병사	......
휘	... (긴장한)

문이 열리고. 도정국, 휘와 루시개를 데리고 들어간다.

S#17. 동 안 (D)

휘가 부사와 담판 중이다. 그들 사이에 앉아 통역하는 루시개. 뒤에서 지켜보는 도정국.

부사	(만주어) 우린 이제 조선인에게 속지 않소이다! 남은 길은 전쟁뿐! 돌아가시오!
루시개	... 꺼지래.
휘	전쟁을 일으켜 남는 것이 무엇이오. 약탈해 간 식량이 떨어지면 또 병사들의 목숨과 곡식을 맞바꾸러 오겠지.
루시개	(동시통역하는)
부사	(발끈/만주어) 우릴 조롱하는 것이냐!
휘	(간단한 만주어는 알아듣는) 지금 난! 기회를 주고 있는 것이오. 당신들은 진양대군과 짜고 일부러 전쟁을 일으켰고! 조선의 왕자인 날 죽이려 했소! 사지에서 돌아온 그 왕자가! 그 모든 것을 용서하고! 서로가 다시 손잡을 수 있는 기회를 주겠다지 않소!
루시개	(통역해주고)
부사	......
휘	진양대군처럼 영토를 주겠다는 지키지도 못할 허언은 안 하겠소. 대신! 조선의 기술자들을 보내 척박한 땅을 개간할 수 있는 농법을 전수할 것이며! 막혔던 무역을 재개하고 통혼을 허하여 더불

	어 살아갈 길을 모색하겠소.
루시개	(동시통역하는)
도정국	선택하시오. 이대로 돌아가서 족장의 추궁을 받을지! 새로운 협상으로 원한을 갚고 고향이 부흥할 수 있는 기회를 잡을지!
부사	...... (고민하는)
루시개	(부사에게/만주어) 은성대군은 믿어도 된다. 이족의 서녀인 나를 목숨 걸고 지켜준 자다. 내가 부사를 따라가는 걸 허락해주면, 아버지를 만나 문서를 받아 오겠다.
휘	... (루시개가 무슨 말을 한 건가 싶고)

부사, 일어나서 자기 짐 속에서(혹은 선반 위에서) 피리 하나를 꺼내 준다.

부사	(만주어) 대군께 드리는 선물이오.
휘	!
루시개	선물이래.
부사	우리는 싸울 때... 피리를 불고 북을 치며 노래를 부르지.
휘	......
부사	족장께서 보위에 오른 진양대군이 약속을 잊었거든, 이 피리를 불라고 하셨소.
휘	!

S#18. 동 앞 (D)

북평관을 빠져나오는 도정국, 휘와 루시개.

S#19. 일각 (D)

골목 안쪽으로 숨어든 도정국. 휘와 루시개. 휘가 떨리는 손으로 피리를 돌려본다. 피리 속 안에 말려 들어가 있는 문서. 휘, 놀라서 도정국을 보면! 도정국, 문서 받아서 확인하고.

도정국	이거면 진양대군의 죄상을 밝혀낼 수 있습니다.
휘	...... (끄덕이고)

루시개, 환하게 웃는다.

S#20. 요사채/휘의 처소 (D)

소년왕에게 상을 올린 자현. 소년왕, 다부지게 먹고 있다. 자현, 물도 따라주고.

자현	전하... 많이 드시고 얼른 자라셔야 합니다.
소년왕	... (잘 먹는)
자현	...... (짠하고)

S#21. 경복궁 외경 (N)

S#22. 궁문 (N)

이름 없는 문이 열린다. 미복 입은 강을 모시고 나오는 어을운. 앞뒤로 내금위가 호위하고.

S#23. 산길 (N)

산사로 돌아가고 있는 휘와 루시개.

S#24. 동 일각 (N)

산사로 가는 강과 어을운.

S#25. 갈림길 (N)

각자 다른 길에서 올라오던 강 일행과 휘 일행.

강 일행이 한 발 앞서 위로 올라가고... 휘와 루시개, 가다가 선다. 강의 얼굴 확인한 휘, 굳어서 나무 뒤로 숨고.

루시개	(우리의 은신처가) 들킨 거야?

휘   (끄덕이고)

휘와 루시개, 길 아닌 숲으로 달려 올라간다.

천천히 올라가는 강 일행. 어을운, 숲에서 나는 소리들을 듣지만! 잠시 멈칫했다가 계속 가고.

S#26. 지름길 (N)

휘와 루시개, 미친 듯이 달려 올라간다.

S#27. 산사/일주문 (N)

달려 들어가는 휘와 루시개!

S#28. 요사채/휘의 처소 (N)

자현, 소년왕 재우고 있는데. 벌컥 문이 열리고! 들어서는 휘.

휘   (소년왕을 안아 드는) 형님이 오고 있소. 어서 빠져나가야 합니다.
자현   !

S#29. 요사채/남자들 방 (N)

자고 있던 기특과 포로 3인방 깨운 루시개! 벽장에서 무기 꺼내 착착 던져준다. 긴장해서 들고 나가는 사람들!

S#30. 산사 앞 (N)

강이 당도하는데...

S#31. 요사채 앞 (N)

기특, 비장하게 나서는.

기특   (휘에게) 전하와 아씨를 뫼시고 내려가세요! 형님들하고 제가 시간
      을 벌어보겠습니다. (루시개에게) 마마를 지켜드려!

포로 3인방 긴장하고.

휘   모두 같이 빠져나간다. 전하가 계시니 여기서 싸울 순 없어.
기특   알고 오는 걸 텐데 곧 추적당할 거예요.
자현   (나서는) 진양대군은 제가 맞이하겠습니다. 그사이 빠져나가세요!
휘   (단호한) 두 번 다시! 형님 앞에 당신을 내어주진 않겠소!
자현   싸움을 벌이면 전하가 위험합니다.
휘   당신이 위험한 건 괜찮단 말이오? (나에겐 안 된다는)
자현   절 고신한 건 나겸이지 진양대군이 아니에요!
휘   ! (그걸 지금 말이라고)
자현   즈이 식구들이 드나들다 발각된 게 분명합니다. 제가 나서면 더
      이상 의심하지 않을 겁니다! 마마가 살아계신 건 모르잖아요!
휘   두고 갈 수 없소!
자현   (버럭/정신 차리라는) 전하를 생각하세요!
루시개   (나서는) 내가 남을게.
기특   !
휘   ……
자현   (휘의 얼굴을 잡고 눈 맞추며) 진양대군은 절 어떻게 못합니다. 대왕대
      비전에서 정업원으로 보내셨고! 여기는 스님들이 계세요.
휘   …… (미치겠는데)
루시개   시간 없어! 가!
휘   (다급한) 전하만 뫼셔놓고 다시 오겠소!
자현   ……

기특과 포로 3인방, 휘 끌고 나가고. 휘, 소년왕 안은 채 후문으로 간다. 기특, 루
시개 한번 돌아보고.

루시개, 비장하게 자현 옆에 붙는다.

S#32. 산사 마당 (N)

강이 일행과 들어선다. 자현이 나와 맞이하는. 루시개가 옆에 있고. 강, 오랜만에
자현을 보니... 떨린다.

| 강 | 과인이 오는 걸 알고 있었소? |
| 자현 | 스님들이 말씀해주시더군요. 손님이 오신 것 같다고. |

어을운, 루시개 알아보고 슥 나서는데. 자현, 루시개 지키듯 막아서고.

강	(어을운 보면)
어을운	은성대군을 따라다니던 오랑캐 졸갭니다.
강	! (생각난다/본 적 있는)
자현	갈 데 없는 아입니다! 제가 거두고 있어요!
어을운	(루시개 노려보는데)
강	(제지하며) 두거라. 계집이 아니냐...
루시개	...... (긴장하고)
어을운	(물러나는데)
자현	(안도하고)
강	...... (자현에게) 몸은 어떻소?
자현	육신의 상처는 시간이 해결해주니까요.
강	...... 차 한잔 주시겠소?
자현	......
루시개	(긴장해서/괜찮은지 자현 살피고)
자현	......

S#33. 산사 후문 (N)

소년왕을 안은 휘가 빠져나가고 있다. 앞뒤로 호위하는 기특과 포로 3인방.

S#34. 산사 내부 (N)

어을운의 수하들이 여기저기 뒤지면서 있을지도 모를 잔당의 흔적을 찾는데...

S#35. 루시개의 처소 앞 (N)

어을운과 루시개가 서로를 노려보고 서 있다.

S#36. 동 안 (N)

자현, 강에게 차를 낸다.

자현	왜 저를... 죽이지 않으셨습니까? 대군 입장에서는... 저는 대역죄인이나 다름없는데.
강	충분히 벌을 받고 있지 않소?
자현	(보면)
강	(차 마시며) 휘가 없는 세상에... 살아 있는 게 지옥 아니오. 죽여주는 건... 낭자의 소원을 들어주는 것이나 다름이 없지.
자현	......
강	낭자가 죽으면... 또다시 두 사람은 함께 있고 나 혼자 남는 것인데...
자현	......
강	날 미워하는 낭자라도... 이승에 두려 하오.
자현	! (느껴지는 강의 마음)
강	정업원은 어떻게 빠져나왔소?
자현	그분은 가셨어도... 그분의 사람들은 남아 있습니다. 절 여기로 데려다주고 가셨지요.
강	그들이야말로 역도라는 것을 알고 있소?
자현	...... 저에게는... 생명의 은인일 뿐입니다.
강	(보는데)

S#37. 산길 (N)

내려가다가 멎는 휘. 따라서 멈추는 사람들.

기특	(뒤를 돌아보며) 아직은 안심할 수 없습니다. 더 가셔야 해요!
휘	……
소년왕	(휘를 보고)
포로 3인방	(재촉하는) 마마!

휘, 소년왕을 기특에게 넘겨준다.

기특	마마! (왜 이러시냐는)
휘	돌아보지 말고! 곧장 내려가서 기루로 가라! 거기서 만나자.
기특	마마!
휘	전하를 부탁한다. 널, 믿을게.
기특	!

다시 산사로 달려 올라가는 휘! 기특, 포기하고 소년왕을 안고 달린다! 따라가는 포로 3인방!

S#38. 요사채/루시개의 처소 (N)

빈 잔에 다시 차 따르는 자현. 채워진 찻잔을 강 앞으로 밀어준다.

자현	허나 이렇게 숨어 지내다 보니 정업원이나 여기나… 결국 똑같은 감옥이라는 것을 깨달았습니다.
강	(보면)
자현	집으로 돌려보내 주십시오. 식구들 곁에 있고 싶습니다.
강	낭자를 정업원에 보낸 건, 대왕대비전의 명이었소.
자현	이제 충분히 강해지지 않으셨습니까? 윗전도… 내전도 상관없을 만큼.
강	!
자현	(거침없는 시선)

강	... 은성은... 이제 잊은 것이오?
자현	잊었다고 하면... 거짓말이겠지요.
강	!
자현	허나 분명한 것은.
강	(보면)
자현	저는 살아 있고... 그분은 죽었다는 겁니다.
강	(기회가 있다는 뜻 같다/찻잔을 드는 손이 떨리고/다시 찻잔 내려놓는/시선은 태 연하게) 무엇을 원하오?
자현	후궁 따위는 싫습니다.
강	! 허면...
자현	정궁의 자리를 원합니다.
강	!! (자현이 이리 나올 줄은 몰랐다)

S#39. 산사 후문 (N)

다시 돌아온 휘, 몸을 숨기고 안을 살핀다. 수색하고 돌아다니는 강의 수하들 보이고. 문으로 시선 돌리는 병사! 휘, 얼른 다시 숨고!

S#40. 다시 요사채/루시개의 처소 (N)

강, 자현의 속셈을 몰라 노려만 보고 있다.

자현	제 부친께서 명나라에서 무사히 돌아오면... 지금의 중전을 폐하고 저를 국모로 삼아주십시오.
강	...... (자현이 이리 나올 줄은 몰랐다. 뜻밖인데... 더 이상 떨지 않고 찻잔을 가져간다) 여자들은 결국... 원하는 게 그거요? 낭자도... 동무를 닮아가는군.
자현	다시는 짓밟히고 싶지 않습니다.
강	...... (그거라면 이해가 좀 가고)
자현	그러지 못할 바에는 저를 잊으십시오.
강	......
자현	아무리 왕의 여자라지만 후궁이란 결국 첩살이 아닙니까? 나겸인... 절 살려두지 않을 것입니다.

강	......
자현	또다시 매질이나 당하고 고신이나 받으려고 입궁은 못합니다. 전부가 아니면, 차라리 안 갖겠습니다.
강	... 나는 이제 조선의 왕이오. 내 앞에 엎드려 빌어도 모자랄 판에... 뭘 믿고 이리 당당한 요구요!
자현	(OL) 은성대군은.
강	!
자현	저한테 전부를 걸었습니다.
강	(오기가 올라오고)
자현	대군도 전부를 거십시오. 그게 아니면 제 마음은 움직이지 않습니다.
강	...... (기가 찬다) 날 죽이고 싶을 만큼 미워하지 않았소? 중전에게 복수하려는 열망이... 그 미움을 넘어선 것이오?
자현	이 밤에 몸소 여기까지 오신 거... 절 보기 위해서가 아닙니까.
강	!
자현	의심되는 잔당들을 토벌하려면 병사들만 보내면 될 일을. 군이 행차를 하신 것은... 이렇게 해서라두 보고 싶으셨던 게 아닙니까?
강	......
자현	대군의 그 마음이... 절 흔들리게 했을 수도 있지요.
강	!
자현	집착인지 사랑인지 모르겠으나! 힘든 건 마찬가지라던 대군의 마음! 그 마음을 보여주십시오!
강	!!
자현	허면 얼어붙은 제 마음도! 봄날처럼 풀릴지도 모르지요! 그날이 오면... 대군을 전하라 불러드리겠습니다.
강	아직도 나를 대군 운운하는 그 한마디만으로도! 낭자는 죽을죄요.
자현	제가 언제, 죽음을 두려워하는 것 보셨습니까?
강	......

S#41. 동 앞 (N)

루시개와 어을운이 여전히 대치하듯 서 있고... 요사채로 숨어든 휘가 처소 앞을 살피는 중이다.

S#42. 기루 후문 (N)

주변을 살피며 기루 안으로 들어가는 기특 일행. 애랑이 주변을 살피고 문을 닫아건다.

S#43. 기루/손님방 (N)

초요경, 소년왕을 안고 온 기특 일행을 비어 있는 손님방으로 안내한다.

초요경	당분간 여기서 지내십시오.
기특	(소년왕 내려놓으며) 잡인들의 눈에 띌 일은 없겠는지요?
초요경	눈이 이렇게 된 뒤로 손님은 받지 않습니다. 조방꾼과 하인들도 다 내보냈으니... 바깥출입만 조심하시면 됩니다.
준	이렇게 된 거 승복 벗고 기루 하인인 척 살자고.
덕만	좋은 생각이우.
호치	(기루로 온 게 좋다) 여기서는 고기도 먹을 수 있었쥬?
기특	목숨이 경각에 달린 판에 고기 생각이 나요?
호치	먹고 죽은 귀신이 때깔도 좋다는 말 몰러?
초요경	계십시오. 요기하실 수 있게 상을 봐드리겠습니다.
호치	(신난) 고마워서 어쩌나~
기특	(흘기고)

S#44. 산길 (N)

강, 자현을 데리고 내려간다. 루시개 따르고.

거리 두고 휘가 따라간다. 긴장을 놓지 않는.

경사진 곳으로 내려가는. 강, 자현에게 손을 내미는데... 보면서 망설이는 자현. 잡아야 하나, 말아야 하나... 그사이 루시개가 자현의 손 잡아 이끈다. 강, 피식 웃고.

휘, 자현의 위장을 알지만... 강과 자현이 나란히 걸어가는 모습이... 아프다.

S#45. 자현의 집 앞 (N)

자현을 데려다준 강.

강   당분간은 병이 난 것으로 합시다.
자현   ......
강   정업원에서 나올 핑계는 그것밖에 없으니.
자현   ... 고맙습니다.
강   허나 호위는 남겨두고 가겠소. 두 번 다시 내 손에서 벗어나는 건,
           허용하지 않을 것이오.
자현   결심한 바가 있으니 도망자로 살지는 않을 것입니다. 호위는 필요
           없지만... 원한다면 두고 가십시오.
강   들어가시오.
자현   소식, 기다리겠습니다.
강   ... (보는데)

루시개 데리고 들어가는 자현. 문이 닫힌다.

강, 한동안 그 앞에 서 있는데... 그런 형을 보는 휘. 형의 마음이... 깊다. 지켜보
기 괴로운데...

S#46. 동 안 (N)

일생일대의 명연기를 펼친 자현, 대문 안으로 들어서자마자 무너져 내리고! 루
시개, 부축한다.

루시개   괜찮아?
자현   ...... (휘부터 챙기는) 마마는 무사하실까?
루시개   ......

S#47. 동 앞 (N)

병사를 남겨두고 떠나는 강과 어을운.

강	(어을운에게/자현이) 진심인 것 같으냐?
어을운	... 아씨의 마음을 신이 어찌 알겠습니까. 허나 분명한 것은... 은성 대군은 세상에 없고... 전하는 왕이 되셨다는 겁니다.
강	......
어을운	시일이 지나 충격이 가라앉은 탓인지... 이제 맑은 정신으로 돌아오신 것 같았습니다.
강	휘를 닮은 사람이라 여겼는데... 이제 나를 닮아가더구나.
어을운	...... 그래서... 싫으십니까?
강	싫기도 하고... 좋기도 하다.
어을운	......

궁으로 돌아가는 강의 뒷모습.

S#48. 자현의 처소 (N)

손수 이부자리 깔아주며 자현을 쉬게 하려는 안씨. 자리끼 챙겨 온 끝단이 머리맡에 쟁반을 놓는다.

안씨	일단 자. 잠부터 푹 자고! 생각은 내일 해.
자현	......
안씨	우리 딸이 집으로 왔으니 그걸로 됐어. 내 손으로 먹이구 입힐 수 있으니 그것만 해도 어딘지... (눈가 찍어내는)

그런 엄마의 등을 안아보는 자현. 안씨, 등 뒤에 느껴지는 딸의 체온에 울컥한다.

자현	어머니...
안씨	(어깨 위로 자현의 손 잡아주며) 잘 왔어. 더 이상은 힘든 일 없었으면 좋겠다만... 사는 게 우리 뜻대로 흘러가는 게 아니라서...

안씨와 마주 보는 자현.

자현	그래서 저도 강해졌어요.
안씨	(보는데)
자현	어머니 아버지 그늘에서... 온실 속 화초로 자랐던 자현이는 이제 없어요.
안씨	...... (미어지고)
자현	저는 이제... 두렵지 않아요. 살아 있는 한 희망은 있는 거라고... 마마가 그러셨어요.
안씨	(토닥이는)

S#49. 자현의 집 앞 (N)

감시꾼들 보이고. 일각에 숨어 지켜보는 휘, 자현을 확인할 수 없어 안타까운데...

S#50. 궁 일각 (N)

궁으로 돌아온 강, 강녕전으로 가는...

S#51. 강녕전 앞 (N)

나겸이 얼어붙은 표정으로 기다리고 있다. 이미 오랫동안 서 있었던 나겸을 보고 멈칫했다가 다가가는 강.

부들이	(나겸에게 전하 오셨다고 일깨우는) 마마...
나겸	(돌아보고/강 확인하며 표정 삭 바꾸는) 전하...
강	(다가오면)
나겸	(의심이 가득이지만 모르는 척) 어딜 나갔다 오신 겝니까?
강	궁에만 있으니 갑갑해서. 바깥 공기 좀 쐬고 왔소.
나겸	궁이 이렇게 넓은데 갑갑하다니요. 신첩은 궁 안에서 아직 못 가본 곳도 많습니다...
강	무슨 일이오?
나겸	... 드릴 말씀이 있습니다.

강   ……

S#52. 강녕전 안 (N)

나겸, 강 앞에 앉아 있다. 강의 얼굴 굳어 있는데…

강   회임이라고?
나겸   (환하게 웃으며) 예, 전하. 어의한테 진맥을 받았습니다.
강   ……
나겸   시집온 지 수삼 년이 지나도록 태기가 없어 혼자 노심초사하였사
           온데… 아마도 궁에서 태어나려고 부모를 기다리게 했나 봅니다.
강   ……
나겸   대군을… 원자를 낳아드리겠습니다.
강   ……
나겸   전하를 꼭 닮은, 아들을요.
강   …… (난감해지고)

S#53. 동 앞 (N)

나겸, 걸어가고 있다. 부들이가 걱정하는.

부들이   마마, 어쩌자고 그런 거짓말을 올리십니까. 훗날을 어찌 감당하시
           려구요…
나겸   사실로 만들면 될 게 아니냐. 일단은 전하께서 딴생각을 못하시
           게… 중궁의 지위를 튼튼하게 만들어야지.
부들이   …… (겁나 죽겠고)

나겸, 저도 걱정이긴 한데…

S#54. 자현의 집 앞/담장 안 (새벽/N)

밤새 기다린 휘. 감시꾼들이 졸기 시작한다. 대문가 옆으로 돌아서 몰래 담장을
넘어가는 휘.

담장 안으로 안착하는 휘.

S#55. 자현의 처소 (새벽)

밤새 잠을 이루지 못한 자현, 뒤척이다 그냥 자리에서 일어나는. 자리옷 위에 벗어둔 치마저고리 다시 입는데...

S#56. 동 앞 (새벽)

문 앞으로 다가가는 휘, 주변 살피다 문 열고 재빨리 안으로 들어가는.

S#57. 동 안 (새벽)

옷 입던 자현, 휘가 들어서자 기겁을 하며 돌아선다. 아차차! 당황한 휘가 돌아서 주는데! 자현, 서둘러 옷을 입고! 휘, 얼굴이 확확 달아오른다.

휘	(더듬는) 미... 미안하오.
자현	(같이 더듬는/손도 막 꼬인다/서둘러 입으며) 자.. 잠깐만요! 잠깐만 눈 감고 있으세요...
휘	(얼른 눈도 감아주고)

자현, 옷 다 입고 매무새 다시 한번 살핀 후에...

| 자현 | 이제 눈 뜨셔도 돼요... |

휘, 가만히 눈을 뜨고... 부끄러워하는 자현을 본다. 서로 어색하고 쑥스러운데...
자현, 이부자리 치우며 휘가 앉을 자리 만들어준다.

| 자현 | 이리, 이리 앉으세요. |
| 휘 | (이부자리 보니까 또 심장이 요동을 치고/얼른 자리에 앉는) |

적당한 자리에 마주 앉는 자현.

자현	전하는요? 다들 무사합니까?
휘	그럴 것이오.
자현	그럴 거라뇨...? 전하를 끝까지 뫼신 게 아닙니까?
휘	당신이 걱정되어... 그냥 갈 수가 없었소. 뒤를 따라왔다가 감시가 잠든 틈에 담장을 넘은 것이오.
자현	! 전하의 안위가 더 중하죠!
휘	나에게는 전하만큼... 당신도 소중하오.
자현	다음부터는 절 믿으셔도 돼요. 자신이 없었더라면, 혼자 남겠다고 고집을 피우지 않았을 거예요.
휘	... (끝내 못 참고 터져 나오는) 뭐가 그리 자신 있었소?
자현	!
휘	형님이 당신을 원하니까... 위험하지 않을 거라, 뜻대로 다룰 수 있을 거라... 그리 여겼던 것이오?
자현	......
휘	형님과 함께 걸어 내려가는... 그 뒤를... 몰래 따라오면서...
자현	(OL) 비참하셨습니까?
휘	......
자현	질투라도... 하셨어요?
휘	... 나도 하고많은 사내 중 하나임을 깨달았소... 생각보다 내가... 속이 못난 사람이더군.
자현	저도... 루시개를 질투했어요.
휘	(당황해서 변명하는) 아니 루시개는 여자가 아니라 동생 같은! 피붙이 같은 앤데.
자현	마마와 어린 시절부터 함께한 박내관이 부럽기도 했습니다.
휘	......
자현	가장 고된 시절을 함께한 포로 아저씨들한테도 샘이 났고... 마마에게 깊고도 분명한 애정을 가졌다는 첫사랑 생각시에게도...
휘	연이? 그건 또 누구한테 들어가지고... 첫사랑이 아니오! 그런 게 아니라...
자현	... 마마를 만나고 나서 알았습니다. 누군가를 마음에 담는 일은... 종일 지옥이었다가 한순간 찰나로 느끼는 극락이라는 거. 그 짧은 행복에... 남은 지옥을 견디는 일이라는 거.
휘	... (이해했다)

자현	저는 이제 거짓말도 해요.
휘	......
자현	맘에도 없는 소릴 하고... 그런 척 연기도 하지요. 이제 저는... 옛날의 자현이가 아닌 거 같아요.
휘	(손 끌어다 잡아준다)
자현	모든 게 변하고... 달라졌는데... 마마를 향한 마음만... 분명합니다.
휘	나도 그렇소. 한 치 앞을 알 수 없는 고단한 하루하루... 당신만 또렷하오.
자현	(안기는)
휘	... 집에 돌아와도 되는 것이오?
자현	아픈 사람이 되기로 했어요. 병이 들어 정업원에서 피접 나온 거루 말을 맞췄습니다.
휘	다행이오. 당신이 집에서 지낼 수 있게 된 건.
자현	(몸을 떼고) 저는... 마마와 함께할 때가 좋았어요...
휘	나도... 행복했소.
자현	그 행복이 이리 빨리 끝날 줄 알았더라면... 더 붙어 있을 걸 그랬어요. 꽃놀이두 하고 같이 산수라도 그려볼걸...
휘	(한 손으로 자현의 뺨을 어루만지며) 다음번에 우리가 함께할 때는... 신랑 각시로... 부부지연으로 함께하게 되지 않겠소... (그러니 너무 아쉬워 말라는)

자현, 휘의 손을 제 손으로 감싼다.

자현	오라버니의 옷을 갖다 드릴게요. 이런 차림으로 나서는 것보다는... 이 집안 사람인 것처럼 하고 나가시는 게 좋겠습니다.
휘	...... (나가기 싫은데)

S#58. 마당 (새벽)

자현, 득식의 옷으로 갈아입은 휘와 마주 섰다.

자현	앞으로 소식 전할 일 있으면 끝단이 말고 오라버니께 부탁드리겠습니다. 기루에 드나드는 것이 수상해 보이지 않으려면 아무래도

	남자가 낫겠지요.
휘	루시개도 있으니... 오가며 소식 전합시다.
자현	몸조심하세요.
휘	당신도...
자현	......

휘, 자현 두고 나간다. 자현, 아쉽게 보고.

S#59. 동 앞 (새벽)

휘가 나오는 소리에 정신 차리는 감시꾼. 휘, 갓으로 얼굴 가리며 태연히 걸어
나간다. 감시꾼, 별 의심 못하고...

S#60. 대왕대비전 전경 (다른 날 D)

S#61. 동 안 (D)

장상궁이 대왕대비 심씨에게 자현의 일과 나겸의 일을 고한다.

대왕대비 심씨	자현이가 집으로 돌아갔다고?
장상궁	병이 나서 정업원을 나왔다고 합니다.
대왕대비 심씨	... (걱정되는) 주상이 또 딴생각을 품지는 말아야 할 텐데...
장상궁	중전마마가 회임하였으니 이제 전하도 맘을 잡으실 거 같사옵니다.
대왕대비 심씨	! 중전이 회임을 하였느냐?
장상궁	대전에는 고했다 합니다.
대왕대비 심씨	중전을 불러오너라. 본인에게 직접 들어야겠다.
장상궁	(읍하고)

S#62. 동 (D)

대왕대비 심씨와 폐비 김씨 앞에 절하는 나겸. 절 마치고 앉으면.

대왕대비 심씨	회임을 하였다는 게 사실이오?
나겸	... 예, 어마마마. 좀 더 있다 말씀을 드리려 하였사온데...
대왕대비 심씨	... 내약방에 일러 보약부터 짓게 합시다. 왕실에 손이 귀하니... 각별히 조심을 해야지.
나겸	(이왕 이렇게 된 거 작정하고) 궁에 들어오자마자 후사를 갖게 되니 기쁘기 한량없습니다. 상사가 많았던 왕실에 기쁜 소식을 드린 것 같아 뿌듯하기도 하구요.
대왕대비 심씨	(김씨가 신경 쓰이고)
김씨	... 축하드립니다, 어마마마. 오랜만에 왕실의 경사가 아닙니까... (나겸에게) 애쓰셨습니다, 중전.
나겸	...... 헌데 어마마마.
대왕대비 심씨	(나겸을 보면)
나겸	폐위된 형님에게는... 언제까지 예를 갖추어야 하는 것입니까?
김씨	!
대왕대비 심씨	(엄히 나무라는) 중전!
김씨	아닙니다, 어마마마. 제가 생각이 짧았습니다. 폐위된 처지로 궁에 남아 있는 것만으로도 황송한데... 중전이 예를 차리게 했으니...
나겸	... (새침해지고)
대왕대비 심씨	직첩이 무엇이든 간에! 대비는 사사로이 중전의 동서이자 선왕의 정비였습니다! 어떤 상황에서도! 중전이 함부로 대할 사람은 아닙니다!
나겸	다른 뜻은 없었사옵니다, 어마마마. 그저... 제가 지켜가야 할 왕실의 법도가 궁금했을 따름이옵니다.
대왕대비 심씨	... (괘씸하고)
김씨	... (참담한데)

S#63. 기루/휘의 처소 (D)

휘와 도정국, 기특, 루시개, 포로 3인방이 비밀문서 놓고 회의 중이다.

기특	인제 이거 어뜩하실 거예요?
루시개	붙이자! 사람들 엄청 많은 데다!

기득	(어이없는) 바보냐. 관군들이 바로 뜯어 가지.
루시개	(기득 노려보고) 우이씨...
도정국	루시개 말에도 일리는 있습니다. 백성들에게 알리고 민심을 모아야 합니다. 조정 대신들도 설득하구요.
루시개	(세차게 끄덕이는/내 말이 그 말이다)
휘	... 백부님이 비록 파직을 당했으나 요직의 대신들이 모두 수하나 다름없습니다. 형님의 노기가 가라앉으면 돌아올 거라고 믿고 있겠지요. 대제학도 지금 나라 안에 없으니 때가 좋지 않습니다.
도정국	... 그럼, 대제학이 돌아올 때까지 기다려야 합니까?
휘	(고개 젓는) 때는 기다리는 것이 아니라, 우리가 만들어가면 됩니다.
일동	??
휘	형님이 어리신 전하를 몰아낼 수 있었던 건, 전하의 보호자들을 먼저 잘라냈기 때문입니다. 좌의정, 그리고 나...
기득	(듣고 있는)
휘	(문서 들어 보이며) 이걸 무기 삼아 형님의 썩은 팔부터... 잘라내야 합니다.

일동, 집중해서 보고.

S#64. 동 앞 (D)

포로 3인방이 먼저 나온다.

호치	아니, 마마는 왜 중요한 얘기들을 이렇게 다 불러 모아놓고 하신대? 당신들끼리 조용히 나누실 일이지.
준	(감격에 차 있다) 우리도 중요한 사람이니까!
덕만	(울먹울먹하는) 살면서 이런 대접은 첨 받아봅니다.
호치	난 들어봤자 암것도 모르겠두만. 난 걍 뭐 하라구 딱 지시만 내려주면 좋겠구만...

애랑이 다과 쟁반 들고 다가온다. 포로 3인방 벌떡 일어나는. 덕만, 얼른 다가가서 쟁반 받아주려는데. 애랑, 옆으로 빼돌리며.

애랑	박내관님, 안에 계세요?

포로 3인방, 다 같이 김새는.

준	아니, 기생이 내관은 챙겨서 뭐하게?
애랑	잘생기셨잖아요.
덕만	얼굴 뜯어먹고 살게? 거 기특이는... 그게... 저...
애랑	내관들도 장가가고 할 거 다 해요.

포로 3인방, 놀라며.

준	그걸 애랑이가 어떻게 알아?
애랑	내관한테 시집간 기생 많아요.
덕만	(기가 차고) 없는 것들이 나보다 낫네.
애랑	(안으로 들어가며) 마마, 다과 좀 들이겠습니다~
준	그니까 내관이구 뭐구 상관없이 일단 잘생겨야 되는 건가?

끄덕이는 덕만과 호치.

S#65. 빈청 (D)

휘의 지령을 받은 도정국이 어을운과 이야기 나누고 있다.

도정국	전하의 명을 받아 승평군을 추적하고 있는데... 승평군도 양안대군이 데리고 있는 게 아닌지 의심스럽습니다.
어을운	!
도정국	승평군을 잡고 있으면... 언제든 반정을 일으킬 명분을 쥐고 있는 거나 다름이 없지 않습니까? 지금은 전하와 사이도 안 좋고...
어을운	말을 삼가시오!
도정국	의심을 피하기 위해 절 음해하시더군요.
어을운	!
도정국	양안대군의 속은 그 누구도 모르지 않습니까?
어을운	(그럴 리 없다는) 지금은 비록 자택에 연금되어 계시나 전하께서 어

버이나 다름없다 여기시는 분입니다.

도정국   양안대군이... 자기 욕심 없이 진정으로 전하를 위한다... 그리 여기시오?

어을운   ...... (흔들리고)

도정국   신하들 가운데 전하께 진정한 충심을 가진 측근은... 내금위장 말고는 잘 모르겠더이다. 행적만 보면... 양안대군은 충심보다 역심에 더 가깝지 않소?

어을운   ......

S#66. 기루/초요경의 방 (D)

자준이 초요경에게 불려 와 있다. 주안상 마련되어 있고.

자준   그래, 생각은 좀 해보았는가?

초요경   생각하고 말고 할 게 뭐 있습니까? 힘없는 천기가... 가라면 가고... 오라면 오는 거지.

자준   잘 생각했네. 기다리고 있으면 훗날, 다시 부르실 날이 있을 걸세.

초요경   기루도 내놨고 이것저것 정리 중입니다. 그래도 대감과 이별주 한 잔은 나눠야겠기에...

자준   (골치 아픈 초요경 문제가 처리되어 기분이 좋은/술 따라준다) 그래야지, 한 잔 드시게.

초요경   (받으며) 그나저나 양안대군께서는 늘그막에 늦둥이를 보신 모양이지요?

자준   ?! 그게 무슨 소린가?

초요경   대군저에서 꼼짝 못하는 처지지만 어린 아들 덕에 담장 안에서 웃음소리가 끊이지 않는다던데...

자준   ?! (뭔 소린가 싶고)

S#67. 빈청 (다음 날 D)

도정국, 이번에는 자준을 만나고 있다.

도정국   대군저를 감시하는 병사들 말로는 그 집에 승평군 또래의 남자아이가 있다 합니다.

자준   !

도정국   내금위장과 논의를 해보았지만 대군을 감싸고돌아 전하께 아뢰지도 못했습니다.

자준   내금위장은 그게 문젭니다! 출신이 천해 일의 경중을 몰라! 제가 가서 아뢰도록 하지요.

도정국   대감이 공을 먼저 세우면 어떻겠습니까?

자준   ?

도정국   영상의 자리가 비어 있질 않습니까...

자준   그거야 대제학이 명에서 돌아오면 낙점을 받지 않겠소?

도정국   대제학이 한 게 뭐가 있다고... 아니 막말로 전하께서 보위에 오르시는 데 가장 큰 공을 세우신 분은 대감이 아닙니까?

자준   허험... (헛기침하는. 그렇긴 하지.)

도정국   역도의 처가가 될 뻔한 집안보다야 중전마마의 친정에서 재상이 나와야지요.

자준   ...... (공감하는)

도정국   지금 시국에 대감께서 사라진 승평군을 찾아낸다면... 전하의 근심도 덜고 큰 공을 세우시는 겁니다.

자준   ...... (강하게 끌리는)

도정국   저는 승평군의 얼굴을 모릅니다. 일단 대감이 같이 가서 그 집에 있는 아이가 승평군이 맞는지, 그것부터 확인을 합시다.

자준   일의 순서가 그게 맞겠소.

도정국   확인이 되면 그다음에 전하께 고하지요.

고개를 끄덕이는 자준에서.

S#68. 기루/휘의 처소 (D)

도정국과 초요경이 각자 휘에게 보고를 한다. 동석한 기특.

초요경   병판이 걸려들었습니다.

도정국   영상이 될 욕심에 앞뒤 없이 나서더군요.

휘   (기특에게) 아이들은 구해놓았느냐?

기특	비슷한 또래들로 서너 명 봐놓았습니다.
휘	아이들은 다치는 일이 없어야 합니다.
도정국	우리 사람으로 일을 꾸릴 것이니 안전할 겁니다.
휘	... (끄덕이고/결연한) 형님의 개들을... 하나하나 처단해나가는 겁니다.
초요경	... (보는데)

S#69. 양안대군저/대군의 처소 (다음 날 D)

양안대군, 홀로 책을 읽고 있다.

S#70. 양안대군저 앞 (D)

대문 앞에 배치되어 있는 병사들. 도정국과 자준이 당도한다. 도정국 뒤에는 금부의 관원으로 위장한 포로 3인방이 따르고. 병사들이 문을 열면 도정국 일행이 안으로 든다.

S#71. 양안대군저 마당 (D)

도정국, 병사들에게 명을 내린다.

| 도정국 | 샅샅이 뒤지거라. 어린 남자애가 있으면 잡아 와! |

예! 읍하고 흩어지는 포로 3인방!

지켜보던 자준, 양안대군의 처소로 눈길을 돌리는데...

S#72. 양안대군의 처소 (D)

책에서 고개를 드는 양안대군. 바깥이 소란스럽다. 일어나 밖으로 나가보는 양안대군.

S#73. 동 앞 (D)

병사들이 마당을 가로지르고. 도정국과 자준이 와 있다. 나왔다가 멋는 양안대군.

양안대군   무슨 일이오?
자준   집 안을 좀 살펴보겠습니다.
양안대군   (진노하는) 내 아무리 파직을 당하고 집 안에 연금된 몸이라고는 하
         나! 주상의 백부로 왕실의 어른이오! 이 무슨 무례한 짓이오!
도정국   대감의 집에 수상한 사내아이가 있다는 제봅니다.
양안대군   사내아이?

게 섰거라! 잡아라! 소란이 벌어지고! 자준, 달려가 보는데!

남아 있는 도정국을 노려보는 양안대군! 도정국을 향해 내려선다.

양안대군   (다가와) 네놈이 주상과 내 사이를 이간질하더니! 또 무슨 음모를
         꾸미는 것이냐!
도정국   음모라니요! 모두가 대감이 자초한 일 아닙니까.
양안대군   누굴 믿고 이러는 것이냐! 뭘 위해서!
도정국   대감. 저는 그저 의금부의 일을 하고 있을 뿐입니다. 이 나라, 조
         선의 신하로서 말입니다.
양안대군   !

양안대군 제치고 대군의 처소로 들어가는 도정국!

S#74. 마당/담장 (D)

담장 밖에서 대기하던 휘, 소년왕을 담장 위에 세운다. 바람잡이로 나선 포로 3인
방이 승평군이다! 잡아라! 소리치고!

자준이 이를 목격한다! 소년왕과 눈이 마주치고! 얼굴을 똑똑히 확인한 자준!

휘, 소년왕을 담장에서 내려 안고 도망친다.

담장을 넘어, 혹은 후문으로 아이를 쫓아가는 포로 3인방! 자준도 뒤를 쫓는데!

S#75. 담장 밖/길 (D)

자준이 나가보면! 사방에서 사내아이들이 달려가고 있다! 흩어져서 아이들을 쫓는 포로 3인방! 자준, 우왕좌왕하다 하녀와 같이 가고 있는 아이 하나를 붙잡는데! 소년왕이 아니다!

하녀   왜 이러세요! (자준에게서 아이 빼앗아 가는)
자준   ......

아이 손 잡고 가버리는 하녀는 루시개인데...

S#76. 길/안가 (D)

소년왕을 안고 달리는 휘, 약속된 안가로 들어가 몸을 숨기고!

S#77. 양안대군저 옆/골목 (D)

골목에서 두리번거리는 자준!

S#78. 양안대군 처소 앞 (D)

함정임을 직감한 양안대군! 불길한 예감이 몰려오는데... 자준이 들어서고.

자준   대감... 이럴 수가 있으십니까?
양안대군   !

S#79. 양안대군 처소 안 (D)

방 안을 뒤지는 척하다가 소매 속에서 비밀문서 꺼내는 도정국.

S#80. 동 앞 (D)

밖으로 나오는 도정국.

도정국   (자준에게) 대감, 대군의 방에서 이상한 문서를 찾았습니다. 이게
          뭔지 아십니까?

양안대군   ?!

자준에게 문서를 건네는 도정국. 자준, 펴본다. 사색이 되고!

양안대군   네 이놈들!

S#81. 편전 전경 (다음 날 D)

S#82. 편전 (D)

자준이 와서 강에게 고한다.

자준   승평군을 빼돌린 건 양안대군이었습니다.
강   !
자준   여진족과 접촉하여 전하께서 잠저 시절에 나눈 비밀문서를 확보,
         전하를 위협할 무기를 만들었고! 승평군을 데려다 숨겨 키우며
         제2의 전하로 키우고자 한 것 같습니다.
강   !! 그래서, 어린것은 찾아냈습니까!
자준   대군저를 급습하였으나 한발 늦었습니다. 허나 그동안 대군저에
         서 보호하고 있던 건 맞습니다. 신이 똑똑히 목격하였습니다.
강   당장 찾아내세요! 당장!
자준   (읍하고) 양안대군은 어찌하시렵니까?
강   ...... 마지막 인사는... 드려야겠지요...
자준   !

S#83. 강녕전 (D)

양안대군이 강 앞에 부복해 있다.

양안대군   전하! 모든 것은 역당들의 모략이며 전하의 오해십니다! 저들의 간계를 반드시 밝혀 보이겠나이다!

강   어린것을 데려다 뭘 하려 하신 것입니까?

양안대군   억울하옵니다, 전하! 신은 승평군을 본 적도 없사옵니다!

강   (기가 차고) 여진족의 문서는 언제 어떻게 손에 넣은 것입니까!

양안대군   문서 역시 신은 본 적도 없사옵니다! 모든 것은 저들의 모략입니다!

강   저들이 누구란 말입니까!

양안대군   ! (말문이 막히고)

강   죽은 은성이 저승에서 칼을 가는 것입니까! 돌아가신 형님이 혼이 되어 어린것을 챙기시는 것입니까!

양안대군   ......

강   변명이라도 해보십시오! 괴물로 키운 조카가! 왕이 되어 말을 안 들으니! 새로운 꼭두각시가 필요했다고!

양안대군   ... (돌이킬 수 없다는 예감이 오고) 정신 차리거라!

강   !

양안대군   내 너를 위해 평생을 바쳐 선왕의 씨를 말렸고! 은성을 죽여 경쟁자를 없애주었다! 이제 마지막으로 어린것을 치워서 너의 앞길을 탄탄대로로 만들고자 했거늘! 큰애비의 진정을 몰라도 이리 모를 수가 있느냐!

강   ......

양안대군   넌 내가 아니었으면 그 자리에 오르지도 못했다! 넌 내가 만든 왕이야!

강   맞습니다. 저는 왕이지요. 그게 무슨 뜻인지 아십니까?

양안대군   ......

강   이제 더 이상 백부님이 필요 없다는 뜻입니다.

양안대군   주상!

강   운이 밖에 있느냐!

문이 열리고, 어을운이 들어와 읍한다.

강   백부님을 모셔다 드려라. 그간 베풀어주신 은혜가 있는데... 옥에
            서 돌아가시게 할 수는 없지.
양안대군   주상!

어을운, 내금위들과 들어와 양안대군 끌고 나간다.

양안대군   주상! 이러시면 아니 되오! 나에게 이럴 수는 없음이야!
강   ......

S#84. 양안대군저 앞 (다른 날 D)

도정국이 금부의 병사로 위장한 포로 3인방, 휘와 함께 들어간다.

S#85. 동/마당 (D)

멍석 위에 앉혀진 양안대군. 그 앞에 사약 놓였다. 도정국이 지켜보는 가운데 사
약을 거부하며 저주를 퍼붓는 양안대군.

양안대군   가져가거라 네 이놈! 내가 누군지 모르느냐? 주상의 큰애비다! 오
            늘의 주상을 만든 장본인이라 이 말이야!
휘(소리)   그래서 이런 날이 온 것입니다.
양안대군   !

도정국 앞으로 나서 양안대군 앞으로 다가오는 휘. 양안대군, 경악하고!

휘   왕이 될 수 없는 대군에게 잘못된 야심을 불어넣고! 충신들을 도
            륙하고 형제와 조카를 죽여! 역사에 폐주로 기록되게 한 죄! 백부
            께서는 이제 대가를 치를 때가 되셨습니다!
양안대군   은성... 네가 나의... 저승사자가 된 것이냐?
휘   사약을 내린 것은 형님입니다!
양안대군   !

휘	마지막 숨이 끊어지는 그 순간까지! 똑똑히 기억하십시오! 백부는! 당신 손으로 키워낸 조카의 손에 죽어간다는 것을!
양안대군	네가... 살아 있었느냐?
휘	저는 두 번 죽어야 했습니다. 모두... 백부님 때문이었지요.
양안대군	!
휘	허나 저는 죽지 않았습니다! 이렇게 살아서! 죄인을 벌하러 돌아왔습니다!
양안대군	!
휘	저는 이유도 모르고 죽어가야 했지만! 백부님께는 진실을 알려드리는 겁니다!
양안대군	은성!

물러나는 휘, 돌아서고! 도정국, 칼을 꺼낸다.

도정국	진양대군이 내린 사약을 받겠느냐, 도연수의 아들이 주는 칼을 받겠느냐!
양안대군	...... (도정국을 노려보며 눈을 부릅뜨는데)

대군저를 나서는 휘의 뒤로 양안대군의 비명이 길게 울린다. 첫 번째 복수를 마친 휘의 얼굴에서 엔딩!

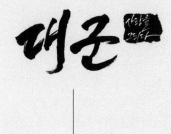

18부

S#1. 동/마당 (D) - 17부 엔딩에서 연결

멍석 위에 앉혀진 양안대군. 그 앞에 사약 놓였다. 도정국이 지켜보는 가운데 사약을 거부하며 저주를 퍼붓는 양안대군.

양안대군   가져가거라 네 이놈! 내가 누군지 모르느냐? 주상의 큰애비다! 오늘의 주상을 만든 장본인이라 이 말이야!

휘(소리)   그래서 이런 날이 온 것입니다.

양안대군   !

도정국 앞으로 나서 양안대군 앞으로 다가오는 휘. 양안대군, 경악하고!

휘   왕이 될 수 없는 대군에게 잘못된 야심을 불어넣고! 충신들을 도륙하고 형제와 조카를 죽여! 역사에 폐주로 기록되게 한 죄! 백부께서는 이제 대가를 치를 때가 되셨습니다!

양안대군   은성... 네가 나의... 저승사자가 된 것이냐?

휘   사약을 내린 것은 형님입니다!

양안대군   !

휘   마지막 숨이 끊어지는 그 순간까지! 똑똑히 기억하십시오! 백부는! 당신 손으로 키워낸 조카의 손에 죽어간다는 것을!

양안대군   네가... 살아 있었느냐?

휘   저는 두 번 죽어야 했습니다. 모두... 백부님 때문이었지요.

양안대군   !

휘   허나 저는 죽지 않았습니다! 이렇게 살아서! 죄인을 벌하러 돌아왔습니다!

양안대군   !

휘   저는 이유도 모르고 죽어가야 했지만! 백부님께는 진실을 알려드리는 겁니다!

양안대군   은성!

물러나는 휘, 돌아서고! 도정국, 칼을 꺼낸다.

도정국   진양대군이 내린 사약을 받겠느냐, 도연수의 아들이 주는 칼을 받겠느냐!

양안대군   ...... (도정국을 노려보며 눈을 부릅뜨는데)

대군저를 나서는 휘의 뒤로 양안대군의 비명이 길게 울린다. 첫 번째 복수를 마친 휘의 얼굴에서!

S#2. 경복궁 전경 (N)

S#3. 강녕전 (N)

강, 자준에게 받은 여진의 비밀문서를 태우고 있다. 불붙은 문서를 그릇에 넣으면. 다 타서 재가 되는... 치부를 지워버리려는 안간힘인데...

어을운이 부복하고 양안대군의 사사를 고한다.

어을운   전하... 양안대군이... 가셨습니다.
강   !
어을운   사약을 거부하다... 도정국의 칼을 받았다 합니다.
강   ...... 비록 죄인이나... 묘는 왕족답게 써라. 평생 내 아비 노릇을 하셨는데... 마지막 가는 길은... 제대로 된 대접을 받으셔야지.
어을운   ... 괜찮으십니까?
강   과인의... 유일한 가족이었다.
어을운   ... (알고 있다)
강   보위에서 밀려난 한풀이로 날 이용하는 걸 알고 있었지만... 그래도 기댈 곳은 백부님밖에 없었지...
어을운   ...... 신은 아직도 믿어지지가 않습니다. 양안대군이 정말로... 전하에게 역심을 품었는지...
강   과인을 보아라.
어을운   (보면)
강   (자조하는) 형님에게 역심을 품고 조카를 폐하였으며... 친동생도 죽게 만든 위인이 아니더냐.
어을운   ......
강   그런 내가... 누굴 믿을 수 있겠느냐? 백부라고... 다르겠느냐...

어을운	... 술상이라도... 올릴까요?
강	... 그 사람이... 보고 싶구나...
어을운	... (그거라도 해주고 싶다) 모셔 오겠습니다.
강	...... (흔들리고)
어을운	...... (물러나려는데)
강	아니다.
어을운	(멎고)
강	지금은 때가 아니다. 들어오면... 또 고생만 할 것이다...
어을운	......

그릇에 남은 재들... 바라보는 강.

S#4. 거리 (다른 날 D)

거리에 벽서가 나붙었다. 웅성거리며 몰려 서 있는 백성들. 포로 3인방, 백성들 반응 살피며 추임새 넣어준다. 여론몰이하는. 그 위로 벽서의 내용이 휘의 나레이션으로 깔린다.

휘(NA)	나는 조선의 왕, 선대왕의 적장자 이명이다.
	대군 시절 북방의 오랑캐와 결탁해
	조선의 영토를 넘겨주는 대가로 전쟁을 일으킨 진양대군 이강은
	제3왕자 은성대군 이휘를 사지로 몰아넣고
	강제로 왕위를 찬탈한 역도에 불과하다.
	유배지에서 암살 위협에 시달렸던 나는
	은성대군의 구조를 받아 죽음에서 벗어날 수 있었다.
	이에 조선의 백성들에게 고하노니
	대역죄인 진양대군 이강을 몰아내고
	왕실의 대통이
	적법한 왕으로 이어질 수 있도록 힘을 모아주기를 바라노라.

충격받은 백성들 사이에 분분한 의견이 오간다.

- 진짜야? 그럼 임금이 왕위를 찬탈한 게 사실이었구만?

- 상왕전하를 죽이려 했다잖아!
- 은성대군도 죽인 거야?

준   은성대군은 살아 있다는데?

설왕설래가 오가고... 포로 3인방이 적당히 추임새를 넣는다.

호치   우리 애기 전하 불쌍해서 어떡해! 어디서 어떤 고생을 하고 계시
            남...

아낙들은 눈물 콧물 찍어내리고.

일각에서 지켜보고 있던 휘와 기특, 돌아서는 휘의 차가운 눈빛에서.

S#5. 장거리[1] (D)

자현이 끝단이 데리고 장을 돌아다닌다. 뒤에는 강이 붙여둔 감시병들이 따라다
니고. 감시병들이 의식되지만 태연한 척 거리를 돌아다니는 자현. 끝단은 안절
부절이고.

S#6. 바느질집 앞 (D)

자현, 안으로 들어가려 한다. 감시병들, 무심코 따라 들어가려는데.

자현   (엄히) 끝단아!
끝단   ! (아차차! 나서서 설명하는) 여기는 여자들 옷 짓는 집이에요. 남자는
            못 들어온다구요.
감시병   ... (의심스레 보는데)
끝단   (짜증 버럭) 아 치수 재려면 저고리도 벗고 해야는데! 기어이 따라
            오겠다는 거예요, 뭐예요!

---

1) 장이 서는 거리를 말한다.

감시병들, 당황한 채 물러난다.

병사	문 앞에서 기다리겠소.
끝단	(자현 보면)

도도하게 안으로 들어가는 자현. 끝단, 괜히 감시병들 한번 흘겨보고 안으로 따라 들어간다.

S#7. 동 안 (D)

들어서자마자 태세 전환되는 자현과 끝단. 도도에서 다급으로 태도가 확 달라지고! 안에서 대기 중이던 초요경이 자현을 안내한다. 주변 살피며 따라가는 자현과 끝단.

S#8. 치수 재는 방 앞 (D)

문 앞에 당도한 자현. 문이 열리면 누군가의 손이 자현을 휙 끌어당기고! 그대로 지나쳐 가는 초요경. 끝단은 문 앞을 지킨다.

S#9. 동 안 (D)

좁은 공간이다. 자현이 들어서자마자 휘가 다시 문 닫아버리고. 가까이 선 두 사람, 누가 먼저랄 것도 없이 서로를 끌어안으면.

자현	(휘가 안쓰러운) 괴로우시지요.
휘	... (대답 없고)
자현	아무리 미워했던 사람이라도... 큰아버지였잖아요. ... 힘드실 거, 알아요.
휘	...... (울컥했다가) 형님 생각이 났소.
자현	(몸 떼어내고 보면)
휘	나도 이제 똑같은 사람인가 싶어서.
자현	마마는 다릅니다! 자신을 위해서가 아니라! 모든 걸 바로잡기 위해서 가시는 길입니다!

휘	목표는 다르지만... 가는 길이... 결국 다를 게 뭔가... 자괴감도 드오.
자현	적과 싸우려면 흙탕물에 발을 담궈야 합니다. 나만 깨끗한 채... 이기는 길은 없어요.
휘	(만감이 교차하는) 당신... 많이 변했다...
자현	! (쿵 내려앉는. 그래서 싫어졌다는 얘긴가?/조심스레) 그래서... 싫어지셨어요?
휘	더 강해졌소... 더 아름다워지고.
자현	! (확 달아오르고)
휘	이제 내가 지켜줘야 할 사람이 아니라... 의지하고 기댈 수 있는... 든든한 동반자요.
자현	... (쑥스러운)

S#10. 동 앞 (D)

초조하게 지키고 선 끝단. 누가 올까 봐 계속 긴장해 있는.

S#11. 다시 동 안 (D)

자현, 휘에게 다음 수순을 묻는다.

자현	이제 대비전에 알리실 거예요?
휘	윗전의 도움 없이는 반정의 성공이 불가능하오. 어마마마에게... 나와 상왕전하의 생존을 알릴 때가 왔소.
자현	친서를 주세요. 제가 입궁하겠습니다.
휘	(소스라치는) 아니 되오! 지난번에 궁에 들어갔을 때 무슨 꼴을 당했는지 잊었소?
자현	그때하구 지금은 다릅니다. 무사히 돌아올 자신이 있으니 염려 마세요.
휘	......
자현	(설득조) 마마...
휘	(질투가 오르는) 형님을... 그 정도로 믿는 것이오?
자현	... 저 자신을 믿고! 마마를 믿는 것입니다. 무슨 일이 생기면... 마

	마가 반드시 구해주실 거라고... 믿어요.
휘	......
자현	이 집 비단을 하나 가져올게요. 거기다 쓰시면 제가 전하겠습니다.
휘	......

자현, 나가려는데... 뒤에서 자현을 안아버리는 휘. 등 뒤에 느껴지는 휘의 온기...

휘	잠시만.
자현	... (떨리고)
휘	함께하다 떨어져 있으니 더 힘든 것 같소.
자현	... (그 마음 알지...)
휘	3년을 못 본 적도 있었는데... 지금은 하루도 힘겨우니... 사람이 참...

돌아서... 휘의 얼굴 어루만지며 달래주는 자현.

자현	잠이 오지 않는 밤이면... 그리움이 사무치는 날이면... 지나간 날들을 생각해요. 화방에서 처음 만났을 때... 물에 빠졌을 때... 제 맘 풀어주려고 전기수가 되어 고백했을 때... 전장길 막사에서...
휘	...... (밀려오는)
자현	그럼 참아져요. 버틸 수 있어요.
휘	......

뺨을 만지는 자현의 손, 그 손등을 자신의 손으로 덮는 휘. 두 사람의 애틋한 눈빛에서.

S#12. 동 앞 (D)

여전히 망보고 있는 끝단.

S#13. 포목상 앞 (D)

자현이 나온다. 끝단이 손에 비단짐 들렸고. 기다리던 감시병들이 받아주려 하면 거부하는 끝단.

끝단	이건 제가 들 거예요!
병사	(손 내리며/자현에게) 더 들를 곳이 있으십니까?
자현	...... (가능하면 말 섞지 않으려고)
끝단	(대신 대답하는) 이제 댁으로 가신대요.

자현, 가고. 끝단 따른다. 두 여자 호위하는 병사들.

S#14. 포목상 후문 (D)

초요경과 나오는 휘. 휘는 하인인 척 비단짐을 잔뜩 들었다.

초요경	아씨가... 부럽습니다.
휘	(초요경 보면)
초요경	서로가 이토록 아끼고 그리워하니...
휘	(쑥스러운) 저 사람이 자넬 부러워할 때도 있었다네.
초요경	(뭔 소린가 싶어 보면)
휘	대금도 잘 불고... 얼굴도 이쁘다며... 술주정에 한탄을 했지.
초요경	(피식) 사랑받는 여인의 아름다움에 대겠습니까... 아씨만큼 어여쁜 이를 본 적이 없습니다.
휘	자네도... 뜻을 세우고 살게.
초요경	! (멎는)
휘	어디에 있든, 무엇을 하든... 뜻을 세운 자는 누구도 함부로 못하네. 자네가 지금은... 복수심에 날 도와준다는 거... 알고 있네. 좋은 날이 오면... 보상도 받게 되겠지.
초요경	......
휘	허나... 자네가 정말로 나라를 위해 뜻을 세워 일한다면, 비록 천기의 신분이요 눈을 다친 아녀자의 몸이지만... 귀한 사람이 되는 것이네.
초요경	...... (울컥하는데)
휘	아니, 이것도 틀린 말이지. 사람은 원래... 누구나 다 귀한 것인데...
초요경	...... (휘를 보는)

휘, 앞만 보고 간다. 귀해지고 싶어 강과 거래를 했던 초요경, 치받치는데... 눈앞에 휘의 뒷모습.

S#15. 편전 (다른 날 D)

연이어 나타나는 벽서로 진노한 강. 도열한 신하들, 긴장해 있고.

강	아직도 남아 있는 역당의 잔당들이! 승평군을 사칭하여 민심을 흔들고 있소! 왕실을 기망하는 자들의 모략에! 어리석은 백성들이 놀아나고 있지 않소!
자준	(진정시키는) 전하! 양안대군이 사사되었으니 이제 잔당들은 스스로 힘을 잃을 것이옵니다!
강	그런데 왜! 양안대군저에서 사라진 승평군은 자취를 모르며! 근본 없는 벽서들은 날마다 기승을 부리는 것이오!

쥐 죽은 듯 조용한 대신들.

박부경	보호자를 잃은 승평군이 살아 있겠습니까? 이 모든 난국이 국정이 안정되지 않아 생긴 일이옵니다. 하루빨리 비어 있는 관직에 적임자를 임명하시어 잔당 토벌에 총력을 기울이면 전하의 근심이 덜어질 것이라 사료되옵니다.
강	... (자리 욕심이 가소롭고) 과인이 보위에 오른 뒤 크고 작은 난국이 끊이지 않았는데... 외직에 있던 도정국이 몸을 사리지 않는 충정으로 많은 공을 세웠소. 이에 동지사를 도총관²⁾으로 올려 그 공을 치하하고 앞으로도 과인을 잘 보필해줄 것을 부탁하는 바요.
도정국	(감격하는 척) 전하...
강	하루빨리 승평군을 찾아내고 잔당들을 잡아들여 과인을 기쁘게 해주시오.
도정국	소신, 부족한 능력이지만 충심을 다해 전하를 뫼시겠사옵니다!

신하들, 도정국의 고속승진이 못마땅하고.

---

2) 5위 도총부에서 한 위를 담당하는 최고 군직으로, 정2품이다.

정연	전하... 지금 조정에 필요한 것은 비어 있는 영상의 자리를 채우는 일입니다.
자준	... (기대해보는데)
강	아직은 인재를 찾지 못했소.
자준	! (실망하고/도정국 보면)
도정국	(외면하고)
강	하여 당분간은 의정부를 거치지 않고 육조 직계제로 국사를 처리할까 하오.
박부경	전하... 조정에 현명한 신하들이 많은데 직계제라니요?
강	과인이! 직접 국사를 챙기겠다지 않소!

조용해지는 대신들.

강	과인은! 병약하지도 않고! 어린아이도 아니오! 일일이 재상들의 재가를 받아가며 학생처럼 정치할 생각은 없소이다!

S#16. 동 앞 (D)

정연과 박부경, 자준 등이 불만을 토로하고 있다.

정연	전하께서는 우리를 믿지 못하시는 겝니다.
박부경	목숨 건 맹약으로 충성한 대가가 겨우 이런 불신입니까!
자준	(달래는) 양안대군한테 배신당한 충격이 아직 가라앉지 않으신 탓입니다.
정연	공을 세우면 상을 내리는 거야 당연한 일이라 칩시다. 허면 공평해야지! 동지사는 도총관으로 바로 승진을 시키면서 병판은 왜 계속 그 자립니까!
자준	(실망했지만) 저야 판서가 된 지 얼마 되지도 않았고...
박부경	영상 자리가 공석이라지만 우상인 내가 있는데! 육조와 바로 붙겠다 하심은 날 허수아비 만들겠다, 이 말씀 아닙니까?

일각에서 보고 있는 도정국. 정연, 그가 의식되고...

정연	자, 밖에서 이러지 말고 빈청으로 가십시다. 가서 얘기하자구요.

정연이 대신들 몰아가는데...

도정국	맹약이라... (늬들이 다 한 패였구나...)

대신들 끝자락에 따라가던 자준, 왠지 이용당한 것 같은 찜찜함에 돌아보면. 도정국, 자리를 비우고.

S#17. 편전 (D)

어을운과 독대 중인 강. 벽서를 확인한다.

강	이건... 은성의 글씨다!
어을운	!
강	어떤 놈이 필적까지 흉내 내가며 과인을 능멸하느냐! 백부의 식객들과 은성의 잔당들을 잡아들이고! 성균관 유생부터 조정의 대신들까지! 붓 잡을 줄 아는 자를 모조리 확인해서! 벽서의 진범을 찾아내거라!
어을운	전하...
강	(보면)
어을운	아무래도... 은성대군이 살아 있는 것 같습니다.
강	! 네가 가서 시체를 확인하고 장례를 치르지 않았느냐!
어을운	시체를 수습하기는 하였사오나...
강	(보면)
어을운	활을 맞고 바다에 떨어진 시신이 얼굴이 부서져... 마음에 걸렸사온데...
강	!
어을운	아씨를 찾아 산사에 갔을 때... 거기서 비슷한 얼굴을 본 것 같사옵니다.
강	그걸 왜 이제 말하는 게야!
어을운	잘못 본 거 같기도 하고... 그럴 리 없다는 생각에 넘겼습니다만... 벽서의 필체가 은성대군의 것이라 하시니... 한줄기 의심이 사라

지지 않습니다.
강   은성이... 살아 있다?

의혹이 솟아나는 강에서.

S#18. 의금부 (D)

도총관 발령을 받은 도정국이 금부 사람들과 인사를 나누고 있다. 금부도사 홍
구표가 영전을 축하하는.

홍구표   축하드립니다. 조선의 최고 지휘관이 되셨네요.
도정국   홍도사도 축하하네.
홍구표   ?
도정국   금부에서 도총부로 옮겨 오시게. 나의 부관이 되어 같이 큰일을
             도모해야지.
홍구표   ! (감격하고) 절 데려가시는 겁니까?
도정국   우리는 동병상련의 아픔이 있는 사람들 아닌가... 변란에 선친을
             여읜 나와 형님을 잃은 자네...
홍구표   ......
도정국   함께 가서... 3천의 갑사들을 지휘해야지.
홍구표   (알아듣고)

S#19. 건춘문 앞 (다른 날 D)

루시개가 장상궁을 만나고 있다.

장상궁   자현 아씨가 대왕대비마마를 알현코자 한단 말이냐?
루시개   (끄덕이고)
장상궁   정업원을 나온 것만으로도 사단이 날 일인데... (어쩌자고 알현까지 청
             하냐는)
루시개   휘! 아니 은성대군 마마의 일이라고...
장상궁   !
루시개   유품을 전한대...

장상궁	......
루시개	아씨가... 드릴 게 있대.
장상궁	...... (고민하다가 갑자기) 근데 넌 아직도 공대를 못 배웠니? 응?
루시개	(먼 산 보고)
장상궁	너 사실은 존댓말 할 줄 알지? 일부러 안 하는 거지?
루시개	오늘은 엿 없어? (주면 한다는)
장상궁	!

S#20. 자준의 집 앞 (D)

전국 팔도에서 올라온 빈객들이 뇌물 보따리를 바리바리 짊어지고 문 앞에 줄을 서 있다. 하인들이 줄을 세우고 있는데.

퇴청해 온 자준, 문 앞으로 가자 빈객들이 앞다투어 몰려들고. 하인들이 다시 줄세우면. 자준, 흐뭇한 표정으로 들어가고.

일각에서 이를 지켜보는 휘와 도정국.

휘	뻔뻔하기가 이를 데 없군. 중전의 오래비요 일국의 병판이라는 자가! 대문 앞에 줄을 세워 뇌물을 받아먹는단 말이오!
도정국	호랑이 없는 굴에 토끼가 왕 노릇한다고, 양안대군이 없으니 대신 세도를 부리고 있는 게지요.
휘	... (기도 안 차고)
도정국	진양대군은 측근들의 비리에 관대합니다. 자기한테 반하지만 않으면 사사로이 축재를 하고 뇌물을 받아먹어도 모른 척 눈감아주니... 호조판서 정연! 우상 박부경! 모두가 신나서 부정한 재산을 쌓아가고 있지요.
휘	삼사는 뭘 하길래요! 백성들의 눈이 무섭지도 않답니까!
도정국	자기가 뒤가 구린 왕이니... 신하들에게 약점을 잡힌 것입니다. 서로가 서로의 치부를 덮어주기로... 야합을 한 것이나 다름없습니다. 죽어나는 것은 백성들뿐.
휘	...... (분노가 솟아오르고)
도정국	벽서와... 부패한 조정에 대한 분노가 민심을 뒤흔들고 있지요. 불

	씨만 던져주면, 모두가 활활 타오를 것입니다.
휘	(결심하고) 보위에 오른 왕은 누구나 창업군주이신 태조대왕의 능에 가서 제를 올려야 합니다. 분명 머지않아 능행을 갈 것이에요.
도정국	주상의 일정을 알아보겠습니다.
휘	다가올 능행에서... 결행합시다.
도정국	!

S#21. 대왕대비전 전경 (D)

S#22. 대왕대비전 (D)

나겸이 대왕대비 심씨 앞에 앉아 자현을 성토 중이다. 폐비 김씨도 와 있고.

나겸	감히 어마마마의 명을 어기고 제 맘대로 정업원을 나가다니요! 이건 그냥 둘 수 없는 문젭니다! 왕실의 위엄을 우습게 아는 처사가 아닙니까?
대왕대비 심씨	......
김씨	(편들어 주는) 성소저가 몸이 안 좋다고 합니다. 사가에 조리를 위해 잠시 돌아가 있다 들었는데...
나겸	아파도 거기서 죽어야죠! 비구니 된 주제에 피접이 웬 말입니까!
김씨	(의심을 확인하려는) 중전. 지금은 다른 데 신경 쓸 계제가 아닙니다. 출산에 대비해서 산실청을 마련하고 준비를 해야 하는데... 중전의 회임에 대해 아는 바가 너무 없습니다.
나겸	! (당황하고)
대왕대비 심씨	어의를 보내 진맥케 하고 언제부터 산실청을 준비해야 하는지 봅시다.
나겸	......

밖에서 장상궁이 고한다.

장상궁(소리)	마마... 대제학의 여식, 성자현 들었사옵니다.
나겸	!
대왕대비 심씨	들라 하게.

나겸   (배신감에) 어마마마!

대왕대비 심씨 안 그래도 내막을 들어보고자 불렀소. 알아서 처리할 터이니 돌아
         가 계세요.

나겸   ...... (분한데)

S#23. 동 앞 (D)

자현이 대기 중이다. 나오는 나겸.

나겸   (싸늘하게 노려보며) 간도 크지. 여기가 어디라고 다시 발길을... 정말
         로... 죽고 싶은 것이냐?

자현   (읍하며) 그간 강녕하셨는지요, 중전마마.

나겸   !

장상궁도 놀라서 보는데.

자현   회임도 하셨다지요? 감축드리옵니다.

나겸   무슨 생각으로 이러는 거야? 또 무슨 꿍꿍이길래!

자현   정업원에 갇혀 있어 보니... 똑같은 감옥살이, 이왕이면 비단옷 입
         고 호식하며 궁에 갇혀 사는 게 나을 거 같아서요.

나겸   ! (위기감에) 미쳤어? 정말 후궁이라도 되겠다는 거야?

자현   ... 대왕대비전에 읍소하여... 용서를 빌고... 전하가 원하시는 대로
         하겠다, 말씀드릴까 합니다.

장상궁, 자현 다시 보는!

나겸   ! 꿈도 꾸지 마!

자현   아들을 낳으셔야 할 텐데... 딸이면, 보위하구는 아무 상관없는 탄
         생 아닙니까... 후궁이어도 아들을 낳으면... 그 아들이 임금 되는
         것이고.

열 받은 나겸, 어떻게 할 기세로 바싹 다가드는데! 장상궁, 얼른 문 열고 자현 들
이민다.

장상궁   마마께서 기다리십니다. 어서 드시지요.

자현, 들어가 버리고. 나겸, 돌아서 노려본다. 타오를 것 같은 시선!

S#24. 동 안 (D)

자현에게 아직은 차가운 대왕대비 심씨. 절하는 자현을 지켜본다. 자현, 앉으면.

대왕대비 심씨   아프다더니... 몸은 괜찮은 것이냐?
자현   염려해주신 덕에 잘 지내고 있습니다.
김씨   ... (자현을 보는데)
대왕대비 심씨   은성의 유품을 가지고 있다 하던데...

자현, 비단을 바친다.

김씨   (의아한) 그건 비단이 아닙니까...

대왕대비 심씨, 떨리는 손으로 비단에 쓰인 휘의 서찰을 읽으면...

김씨   (내용 얼핏 봤다. 희망에 떨려오는) 대군이... 살아 있습니까?
대왕대비 심씨   ......
자현   (문가의 기척 살피고/가까이 다가앉아/김씨에게) 상왕전하도 모시고 있습
               니다.
김씨   ! 정말입니까! 무탈합니까? 건강합니까!
자현   무럭무럭... 잘 자라고 계십니다.
김씨   !! (울컥 오르고)
대왕대비 심씨   ... 혹시나 싶었다.
자현   (보면)
대왕대비 심씨   마음 한구석, 내 아들이 죽지 않았음을! 어린 조카를 구해 무사히
               지내게 하고 있음을! 꿈처럼 기대하고 생각했지만... 정말로 내 아
               들이... 살아... 있느냐?
자현   영월에도 같이 가서... 상왕전하를 구해 왔사옵니다.
김씨   (다급한) 어디서 지내고 있는 것입니까? 안전합니까? 돌보는 이는

있습니까?

자현   …… (잘 있다는)

대왕대비 심씨   은성이 하고자 하는 게 무엇이냐? 어떻게 하려고 유배지를 벗어
             나 숨어 사는 것이야…

자현   …… (보는)

S#25. 편전 (D)

강에게 자현의 입궁 사실을 고하는 홍상궁.

강   성소저가 들어왔다고?

홍상궁   예, 전하. 대왕대비전에 문후를 드리고 있다 하옵니다.

강   … (의심으로 싸늘해지는)

S#26. 대왕대비전 (D)

자현, 대왕대비 심씨에게 문안패[3]를 요청한다.

자현   집에는 감시꾼들이 붙어 있어 움직이기가 편치 않습니다. 궁에라
             도 자유로이 드나들며 두 분 마마께 대군과 전하의 소식을 전해
             드릴 수 있게 문안패를 내려주시면 감사하겠습니다.

대왕대비 심씨   장상궁에게 일러 조치하겠다.

김씨   조심, 또 조심해주세요. 우리 명이의 앞날이… 성소저의 손에 달렸
             습니다.

자현   당치 않습니다. 대군이 전하를 잘 지키고 계세요. 저는 그저… 심
             부름만 하는 것입니다.

대왕대비 심씨   나를 원망하였겠구나. 뒤에서 이렇게 애쓰는 줄도 모르고… 가혹
             하게만 대하였으니.

자현   아닙니다, 마마. 대군은… 마마만 믿고 계세요. 죽은 자가 되어 전

---

3) 조선 시대에 각 전각에 문안할 때 쓴 출입 허가증. 둥글게 만들고, 위에 연꽃잎 모양을 새겨 '問
   安' 두 글자를 낙인(烙印)하며, 뒤에는 전각 이름을 적었다.

하를 지키고 있는 그 마음이... 오죽하겠습니까...

김씨   ... (가슴 찢어지고)

자현   다시 산 사람이 되어... 밝은 햇빛 속에서... 전하를 모시고 살아갈
        수 있게... 두 분이 도와주셔야 합니다.

끄덕이는 두 대비...

S#27. 도성 거리 (D)

성억을 필두로 한 주문사 일행이 돌아오고 있다.

S#28. 궁 일각 (D)

대왕대비전에서 물러 나온 자현, 가고 있는데. 다가오는 홍상궁. 자현, 멎으면.

홍상궁   전하께서 뵙고 가라 하십니다.

자현   ... (긴장하는데)

S#29. 동 일각 (D)

강이 수행들 멀리 물려놓고 혼자 서 있다. 다가가는 자현. 홍상궁, 자현 데려다
주고 다시 물러가는데.

거리를 두고 서로를 바라보는 두 사람. 강, 이윽고 다가간다.

강   궁에는 무슨 일로 들어온 것이오?

자현   제가 대왕대비전에 잘 보여놔야... 나중에 절 입궁시킬 때 수월할
        거 아닙니까.

강   ... (서늘해지고) 이제 그런 머리도 쓰는 것이오?

자현   멍청하게 있다가 이 지경이 되지 않았습니까? 정혼자를 잃고, 고
        신을 당하고, 정업원에 평생 갇혀 살 뻔했지요.

강   변해버린 그대가... 장하다고 해야 하나...

자현   대왕대비전에 문안드리러 가끔 들어올 것입니다. 기회가 되면 또

뵐 수 있겠지요.

강	(추궁 시작하는) 왜 변했을까... 언제부터 변했을까... 생각해보았소.
자현	......
강	그래 그 정도 겪다 보니 사람이 변할 수도 있지, 은성은 어차피 죽었는데... 이제 시간이 지나 정신이 좀 들었구나...
자현	......
강	중전을 삼아달라 했던가...
자현	(긴장하고)
강	절에서 그런 청으로 과인의 혼을 뺐지...
자현	......
강	숨겨야 할 게, 들키면 안 될 사람이... 있었던 게야.
자현	!
강	은성이 살아 있지 않소!
자현	(굳고)
강	(질문 하나에 한 호흡씩 다가가는) 그대를 구한 게 은성 아니오? 둘이서 산사에서 같이 살다! 내가 오니 은성을 도피시키느라! 중전 자리를 원한다! 집에 가고 싶다! 수작을 부린 게 아니냐 이 말이오!
자현	(밀리지 않는다/여기서 들키면 안 된다! 사력으로 다잡는)
강	(자현의 얼굴 코앞까지 다가가/우는 것처럼 웃으며) 그것도 모르고 난... 잠시... 기뻤소...
자현	......
강	그대의 기만에, 그대의 우롱에... 속도 없이 떨렸는데!
자현	(노려보며) 중전이, 회임을 하셨다지요?
강	!
자현	아들이라도 낳으면, 폐할 명분이 없을 텐데요?
강	......
자현	제가 원하는 걸 들어줄 수가 없으니! 죽은 사람을 살려내어 빠져나가시는 겁니까!
강	... 내가 정말 그대를 중전으로 만들어버리면, 그땐 어찌하려고?
자현	!
강	누가 아들을 낳건 딸을 낳건 상관없이! 그대를 정궁으로 삼아버리면! 살아 있는 은성이 지옥을 맛보게 될 것이오!
자현	... 약조를 지키십시오. 전 언제나 기다리고 있으니까.

내관이 달려와 홍상궁에게 뭔가를 고하고. 홍상궁, 강에게 다가온다.

홍상궁	(둘 사이의 긴장을 가르며) 전하...
강	(돌아보면)
홍상궁	대제학이 명나라에서 돌아왔다 하옵니다.
자현	! (아버지가!)
강	황제의 인준을 받고 나면... 과인의 보위는 반석에 오르는 것이오. 은성이 살아 있다 해도! 변하는 건 없소이다!
자현	......

S#30. 대왕대비전 (D)

심정을 불러 비단 서찰 보여준 대왕대비 심씨. 심정, 충격과 근심이 가득하고.

심정	마마... 대제학이 돌아왔습니다. 명나라의 인준이 끝났다는 얘깁니다. (이제 와서 어떡하겠냐는)
대왕대비 심씨	주상은 임금의 자격이 없습니다. 은성의 목숨을 두고 오랑캐에게 나라땅을 팔았어요.
심정	양안대군의 짓일 겁니다.
대왕대비 심씨	몰랐겠습니까! 은성도! 승평군도! 결국은 주상이 한 짓입니다.
심정	(침통한 가운데) 허나 마마...
대왕대비 심씨	(보면)
심정	상왕의 복위가... 과연 최선이겠습니까...
대왕대비 심씨	그게 무슨 소립니까!
심정	추악한 내막이 다 밝혀지고... 보위가 또다시 흔들리는 게... 도움이 될는지요? 백성들이 왕실을 어떻게 생각하겠습니까... 주상도... 마마의 아들입니다.
대왕대비 심씨	! 아우님! 내 속으로 낳은 아들이라 해서 반역을 용서하고! 살인도 눈감아 준다면! 나라 꼴이 어찌 되겠습니까!
심정	......
대왕대비 심씨	주상을 용서하고... 아무 일도 없었던 척... 그렇게 살아갈까요? 이 나라가 기만 위에 세워진 사상누각이 되는데도!
심정	... (맞는 말이긴 한데)

대왕대비 심씨 사도를 가는 아들에게 정도를 일러주는 것, 그것이 어미의 길입
　　　　　　니다.

S#31. 동 앞 (D)

대왕대비전을 물러 나온 심정, 한동안 그 앞을 떠나지 못하고 고뇌에 빠져 있다.

S#32. 다시 동 안 (D)

심정에게 맞서긴 했지만 머릿속이 복잡한 대왕대비 심씨. 장상궁이 앞에 있다.

대왕대비 심씨 장상궁...
장상궁　　　　예, 마마.
대왕대비 심씨 사가에서는... 형제들이 싸우면 장자를 세워주고 잘못한 자식을
　　　　　　나무라면 되지 않는가.
장상궁　　　　......
대왕대비 심씨 나는 어찌하면 좋겠는가.
장상궁　　　　...
대왕대비 심씨 도승지한테 뭐라긴 했네만... 이미 왕이 된 아들과... 억울하게 누
　　　　　　명을 쓴 아들 중에서... 누구 편을 들어야 하겠는가.
장상궁　　　　(뭐라고 하기가 어렵고) 죽은 사람은 살려놓고 봐야 하지 않겠습니
　　　　　　까...
대왕대비 심씨 허나... 죽은 아들을 살리자면... 살아 있는 아들을 버려야 하네...
장상궁　　　　...... (괴로움을 알겠고)

침통한 대왕대비 심씨...

S#33. 편전 (D)

성억이 들어 있다. 신하들 도열해 있는 가운데 강에게 보고를 올린 성억.

강　　　　　(진노해 있는) 명나라 사신단이 승평군을 만나러 오겠다고?
성억　　　　예, 전하. 상왕을 알현하여 선위가 맞는 것인지 확인을 한다 하옵

니다.

강	!
자준	(당황해서) 어찌 일을 그 모양으로 하시오! 바로 고명을 받아 왔어야지!
성억	저들도 절차를 따르겠다 하니 안 된다 할 명분이 없었습니다. 유배지의 승평군을 잠시 궁으로 모시고 사신단을 만나게 하면...
자준	(버럭!) 승평군이 지금 없으니까 하는 말 아니오!
박부경	대제학이 명에 다녀온 사이 도성에서는 많은 일이 있었습니다. 양안대군이 승평군을 빼돌렸다가... 사사를 당했어요.
성억	!
강	사신이 오기 전에! 승평군을 찾아내시오! 도성을! 전국 팔도를 다 뒤져서라도! 어린것을 찾아내라 이 말이오!

고개 숙이는 신하들. 성억, 표정 없고. 도정국과 시선 맞추는.

S#34. 궁 일각

퇴청하는 성억. 도정국이 나와 그 앞을 가로막는다.

도정국	고생하셨습니다, 대감.
성억	(주변 살펴보고) 명에 가서 일부러 상왕의 존재를 언급하여 인준을 늦춰놓기는 했으나... 이게 소용이 있기는 한 거요?
도정국	만나볼 사람이 있으십니다.
성억	!

S#35. 편전 (D)

어을운, 강 앞에 부복한.

강	만약에 은성이 살아 있다면... 뭘 하겠느냐?
어을운	아마도... 상왕전하를 복위시키려 하겠지요. 유배지에서부터 다시 더듬어 올라와 은신처를 찾아보겠습니다.
강	찾아내려고 난리를 피우면... 더 꽁꽁 숨어들 것이다.

어을운	허면...
강	기다리면... 다가올 것이다. 일을 도모하겠지.
어을운	......
강	피바람이... 한 번은 더 불겠구나.
어을운	......

S#36. 기루 앞 (D)

장정들이 삼삼오오 무리를 지어 차례로 들어간다. 들이면서 주변 살피는 덕만.

S#37. 동/휘의 처소 (D)

도정국이 성억을 휘 앞에 모시고 왔다. 살아 있는 휘의 모습을 눈으로 확인하고 감격에 찬 성억, 휘는 성억을 상석에 모셨다.

성억	이리 살아계신 줄은 꿈에도 모르고... 자유를 위해 죽음을 만들어 내시다니요... (대단하다는)
휘	심려를 끼쳐 죄송합니다.
성억	아닙니다, 아닙니다... 우리 자현이가 얼마나 기뻐했을지...
도정국	... (조용히 지켜보는데)
휘	... 능행에서 대신들을 맡아주실 수 있겠습니까?
성억	(정신 차리고) 조정 대신들을 데리고 궁으로 돌아가기만 하면 되는 것입니까?
휘	저희가 형님을 억류하는 동안 상왕전하께서 환궁하시면 어마마마께서 조정 대신들을 모아놓고 복위를 명하는 내지[4]를 내리실 것입니다.
성억	계획대로만 된다면야 더할 나위가 없지만...
도정국	상왕전하께서 무사히 복위를 이루시고 옥새를 환수하면... 억류된 진양대군은 죄인으로 압송될 것입니다.
성억	조정 대신들의 반발이 있을 터인데.
휘	(OL) 양안대군이 사사된 후 전열이 무너져 있지 않습니까. 현장에

---

4) 왕모(王母)나 왕비가 내린 전교(傳敎)

서 병판과 어을운을 제거하면 남은 신하들은 대세에 휩쓸릴 것입니다.

성억 ...... 일이 새어나갈 위험은 없습니까?

도정국 무릇 거사가 실패하는 것은 함께하는 이들의 변심 때문인데... 계획의 전모를 아는 이가 단 세 사람뿐입니다. 은성대군과 저, 그리고 대감.

성억 ......

휘 상왕전하를 모시던 익위사들 외에는 저희가 움직이고 있다는 사실을 아무도 모릅니다. 심지어 어마마마두요. 도총관의 군사들은 그저 지휘관의 명대로 움직이니... 그들은 이것이 반정이라는 것도 모릅니다. 모두가 계획의 부분이요, 자기 역할을 하지만... 큰 그림은 저와 도총관만 압니다.

성억 ... (끄덕이고)

S#38. 기루/중문 앞 (D)

포로 3인방이 신나서 휘와 기특을 데리고 온다.

휘 대체 무슨 일인데 말을 안 해주는 것이냐?
호치 너무 놀라지 마셔요!

준과 덕만, 벅차게 중문 열어주면... 마당 가득 와 있는 장정들. 휘와 기특, 놀라서 굳는.

휘 아니... 이 사람들이 언제 다...

마마! 다 같이 큰절 올리는 장정들.

준 마마께서 고초를 겪고 계시다고... 여력 되는 사람은 도성으로 올라오라 했더니...

덕만 (보니까 벅차서 눈물 콧물 흘리며) 다들 생업을 던지고 부랴부랴 달려온 것입니다.

휘 여기가 어디라고... 나와 함께하면... 안위를 보장할 수 없는데... (나

장정	무라듯) 목숨을 잃을 수도 있단 말이오!
장정	대군께서는... 즈이들과 생사고락을 함께하며 지옥 같은 포로 생활에서 탈출을 시켜주셨습니다. 대군이 아니셨음 진작에 저승 갔을 몸들인데! 이미 한 번 죽은 몸! 마마께 바치러 왔습니다.
기특	(눈물을 줄줄) 잘 오셨어요! 고맙습니다! 보고 싶었어요!
휘	... (먹먹하게 보고)

일각에서 보고 선 성억과 도정국, 진짜 왕재의 실체를 본 느낌이다.

도정국	걱정되십니까.
성억	... 우리 집안은... 이미 선택을 끝냈소. 모두가. (걱정도 후회도 소용없다는)
도정국	... (새삼 보는데)

S#39. 대전 앞 (다른 날 D)

대전을 지키고 있는 내금위 종사관. 도정국이 다가간다.

종사관	(도정국 알아보고/인사하는)
도정국	종사관은 내금위로 오기 전에 익위사에 계시지 않았소?
종사관	(경계하는) ...
도정국	상왕전하... 아니 승평군이 세자위에 계실 때... 동궁을 모셨다 들었는데...
종사관	(흠 잡으려는 줄 알고 방어적으로) 익위사에서 내금위로 넘어온 사람은 나 말고도 많소.
도정국	... 종사관을 보고자 하는 분이 있소.
종사관	?

S#40. 기루/손님방 (N)

휘를 보고 멎어 있는 종사관. 도정국과 기특이 보고 있다.

종사관	대군...

휘	전하도... 우리가 모시고 있네.
종사관	! (감격하는데)
휘	전하를... 다시 지켜드릴 수 있겠나...
종사관	... (울컥하고)

CUT TO

도정국이 초요경이 내어준 출납부를 보여준 뒤다.

종사관	(출납부 살펴보며) 이게... 다... 사실입니까?
도정국	진양대군의 거사 자금을 관리하던 자가 내어준 것이네.
종사관	(기가 차서) 이렇게 많은 간자를 심고 이렇게 많은 뇌물을... 이건...
휘	상왕전하가 선위를 한 게 아니라... 보위를 빼앗겼다는 증거인 셈이지.
종사관	! 오랑캐와 야합했다는 벽서! 떠도는 소문이 다 사실이었던 것입니까?
도정국	양안대군의 집에서... 여진족과 오간 문서가 나왔다네. 주상은... 그걸 없애기 위해 백부인 양안대군을 사사한 것이고.
종사관	! (믿을 수가 없고)
휘	... 선왕의 유지를 지키고 상왕전하께 다시 한번 충성할 기회가 생긴다면... 어찌하겠나?
종사관	사실... 전하께서 연치가 어리시니... 진양대군의 즉위가 어쩔 수 없다고... 그리 생각하기도 했습니다. 허나 이건 아니지요! 이런 사람이 보위에 있으면 나라의 앞날이 어찌 되겠습니까!
휘	......

S#41. 경복궁 외경 (다음 날 D)

S#42. 교태전 앞 (D)

어의가 곤란한 얼굴로 앞에 서 있고. 부들이 안절부절이다.

S#43. 동 안 (D)

김씨와 장상궁이 어의를 대동하고 나겸을 찾아왔다. 질려 있는 나겸.

장상궁   대왕대비전에서 어의를 보내셨습니다.
나겸   내가 다 알아서 합니다. 물러가세요. 오늘은, 몸이 좋질 않습니다.
김씨   그럴수록 더욱 진맥이 필요하지요. 실을 넣으라 하겠습니다.
나겸   (과하게) 필요 없다니까요!

김씨와 장상궁, 멎어서 보고.

나겸   (세게 나간다/모멸감 주는) 마마가 무슨 자격으로 이러시는 겁니까?
         지금은 왕실의 윗전 노릇을 할 때가 아니라! 조용히 자숙이나 하
         실 때가 아닙니까!
김씨   (서늘하게 보는)
장상궁   왜 이러십니까! 마마께서는 대왕대비전의 명으로 중전마마를 살
         펴드리러 오신 것입니다!
나겸   필요 없다구요! 내 몸은 내가 알아서 지킨다구!
김씨   (처음으로 보이는 대비의 위엄/무섭게 추궁하는) 회임을 하기는 했습니까?
         지금 무엇이 두려워 진맥을 마다하는 것입니까!
나겸   ! (긴장하는)
김씨   (추상같은) 바른 대로 고하세요!

나겸, 더 이상 거부할 명분이 없고...

CUT TO

어의가 나겸의 손목을 묶은 실을 통해 진맥을 하고 있다. 갸웃하는 어의. 긴장해
서 보는 나겸.

김씨   어떠한가? 산모는 무탈한가?
어의   (실 놓고) 아직은 너무 초기라... 확진을 하기 어렵사옵니다.
나겸   ......

어의	한 달은 지나야 알 수 있을 듯하옵니다.
김씨	(나겸을 보면)
나겸	... (안도하지만 태연을 가장하고)

S#44. 동 (D)

김씨와 장상궁 돌아가고. 의아한 부들이 나겸에게 묻는다.

부들이	어의에게 따로 주의를 주신 것입니까?
나겸	(기대에 차서 배에 손 올리는) 그사이... 나의 다급한 거짓말이 참이 되었을 수도 있지...
부들이	이번엔 정말입니까?
나겸	아직은 모른다... 기다려봐야지...

S#45. 자현의 집 전경 (N)

S#46. 자현의 처소 (N)

자현과 루시개, 끝단이 거사 날을 대비해 면갑5)을 만들고 있다. 루시개, 자현과 끝단이 하는 바느질 보고 따라 하는데... 잘 안 된다. 영 성질에 안 맞는데... 하다 던져버리는.

루시개	안 해, 안 해!
끝단	누가 하라구 시켰어? 괜히 자기도 해본다고 바늘 들고 설치더니...
자현	... 루시개는 루시개 잘하는 거 해. 면갑은 우리가 만들게.
루시개	휘 입힐 거야? (그럼 자기도 손을 보태고 싶은데)
자현	루시개 거야.
루시개	!
끝단	(어이가 없는) 이거 지금 루시개 입히자고 만드는 거였어요?
자현	여자 몸으로 남자들 못지않게 앞장서 싸우는데... 면갑이라도 입혀서 덜 다치게 해야지.

_____

5) 천을 여러 겹 덧대어 만든 오늘날의 방탄복

루시개	(쑥스럽기도 하고 뭉클하기도 한) 휘는...?
자현	루시개 거부터 만들구... 나중에...
끌단	... (하기 싫어지고)

루시개, 자현이 만들어주는 면갑 자락을 만지작거리는데...

S#47. 강변/거사 현장 (다른 날 D)

휘와 도정국이 현장 답사 중이다. 포로 3인방이 호위를 하고 기특과 루시개는 궁수 위치에 가 있다.

도정국	(위치 잡으며) 여기다 진양대군이 탈 연을 세울 겁니다.

호치가 휘파람 불어 루시개에게 신호하면!

저 멀리 궁수 위치의 루시개, 화살을 겨눠 강변으로 날린다!

도정국 발 앞에 사정없이 꽂히는 화살! 워! 질려서 뒤로 물러나는 포로 3인방. 사정거리를 테스트한 것이다.

휘	(손가락으로 가리키며) 궁수들은 저 위에 배치하고. 형님의 연이 도착하고 문이 열리면. 안에서 나오기 전에 살을 쏟아붓는 겁니다. 어가 주위가 혼란에 빠지면...
도정국	겁에 질린 대신들을 성억 대감이 몰아가고. 그 틈에 우리 측 내금위가 진양대군이 탈 연을 빼돌립니다.
휘	반드시 어을운부터 처단해야 합니다.
도정국	(끄덕이고)

S#48. 인근 집결지 (D)

진양대군의 연을 빼돌려 휘와 조우할 집결지를 답사 중이다. 루시개와 기특도 합류해 있고.

도정국	제가 여기로 연을 빼돌리면.
휘	궁수들의 엄호를 받아 합류하겠소.

다들 주변 살피고.

휘	(도정국 보며) 실패하면... 도총관은 죽음을 면치 못할 것입니다.
도정국	... 성공하면 선친의 원통함을 위로하고... 백성들에게 보여줄 수 있겠지요. 결국, 정도가 이긴다고. 그것이 조선의 갈 길이라고.

휘, 자기 사람들을 둘러본다. 이들을 다 죽게 만들지도 모른다는 두려움이 몰려오는데...

S#49. 바느질집 앞 (다른 날 D)

자현, 끝단과 함께 들어간다.

S#50. 바느질집 안 (D)

애랑이 대기 중이다. 자현, 들어서면 끝단과 함께 동시에 달려들어 자현의 옷 벗기고 준비해 온 기녀복 입히는데. 큰머리까지 씌우고 기녀 차림 만든다.

S#51. 포목점 후문 (D)

루시개가 대기 중이다. 기녀로 분한 자현, 애랑과 함께 빠져나오고.

끝단, 포목점에 남아 망을 보는데...

S#52. 기루 (D)

안으로 들어가는 자현과 애랑.

S#53. 기루 마당 (D)

휘가 서성이며 자현 기다리고 있다. 초요경, 그런 휘를 보고 있는데... 들어서는 자현, 차림이 차림인지라 쑥스러운데... 휘, 다가가서 손부터 잡는다.

휘	괜찮은 것이오?
자현	(끄덕이는)
휘	(뒤에 선 루시개에게 시선 한번 주고)
루시개	......

다가오는 초요경.

초요경   방으로 드시지요. 누가 볼까 저어됩니다.

휘, 자현 데리고 안으로. 따라갈까 하다가 멈칫, 서는 루시개.

S#54. 경복궁 외경 (D)

S#55. 편전 (D)

긴장한 득식이 강 앞에 와 있다. 옆에는 어을운.

강	과인이 보위에 오른 지 얼마 되지 않아... 조정 내에 믿을 만한 사람이 많지 않네.
득식	... (긴장하고)
강	백부님도 곁을 떠나고... 병관과... 잠저 시절부터 함께해온 우리 내금위장이 있긴 하나... 무관의 몸이라 과인을 보좌해줄 문관이 아쉬운 형편이네.
득식	...... (뭔가 기대감이 스멀거리며 피어오르고)
강	대제학의 장자가 과인을 보좌해준다면 그것보다 든든한 일이 없을 거 같은데... 조정으로 들어와 주겠는가?
득식	전하! 소인은 아직 과거에도 급제하지 못한 성균관의 유생이온데 어찌 조정의 일을 받을 수가 있겠사옵니까...

강	상서사 녹사로 시작하면 어떠할지...
득식	!
강	과인의 어보를 관리하는 일이니... 품계는 한미하나 중요한 일일세.
득식	급제도 못한 유생이 맡기에는 과분한 직책인 줄 아옵니다.
강	이건 시작일 뿐이네.
득식	......
강	누이의 제대로 된 그늘이 되어주려면... 어서 빨리 조정의 큰 나무가 되어야지.
득식	... (낭패다/노리는 게 있구나... 마지못해) 성은이 망극하옵니다.
강	... (보는데)

S#56. 동 앞 (D)

나가다 멈추는 득식, 고민된다.

득식	지금 이 시기에 내가 꼭 출사를 해야 돼? 아닌 것 같은데...

S#57. 동 안 (D)

강 앞에 어을운만 남았다.

강	아비는 주문사요, 딸은 중궁을 노리는데... 아들은 출사를 기뻐하지 않는다...
어을운	......
강	성득식은 단순한 자다. 출사를 마냥 좋아하지만은 않는 게... 스스로 저어되는 게 있는 게지.
어을운	실은... 도총관이 된 도정국도 좀 걸립니다.
강	(보면) 제 원한으로 은성에게 살을 날린 자가 아니냐?
어을운	양안대군이 죽기 전에 도정국을 경계하라 하신 바가 있는데... 지나치게 빠른 승진으로 너무 많은 권한을 쥐여주신 게 아닌지...
강	과인에게 충성하면 광영이 기다리고 있다는 걸 보여준 것이다.
어을운	...

강	허나 네가 의심스럽다면 지켜보거라.
어을운	...... 내일의 능행을 미루시는 게 어떻겠습니까.
강	...... (고민해보는데)

S#58. 기루 전경 (N)

S#59. 기루 마당 (N)

출정 준비 중인 포로 3인방과 장정들, 각자의 무기를 닦고 있다. 루시개도 화살을 점검 중인데... 기특이 다가와 루시개 화살통에 살을 더 넣어준다. 루시개, 왜 이러나 싶어 쳐다보면.

기특	막판에는 무조건 달려. 알았지? 뒤도 돌아보지 말구 무조건 앞만 보고 달리라구.
루시개	... 너나 잘해.
기특	(순간 열 받았다가/다시 걱정되는)

S#60. 손님방/휘의 처소 (N)

기녀 차림의 자현, 큰머리는 내려놓았다. 휘, 계속 보고 있는데...

자현	... 이상하죠? 너무 화려한 건 좀 안 어울리는 것 같기도 하고...
휘	사내로 변복한 것보다는 낫소.
자현	(흘기는데)
휘	(웃고)
자현	... (마음 무거워지는)
휘	... (웃음 잦아들고)
자현	......

휘와 자현, 오늘이 마지막일 수도 있다는 걸 둘 다 알고 있다.

| 휘 | (꿈같은 희망을 이야기하는) 내일이 지나면 모든 게 마무리되고... 다들 제자리로 돌아가서... 미뤄둔 혼례를 올리고... 우리가... 영원히 함 |

	께하는 거요.
자현	(울컥 오르고)
휘	허나 잊지 마시오. 만일 일이 실패로 돌아가면... 당신과 아버님은 아무것도 모르는 사람인 거요.
자현	...... 진양대군은... 마마가 살아 있는 게 아닌지 의심하고 있습니다.
휘	그렇다고 가는 길을 멈출 순 없소. 기회는 한 번뿐. 형님이 궁에서 나오는 건 능행뿐인데... 이번에 놓치면... 선왕의 제사까지 기다려야 하오.
자현	...... (걱정되고)
휘	... 돌아가서 기다려주시오.
자현	... 저는 가지 않습니다.
휘	?!

시선 돌리지 않는 자현. 휘, 당황스러운데.

자현	마마를 기다리던 지난 세월... 가장 후회한 일이 뭔지 아십니까?
휘	......
자현	산사에서 언약식하던 날, 마마의 신부가 되지 못한 것입니다.
휘	!
자현	다시는! 그런 후회를 하고 싶지 않습니다.
휘	나는 지금... 세상에 살아 있는 자가 아니오. 난... 죽은 사람이오.
자현	제 눈앞에 계신 마마는... 살아 있습니다.
휘	돌아오지 못한 3년 동안... 그래도 내가 잘했다 생각한 일이 뭔지 아오?
자현	......
휘	낭자와 혼인하지 않고 떠나온 것이었소.
자현	! (서운하고)
휘	생사를 기약할 수 없는 이국땅에서... 오늘 죽을지 내일 죽을지 모르는데... 낭자를 혼인으로 묶어두지 않은 것이 천만다행이라 여겼소.
자현	(격해지는) 거짓말!
휘	!
자현	날마다 그리웠으면서! 밤마다 후회했으면서!! (자기도 그랬기에 확신

할 수 있는)

휘   ... (격정으로 떨려오고)
자현   겁나지 않아요. 나는! 오늘! 마마의 신부가 될 겁니다!

휘, 더 이상 못 참고 와락! 끌어안는! 격정의 입맞춤이 이어지고... 자현, 눈물 흘리는데... 이 밤이 마지막일지도 모른다. 다시는 이 사람, 보지 못할지도 모른다. 애타는 안타까움에 휘의 팔 꼭 잡고! 깊게 안기는...

휘, 자현을 보료 위에 누인다. 자현, 떨리는 눈으로 휘를 보는데...

S#61. 동 앞 (N)

루시개, 휘가 보고 싶어 서 있다. 댓돌 위에 휘와 자현의 신발. 어쩐지 함부로 들어갈 수가 없는데... 기특, 그런 루시개 다시 끌고 간다.

루시개   (뿌리치며) 왜 그래! 두 사람 얘기 끝나면 나도 휘 볼 거야!
기특   오늘은 안 끝나!
루시개   ?!

기특, 루시개 끌고 가는. 이번에는 끌려가는 루시개.

S#62. 기루 일각 (N)

기특, 루시개 끌고 와서 타이르는.

기특   오늘 같은 밤, 두 분이 얼마나 할 얘기가 많겠냐. 어쩌면 마지막일
              지도 모른다 불안하기도 할 거구...
루시개   우리는? 마지막일지 모르는데! 우리두 같이 있어야지!
기특   ... 넌 나하구 있으면 되잖아.
루시개   (들은 척도 안 하고/휘한테만 서운한) 나 아프단 말이야! (가슴을 치며) 여
              기가 막 아프다구!
기특   ... (놀라서) 어디가 어떻게 아픈데?
루시개   심장이 아파! 누가 막 쥐어뜯는 거 같애!

기특	(와락 끌어안으며) 그건 맘이 아파서 그런 거야, 등신아.
루시개	(놀라서 가만있다/욕 듣고 밀어내며/만주어로 같이 욕하는) 바보!
기특	(연민으로/애정으로 본다)
루시개	(흘기는데)
기특	일 다 끝나구... 마마랑 아씨랑 혼인하구 같이 사시면... 너는 나랑 살자.
루시개	난 휘하구 살 거야.
기특	맨날 이렇게 심장 아파가면서?
루시개	......
기특	내일 하루만 더 고생하구... 이제 누구 지키는 것도 그만해. 마마두 아씨두... 이제 지켜줄 필요 없어.
루시개	(보면)
기특	이제 너는 내가 지켜줄게.
루시개	(어색하다/발등 밟아버리며) 나보다 쌈도 못하는 게!

으악! 비명을 지르며 동동거리는 기특! 루시개, 가버린다. 기특, 아파 죽겠고.

S#63. 동 안 (N)

휘, 눕혀놓은 자현의 옷고름을 풀어내린다. 자현, 어쩔 수 없는 두려움에 떨림에... 눈을 꼭 감고... 차마... 소중해서... 떨려서 더 이상은 아무것도 못하겠는 휘!

자현, 눈을 뜨면. 눈앞에 휘의 얼굴. 망설이는 그의 마음 뭔지 알 것 같은.
자현이 용기 내어 그를 당겨 안으면...

휘, 자현에게 입 맞춘다. 세상 마지막 순간인 듯 떨려오는. 오래 기다린 연인들의... 서글픈 격정...

S#64. 자현의 집/자현의 처소 앞 (N)

득식, 비어 있는 댓돌을 보고 있다. 다가오는 끝단.

끝단	아씨가 늦으시네요. 감시꾼들 따돌리고 마마 보러 가셨는데...

득식	(보면)
끝단	걱정 마세요! 쟤들은 지들이 장거리에서 아씨 놓친 줄 아니까. 들어와서 주무신다고 해놨어요.
득식	끝단아...
끝단	네?
득식	이게 정말 자현일 위하는 길일까?
끝단	...... (자기도 확신은 없다. 가서 툇마루, 혹은 마루 끝에 앉으면)
득식	(따라가서 옆에 앉으며) 진양대군은 이미 왕인데... 그 왕을 다시 끌어내리는 일이 가능한 걸까?
끝단	... 전 그런 거 몰라요. 다만 아씨가 원하는 일이구... 아씨가 마마밖에 모르니까... 따라가는 거죠.
득식	멸문지화의 구덩이에서 간신히 살아난 우리 집안이야. 또다시 그 구렁텅이로 들어가는 건데... 난... 무섭다.
끝단	저두 무서워요. 즈이들 팔자야 여기서 더 떨어져봤자지만... 일국의 왕자였던 마마가 겪는 고초 보니까... 더럭 겁이 나요.
득식	... (어떡해야 될지 모르겠고)

끝단, 득식의 두려움이 이해되는데. 득식, 안 어울리게 끝단의 어깨에 머리를 기대고. 끝단, 기겁했다가 그냥 봐준다. 작은 끝단의 어깨에 얹히려고 온몸을 구긴 득식의 기묘한 자세가 귀엽다...

S#65. 기루 전경 (다음 날 D)

S#66. 기루/휘의 처소 (D)

자현, 휘에게 옷을 입혀준다. 옷깃을 매만지는 손길, 스치는 눈빛 하나하나가 절실한. 휘, 그런 자현의 손 잡아주고.

| 휘 | 도저히 안 되겠소. 오늘, 당신은 어디 멀리 몸을 피해 있구. |

자현, 휘의 입에 손끝을 댄다. 말하지 말라는.

| 휘 | (자현의 손을 다시 잡아 떼어내며/절박한) 후회하고 또 후회하오! 당신 |

손을 잡고 여기까지 온 것을! 오늘 일이 잘못되면! 당신도 죽는
건데!

자현   전 후회하지 않아요!

휘   ……

자현   이 생이 오늘 끝난다 해도! 저는 후회하지 않습니다.

휘, 자현을 끌어안고!

자현   (안겨 있다) 그래도… 살아 오셔요.

휘   … 돌아오겠소.

자현   ……

휘   ……

S#67. 마당 (D)

소년왕이 마루에서 굽어보고 있고.

휘를 비롯 루시개, 포로 3인방이 마지막 인사를 올린다. 의젓하게 절 받는 소년
왕. 지켜보고 선 자현과 기특, 초요경, 애랑.

휘   (자현에게) 연통이 오면, 움직이는 거요.

자현   (끄덕이고)

휘   (기특에게도) 전하와 아씨를 부탁한다.

기특   (읍하면)

휘   다녀오겠소.

자현   (끄덕이고/일행들에게) 아무도 다치면 안 돼요.

준   걱정 마십쇼, 아씨!

덕만   돌아오면 축하주나 한 상 차려주세요!

호치   고기도!

초요경   (웃으며) 무사히만 돌아오세요! 잔칫상을 마련해놓고 기다리겠습
           니다!

포로 3인방, 환호하는데!

루시개에게 다가가는 자현.

자현   (면갑 확인하려는) 그거 입었어?
루시개   ... (옷 속의 면갑을 약간 보여준다)
자현   다치지 마.
루시개   ......

포로 3인방, 루시개가 나가고. 기특, 마지막으로 루시개와 눈 맞춰보려 하지만
루시개, 무시하고 그냥 간다. 기특, 어어... 손짓하다 서운하고.

휘가 마지막으로 나가면서 등 뒤로 자현의 손 잡아주고 간다. 잡혔다가... 떨어지
는 손길... 자현, 미어질 듯 애틋하고...

휘는 결연해진다.

일행들 지켜보는 초요경. 초요경의 시야로 잡히는 휘와 자현의 멀어지는 거리...

S#68. 경복궁 외경 (D)

S#69. 대왕대비전 앞 (D)

장상궁, 주변을 살피며 간다. 소매 속에 서찰 넣었는데... 그 앞을 막아서는 누군
가. 장상궁, 소스라치게 놀라면! 앞에 선 사람은 도승지 심정이다.

심정   왜 그리 놀라시오?
장상궁   (더듬는) 아, 아무것도 아닙니다. (떨려서 소매 속의 서찰 더욱 의식되는. 손
          으로 가려보는데...)
심정   대왕대비전에 전할 게 있는 것이오?
장상궁   (더 가리며 돌아서는) 도승지께서 아셔야 할 일은 아닙니다.
심정   ......

S#70. 동 안 (D)

대왕대비 심씨, 장상궁에게서 받은 서찰 읽고 있다.

대왕대비 심씨	은성이 오늘... 승평군을 들여보내겠다는데...
장상궁	!
대왕대비 심씨	... (걱정이 태산이고)
장상궁	도승지께서... 뭔가 눈치를 채신 것 같습니다.
대왕대비 심씨	... 더 이상 의논을 안 하니 답답한 거겠지. 어쩌겠는가. 우리도 일의 전후를 다 알지 못하는데...
장상궁	...... (걱정하는)

S#71. 강녕전 (D)

능행 준비하는 강. 홍상궁과 나인들이 강에게 능행에 맞는 융복[6]을 입히고 있는데. 어을운과 도승지 심정 들어 있다.

강	(심정에게) 무슨 일입니까? 오늘의 능행길에 함께하시는 게 아닙니까?
심정	전하... 오늘 능행을 미루시는 게 좋겠습니다.
강	... 이유가 무엇입니까?
심정	(차마 다 고하지는 못하고) 오늘 능행길에... 전하를 노리는 불령한 무리들이 있을지도 몰라...
어을운	!
강	누가 과인을 노린다는 것입니까... 무슨 고변이라도 있습니까?
심정	...... 승평군과 은성대군이 살아 있다는 소문이 파다한데... 전하께서 궁 밖으로 거둥하시는 게... 지금은 때가 아닌 듯하옵니다.
어을운	(동의하는) 도총관이 오늘 전하를 뫼시게 되는 것도 걸립니다.
강	(일그러진 미소 떠오르며) 갑옷이라도 입어야 합니까...

---

6) 왕이 능행, 사냥, 군사 훈련 등을 할 때 입는 의복

S#72. 기루/초요경의 방 (D)

자현이 소년왕을 지키고 있다.

S#73. 궁 마당 (D)

강을 태우고 갈 연이 서 있다. 안에서 나온 강, 연을 바라보는데...

S#74. 대왕대비전 앞 (D)

초조해서 밖에 나와 서성대는 대왕대비 심씨. 손자가 언제 오려나... 기다리는.

S#75. 기루 앞 (D)

휘 일행(포로 3인방, 루시개)이 출발한다. 결전을 향해 첫발을 떼는 휘의 얼굴에서 엔딩!

19부

S#1. 강녕전 (D) - 18부에서 연결

능행 준비하는 강. 홍상궁과 나인들이 강에게 능행에 맞는 융복을 입히고 있는데. 어을운과 도승지 심정 들어 있다.

강   (심정에게) 무슨 일입니까? 오늘의 능행길에 함께하시는 게 아닙니까?
심정   전하... 오늘 능행을 미루시는 게 좋겠습니다.
강   ... 이유가 무엇입니까?
심정   (차마 다 고하지는 못하고) 오늘 능행길에... 전하를 노리는 불령한 무리들이 있을지도 몰라...
어을운   !
강   누가 과인을 노린다는 것입니까... 무슨 고변이라도 있습니까?
심정   ...... 승평군과 은성대군이 살아 있다는 소문이 파다한데... 전하께서 궁 밖으로 거둥하시는 게... 지금은 때가 아닌 듯하옵니다.
어을운   (동의하는) 도총관이 오늘 전하를 뫼시게 되는 것도 걸립니다.
강   (일그러진 미소 떠오르며) 갑옷이라도 입어야 합니까...

S#2. 기루/초요경의 방 (D)

자현이 소년왕을 지키고 있다.

S#3. 궁 마당 (D)

강을 태우고 갈 연이 서 있다. 안에서 나온 강, 연을 바라보는데...

S#4. 대왕대비전 (D)

초조하게 기다리는 대왕대비 심씨와 김씨.

김씨   정말... 들어올까요?
대왕대비 심씨   은성이 약속했습니다. 오늘... 우리들 품에 명이를 안겨주겠다고.
김씨   만일 은성대군의 도모가 실패로 돌아가면...

대왕대비 심씨	최악의 사태가 온다 해도... 지금의 주상이 더 이상 조카를 건드릴 순 없을 겝니다. 명나라에서 인준의 조건으로 상왕과의 알현을 걸었으니.
김씨	명나라 사신단이 왔다 가면 또다시 목숨이 위험해지는 게 아닙니까.
대왕대비 심씨	적어도 시간은 벌 수 있습니다. 그사이에 우리가 할 수 있는 일을 찾아봐야겠지요.
김씨	... (걱정이 깊고)
대왕대비 심씨	... (기다리는데)

S#5. 기루 앞 (D)

휘 일행이 출발한다. 포로 3인방과 루시개, 북방의 백성들이 결연한 얼굴로 따르고. 결전을 향해 나아가는 휘의 얼굴에서!

S#6. 길 (D)

- 강의 연이 가고 있다. 도정국과 어울운, 마상에서 긴장한 모습 보이고.

- 어가보다 앞서가는 휘의 일행이 가고 있다.

S#7. 강변/언덕 (D)

강변이 보이는 언덕. 답사했던 위치에 도착한 휘, 루시개 이하 사람들을 자리에 배치하고.

준	(걱정돼서) 어가가 저기 서긴 설까요?
휘	할바마마의 능으로 가려면 도강을 해야 한다. 도총관의 정보에 의하면 건너갈 나루터가 여기야.
준	(끄덕이고)

자기 위치 잡는 휘. 연습하듯 어가가 도착할 자리를 향해 살을 겨눠본다. 그 살기 어린 얼굴에서!

S#8. 경복궁 외경 (D)

S#9. 대왕대비전 (D)

대왕대비 심씨가 장상궁에게 지시 내리고 있다.

대왕대비 심씨	곧 성소저가 입궁할 것이다. 잡음이 생길지도 모르니 건춘문 앞에 나가 있다가, 일행이 당도하면 이리로 뫼시어라.
장상궁	(긴장한 채) 예, 마마.
김씨	(불안해서) 어마마마... 소첩이 같이 가면 어떻겠습니까?
대왕대비 심씨	대비가 움직이면 더욱 의심을 살 것입니다.
김씨	... (실망하고)
장상궁	쇤네가 잘 모시고 오겠습니다.
김씨	... 부탁합니다, 장상궁.

장상궁 물러가면 대왕대비 심씨, 걱정의 한숨 내쉬고.

S#10. 교태전 (D)

부들이, 나겸에게 보양식으로 잉어탕을 올렸다.

부들이	소주방에서, 말씀하신 잉어탕을 올렸습니다.
나겸	(보고) 잉어가 회임을 돕고/ 회임한 뒤에도 산모를 보한다는구나.
부들이	쇤네가 어제 달님께 빌었어요. 부디 아기씨를 점지해달라고...
나겸	(먹으려다가) 달님이라니! 달은 음기가 강해 딸이 들어선다지 않느냐!
부들이	(당황) 아... 쇤네는 그것도 모르고...
나겸	서운관에서 고르고 고른 날에 합방을 했다. 어의도 확진하지 못했으니 가능성이 없는 건 아니야.
부들이	(제발 그러길) 예... 마마.
나겸	부들아...
부들이	(보면)
나겸	네가 날 위해 해줄 일이 있다.

부들이	말씀만 내리십시오, 마마.
나겸	도성에서 아들을 가장 많이 낳은 여인을 찾아, 그 집 부엌칼을 가져오너라.
부들이	카... 칼이요?
나겸	미신이라지만 뭐라도 해봐야지.
부들이	예, 마마. 좋다는 건 뭐든지 구해 올게요. 수라부터 드셔요.

탕을 한 국자 떠서 나겸 앞에 놓는 부들이. 나겸, 숟가락을 들었다가 그릇을 확 밀쳐낸다. 국이 바닥에 쏟아지고! 부들이, 놀라는데!

나겸	(구역질하는) 상한 것이 아니냐!
부들이	그럴 리가요. 최상품으로 올린 것인데... (혹시 정말 임신?!)
나겸	......!! (기대에 부푸는데)

S#11. 기루/휘의 처소 (D)

당의를 갖춰 입고 입궁할 채비를 하는 자현, 내관복 차림의 기특과 함께 소년왕의 의관을 살펴준다. 반가의 도령으로 꾸며놓은 소년왕.

기특	마마...
소년왕	(쳐다보면)
기특	오늘, 궁으로 돌아가시는 거예요.
소년왕	어마마마를, 만날 수 있는 것입니까?
자현	(끄덕이는) 많이 컸다고, 잘 자랐다고... 기뻐하실 것입니다.
소년왕	(웃는)

마주 보는 자현과 기특, 걱정되는 가운데 용기를 내는.

S#12. 강변/언덕 (D)

강변을 노려보며 어가를 기다리는 휘의 일행.

루시개	있잖아...

휘	(쳐다보면)
루시개	오늘 일 다 잘 끝나면...
휘	...
루시개	우리, 사냥 한번 가자.
휘	(피식) 사냥이 가고 싶었어?
루시개	우리끼리만.
휘	......
루시개	옛날처럼.
휘	그때는 먹을 게 없어서 사냥 간 거지. 뭐 좋아서 갔나.
루시개	암튼 가자.
휘	...... (루시개가 왜 이러는지 안다. 대답을 못하겠고)
루시개	그건... 해줄 수 있잖아. 나하구 사냥 가는 거.
휘	... 그래, 가자 사냥. 너랑 기특이랑... 우리 셋이서.
루시개	(금세 얼굴 환해지는/생각만 해도 기쁜데)
휘	미안해.
루시개	(보면)
휘	고향땅에서 데려와, 이렇게 고생만 시켜서.
루시개	... 괜찮아.
휘	......
루시개	내가 좋아서 따라온 거야.
휘	그러고 보니 한번 물어보지도 않았구나.
루시개	(보면)
휘	고향을 버리고 왜 군이 나를... 우리를 따라왔는지.
루시개	... 혼자가 되는 게 싫었어.
휘	...?
루시개	조선 사람들은 날 더럽다 침을 뱉고... 홀리가이들은 잡종이라며 끼워주지도 않았어.
휘	!
루시개	족장이 아버지라고는 하는데... 눈길 한번 안 주니 정말인지 알 수 가 있나... 태어나서... 내가 만나본 사람 중에... 휘가 제일 따뜻했어.
휘	... (뭉클한데)
루시개	다시 혼자가 되는 게... 무서웠어.

휘	... 혼자가 되게 하지 않겠다.
루시개	......
휘	평생 내 여동생으루... 일 다 끝나면... 책임지구 시집도 보내줄게.
루시개	! (그건 싫은/노려보며 팔꿈치로 휘의 가슴팍 치는)
휘	헉!

지켜보던 포로 3인방, 감히 대군을 치는 루시개의 패기에 허걱! 하고.

S#13. 기루 앞 (D)

소년왕을 가마에 태우는 기특. 초요경과 애랑이 배웅하러 나와 있다. 초요경, 자현에게 인사를 한다.

초요경	부디 몸조심하십시오.
자현	사람들이 돌아오면 잘 숨겨주세요. 저도 마마께서 무사하신 거 보고 나면, 궁에서 나와 도와드리도록 하겠습니다.
초요경	......
기특	그동안 감사했습니다.
애랑	(애교 피우는) 이게 끝인가요, 뭐? 다신 안 볼 사이처럼 그러신다?
기특	... (당황하며) 아, 예.
자현	다녀올게요.

초요경, 깊숙하게 인사하고.

소년왕을 태운 가마가 출발한다. 따르는 자현과 기특.

S#14. 기루/초요경의 방 (D)

자현과 소년왕 보내고 들어온 초요경과 애랑. 초요경이 방 안의 귀중품을 싸고 있다.

애랑	뭐하시는 거예요?
초요경	애랑이 너두 짐은 싸둬.

애랑	?
초요경	날래고 힘 좋은 말을 준비시키고. 나루터에 가서 배 한 척을 빌려 놓아라. 언제든 도성을 떠날 수 있게.
애랑	말이랑 배는 왜요? 벌써 도망가시게요?
초요경	만에 하나 거사에 실패한다면... 우리라고 무사하겠느냐. 그땐 도성 안에서 목숨을 부지하기 힘들 것이다.

애랑, 새삼 두려움이 몰려오는데... 태연하게 귀중품 챙기는 초요경.

S#15. 강변 (D)

멀리 어가 행렬 보이고.

S#16. 언덕 (D)

어가를 발견한 휘, 일행에게 공격 준비 사인 준다. 준비하는 휘, 루시개, 준, 덕만, 호치 일당. 모두가 숨죽이고 화살을 겨눈다.

S#17. 강변 (D)

도강 준비를 위해 어가가 멈춰 있다. 어을운이 말에서 내린다. 도정국, 언덕을 보며 잠시 긴장하고. 어가에서 떨어져 화살비에 대비한다. 병사들을 뒤로 물리는데.

어가로 다가가는 어을운.

S#18. 언덕 (D)

연을 향해 살을 겨누고 있는 휘.

S#19. 강변 (D)

어을운, 연의 문을 열고. 융복을 입은 왕의 모자가 연 밖으로 나오는데!

S#20. 절벽 위 (D)

휘, 어을운 향해 살을 겨눈다. 시위를 놓으면! 이를 신호로 모두가 시위를 놓고! 어가를 향해 날아가는 화살비!

S#21. 강변 (D)

어가를 향해 날아오는 휘의 첫 화살! 어을운의 뺨을 스치고. 뺨에 그어지는 핏줄기. 어을운, 화살이 날아온 방향을 날카롭게 노려보면. 공중을 뒤덮는 화살비! 어을운, 왕을 연 안으로 밀어 넣고 문을 닫는다!

화살이 비처럼 쏟아지고! 혼란에 빠지는 행렬! 도망가는 대신들!

도정국   역도의 무리다! 전하를 보호하라!

어을운과 내금위가 화살이 날아오는 언덕을 향해 맞서 살을 날리는 동안 도정국, 휘하 부대를 끌고 연으로 다시 다가간다.

도정국   어가를 뫼시어라! 전하를 안전한 곳으로!

도정국의 부대가 왕의 연을 다급히 옮기고.

어을운, 화살을 막으면서 그 모습 본다.

S#22. 동 일각 (D)

대신들 우왕좌왕하는데, 성억과 심정이 대신들을 이끌고 몸을 피한다.

박부경   전하를! 전하를 지켜야 합니다!

정연, 박부경 끌고 가는데 눈앞에서 박부경이 살 맞고 쓰러지고! 사색이 되는 정연!

심정   (정연을 이끌며) 피하세요! 호판!

엄폐물 뒤에 몸을 숨기고 공포에 질려 있는 대신들! 성억, 침착하게 사태를 지켜보고.

S#23. 언덕 (D)

휘, 루시개에게 뒤를 부탁한다.

휘   내가 어가를 따라잡으면, 모두가 전력으로 여길 벗어나는 거야!
루시개   가! 여긴 나한테 맡기구!

휘, 어가를 향해 달리고.

루시개와 일행들, 계속 화살을 쏜다.

저 멀리 강변에는 살 맞고 쓰러지는 내금위 병사들!

S#24. 일각 (D)

달려가는 휘.

S#25. 언덕 (D)

얼추 시간이 되었다 판단한 루시개, 포로 3인방과 사병들에게 소리친다!

루시개   철수!

일제히 살 거두고 철수 준비하는 사람들. 루시개도 자리에서 일어나는데. 시야에 보이는 새로운 군대.

루시개   (아연해져) 저게 뭐야...

포로 3인방, 쳐다보고 기겁한다.

준   저건 무슨 군대랴?

덕만과 호치, 질리고.

S#26. 강변 (D)

자준이 이끄는 새로운 부대가 오고 있다. 어을운, 자준의 부대와 합류해서 어가를 추적하는데...

S#27. 다시 언덕 (D)

자준이 이끄는 추가부대 발견한 루시개, 휘가 간 방향 걱정스럽게 바라본다.

덕만   뭐여, 저것들은?
호치   우리 편이야, 아니야?
루시개   ... (당황하고)
준   저건 우리 계획에 없었던 건데...

S#28. 일각 (D)

연을 들고 호위하듯 달리는 도정국과 병사들.

S#29. 집결지 (D)

달려온 휘가 연을 든 도정국 일행 앞을 막아서고.

도정국   (휘를 보고/수하들에게) 멈춰라!

연이 멈춘다. 연을 두고 물러나는 병사들.

휘, 연으로 다가가며 칼을 고쳐 잡고!

도정국, 연의 문을 여는데!

휘   형님, 나오시지요.

연에서 모자부터 나온다. 휘와 도정국, 긴장해서 보는데! 갑자기 고개 쳐들며!
이야! 소리치며 달려드는 사람은! 강이 아니다! 반사적으로 맞서는 휘! 연에서
튀어나온 가짜왕과 싸우는데!

도정국   (강이 아님을 확인하고) 왕이 아니다!

달려들어 휘 도와주고. 휘, 가짜왕을 베어버린다! 도정국과 마주 보는 휘, 낭패
인데...

도정국   진양대군이 알아챈 겁니다! 연에다 가짜를 태웠어요!
휘   (자각하는) 전하가... 궁이 위험합니다!
도정국   !

S#30. 강녕전 (D)

나겸이 강 앞에 와 있다.

나겸   어째서 능행에 안 가신 것입니까.
강   시해 음모가 있다는 고변이 있었습니다.
나겸   (놀란) 허면! 능행을 취소하고 역당들을 잡아내셔야지요! 비어 있
           는 어가를 보내시다니... 대체 무슨 생각이십니까?
강   ... 날 죽이고 누굴 왕으로 세우겠소?
나겸   !
강   우리 조카님을 궁으로 다시 들이지 않겠소?
나겸   ... (이제야 알겠는) 승평군을 잡으려는 겝니까?
강   역도들을 현장에서 일망타진하고... 궁으로 들어올 승평군도 맞이
           하고.
나겸   (감탄하며) 참으로 현명하십니다!
강   명나라 사신단을 빈손으로 맞을 수는 없어서.

나겸	......
강	어린것이 들어오면 중전이 맡아주시오.
나겸	!
강	어마마마도 믿을 수가 없고... 그렇다고 제 어미의 품에 돌려줄 수도 없으니.
나겸	신첩에게 맡겨주십시오. 그 누구에게도... 빼앗기지 않겠습니다.
강	......

S#31. 언덕 (D)

루시개, 모두에게 소리친다.

루시개	모두 해산! 다 도망가요!

북방의 민병들, 죽어라 달리기 시작하고!

호치	루시개는! (안 가냐는)
루시개	휘가 위험해! (그리로 가겠다는)
덕만	그럼 같이 가야지!
루시개	가면 개죽음이야! (오지 말라는/혼자 가버리는)
덕만	(방준에게) 형님! (어떡하냐는)
준	나 이거 참, 그냥 갈 수도 없고...

에잇! 망설이다 루시개 쫓아가는 방준!

덕만	(방준 잡으며) 루시개 말이 맞아. 정예부대 앞으로 뛰어드는 건 자살행위야.
준	난 후회 없다.
덕만	!
호치	(안 어울리게 결연해지며) 누구 덕에 구사일생으로 살아난 건데! 마마를 위해 죽어두! 여한은 없지!
덕만	아니 둘이서 멋있는 척은 다 하구! 나만 구겨지라구?

달려가는 방준과 호치! 에라이! 마지못해 따라 달려가는 덕만! 죽음을 향해 가는 길이다...

S#32. 다시 집결지 (D)

당황한 휘, 도정국과 함께 궁으로 가려는데... 언덕 아래서 올라오는 머리끝. 서서히 많아지고! 휘와 도정국, 멎는다. 휘 일행을 막아서는 자준과 어을운, 군병들.

자준   반갑소이다, 대군! 설마설마했더니 정말 살아계셨구려. 오늘은... 대군을 진짜 사지로 보내드리지요!

휘   !

어을운   모두가 역당들이다! 잡아!

와아! 함성을 지르며 몰려가는 자준의 군병들! 휘와 도정국, 병사들! 맞서 싸우는데!

중과부적! 수세에 몰리는 휘 일행. 휘 위험하고.

그때 나타난 루시개와 포로 3인방! 현장에 있던 말을 휘에게 끌어다 준다.

루시개   (휘에게 소리치는) 가!

말에 오르는 휘!

도정국도 부하들의 엄호 속에 말에 오르고!

말에 오른 휘, 루시개를 향해 손을 내밀면!

루시개, 다가오는 자준의 군병들 향해 칼을 든다.

루시개   (휘에게) 가서 전하를 지켜!

휘   루시개!

루시개, 휘의 말을 후려치고! 솟아오르며 달려가는 휘의 말!

휘   루시개! 안 돼!

휘의 외침이 울려 퍼지지만! 모두들 죽을 자리임을 안다. 어을운, 자준의 군병들과 싸우는 도정국의 병사들! 루시개와 3인방!

S#33. 산길 (D)

도정국과 휘가 말을 타고 달린다. 두고 온 사람들 때문에 돌아보는 휘!

S#34. 강변 (D)

화살비가 멈추자 한숨 돌리는 대신들. 눈앞에서 박부경이 죽어간 걸 목격한 정연, 혼이 나가 있고.

성억   (도승지에게) 오늘 이 사단이 날 줄 미리 알고 있었던 것이오? 병판이 어떻게 알고 군대와 함께 따라온 것이오!
십정   (내 말을 믿고 대비를 한 거구나, 짐작하는) 걱정하지 마시오. 전하는 무사하실 거요.
성억   ?!
십정   ...... 병판과 내금위가 역도의 도발에 대비한 걸 보니... 이는 전하의 명이 아니겠소? 아마도 안전한 곳에 계실 거요.

성억, 그제서야 함정인 것을 알아채는. 상황이 모두 이해가 간다.

성억   (모르는 척) 허면 모두 궁으로 가십시다! 밖에서 사단이 났어도 안에서 해결을 해야지!

서둘러 궁으로 갈 채비하는 사람들.

S#35. 집결지 (D)

루시개, 어을운에게 칼을 맞는다. 포로 3인방! 달려들어 어을운 물리치고! 전투는 계속되지만 수에서 밀린다. 점점 밀려나는 루시개와 포로 3인방! 여기저기서 칼이 들어온다! 치명상 입는 포로 3인방!

S#36. 가마 안/궁으로 가는 길 (D)

가마 안에 소년왕이 타고 있다.

기특과 자현이 주변 살피며 궁으로 가고 있다. 내관복으로 위장한 기특.

S#37. 궁문 안 (D)

장상궁, 궁문 앞에서 초조하게 기다리는 중이다. 이제 오나, 저제 오나...

S#38. 궁 일각 (D)

강이 대왕대비전으로 가고 있다. 모시는 홍상궁.

뒤처진 내금위 종사관 옆으로 다가오는 금부 출신의 부총관 홍구표.

홍구표	어찌 된 일입니까? 주상이 궁에 있다니요!
종사관	능행에 가짜를 내보낸 듯하오.
홍구표	! 허면...
종사관	1차 거사는 실패한 것이오. 허니 우리는, 지시받은 대로 할 수밖에.
홍구표	... (긴장하고)
종사관	(눈짓하면)

슥 뒤로 빠지는 부총관 홍구표.

S#39. 길 일각 (D)

전투를 끝내고 궁으로 향하는 자준, 어을운과 병사들. 루시개를 사로잡았다. 몸이 묶여 끌려가는 루시개. 포로 3인방의 모습은 보이지 않는데...

S#40. 대왕대비전 (D)

강이 들어선다. 대왕대비 심씨와 김씨, 사색이 되고.

강	왜들 이렇게 놀라십니까.
대왕대비 심씨	능행 나간 주상이 궁에 있으니 놀랄 수밖에요. 무슨 일입니까? 어디 몸이라도 안 좋아 가다가 돌아온 것입니까?
김씨	... (식은땀이 줄줄 나고)
강	(두 여인 찬찬히 살피면서) 역모가 있을 거라는 고변이 있었습니다.
대왕대비 심씨	! (얼어붙고)
강	역당들을 그 자리에서 색출하기 위해... 능행은 내보내고 소자는 궁을 지켰습니다.
대왕대비 심씨	... 그런 중한 일을 왜 어미에게 말하지 않은 것입니까!
강	역모가 비밀리에 행해지듯... 대응도... 은밀하게 행해지는 법이지요.
대왕대비 심씨	!

김씨, 장상궁에게 이를 알리고 아들의 입궁을 막아야 한다, 나가서 장상궁을 찾아보려는데...

강	고변이 사실이라면!
김씨	! (나가려다 멈칫)
강	역당들은 오늘로 죽은 목숨입니다.
대왕대비 심씨	......
강	어마마마께서는... 알고 계셨습니까?
대왕대비 심씨	... (침묵하는)
강	역도가 일어나 소자를 죽이려 한다는 것을 말입니다.
대왕대비 심씨	...

강	아셨다면 소자에게 말씀을 주셨겠지요? 세상에... 자식을 죽이는 부모는 없을 테니까.
대왕대비 심씨	... 어미는 자식을 위해 목숨도 내놓습니다.
강	... 진정이십니까.
대왕대비 심씨	허니 주상도... 피붙이를 살리기 위해 애써주세요.
강	!

대비, 나가려고 문 쪽으로 가면!

강	역도가 일어났으니 궁 안팎이 모두 위험하다!

두 여인, 멎고!

강	대왕대비전을 철통같이 지키고! 두 분 마마를 안전하게 뫼시어라!

전각에 갇히게 된 두 여인! 김씨, 사색이 되는데!

S#41. 건춘문 앞 (D)

자현이 호군에게 문안패를 내민다.

자현	대왕대비마마를 뵙고자 합니다.
호군	(문안패 살피고) 가마에는 누구요?
기특	(긴장하는데)

열린 문으로 자현 보고 문 안에서 나오는 장상궁.

장상궁	사가에서 보낸 아이요.
호군	(돌아보는)

장상궁, 가마로 다가가 가마문을 아래만 반쯤 열어 보이며.

장상궁	대왕대비마마께서 적적해하시니 사가에서 집안 아이들을 보내 재롱을 보시게 하려는 것이오.
호군	(출입을 허하듯 물러나면)
장상궁	(가마의 문을 내리고)

소년왕을 태운 가마가 안으로 들어간다. 자현과 기특, 장상궁을 따르고.

S#42. 대왕대비전 앞 (D)

강이 빠져나온다.

S#43. 궁 일각 (D)

소년왕을 태운 가마가 가고 있다. 장상궁과 자현, 기특이 따른다.

S#44. 대왕대비전 마당 (D)

강이 전각을 벗어나려는데... 앞에서 오는 가마와 자현의 일행. 자현, 뜻밖에 궁 안에서 강과 마주치자 당황하고! 장상궁, 기특도 멎는데!

강, 자현을 발견하고 가마 안의 존재를 예감하는. 가마를 향해 다가가는 강! 가마가 멎고, 홍상궁, 내관들과 별감들에게 눈짓하면. 다들 달려가 가마를 둘러싼다.

자현, 위기감에 가마 앞을 막아서는데! 마침내 자현 앞에 마주 선 강.

강	그대를 오늘 궁에서 볼 줄은 몰랐소.
자현	......
강	아마 그대도 몰랐던 듯한데...
자현	......
강	비키시오.
자현	... (버티고)

분노해 있는 강, 자현을 밀어낸다. 바닥에 쓰러지는 자현! "아씨!" 기특이 달려가

고. 강이 가마의 문을 열려 하자 기특이 막으려 나선다!

기특   안 됩니다!

강의 내관과 별감들에게 제지당하는 기특!

강, 천천히 가마의 문을 연다. 가마 안에 앉아 있는 소년왕. 강의 얼굴 확인하고 무서워하며 가마 안으로 깊숙이 들어가는데.

드디어 소년왕을 찾아낸 강, 웃으며 조카에게 손을 내민다.

강   잘 오셨습니다, 조카님... 숙부가... 기다리고 있었답니다.
소년왕   ......

자현, 달려가 다시 가마의 문을 닫는다. 놀라는 장상궁.

강   ...... (자현의 얼굴 보는)
자현   전하를 놀라게 하지 마십시오! 무서워 떨고 계신 것이! 보이지 않
            으십니까!
강   ... 고맙소.
자현   !
기특   ?!
강   승평군을 내게 데려다줘서.
자현   (노려보는)
강   그대가 나에게 이런 큰 선물을 안겨줄 줄은 몰랐구려.
자현   제가 대군을 위해 전하를 뫼셔 온 줄 아십니까!
강   오늘을 위해, 이날을 위해 날 기만해온 것을 알지만!
자현   !
강   결과를 보시오! 그대 덕분에! 과인에게 꼭 필요했던 승평군을 돌
            려받았으니!
자현   (낭패고)
강   결과적으로 오늘의 거사는 과인을 위한 것이었소.
자현   ! (기겁하는/다 알았구나)

강	기다리세요. 능행을 습격한 역도의 무리들을 모두 잡아다 앉혀! 어리석은 자들의 허망한 말로를 보여줄 테니.
자현	(포기하지 않는) 아직은 끝이 아닙니다! 오늘은! 길고 긴 하루가 될 것입니다!
강	승평군을 교태전으로 뫼시어라! 중전이 기다리고 있을 것이야.
자현	!
강	성소저와 박내관은, 밀궁으로 데려가라! 아직 들어야 할 이야기가 남았구나.
기특	...... (공포에 질리고)

별감들이 자현과 기특을 끌고 간다. 상황 정리 끝내고 나자 표정 바뀌는 강. 자현의 뒷모습을 서늘하게 바라본다.

S#45. 교태전 앞 (D)

버둥거리며 밀어내는 소년왕을 억지로 안아서 교태전 안으로 데리고 들어가는 홍상궁.

소년왕	놓아라! 어마마마한테 가겠다! 어마마마는 어디 계시느냐!

아랑곳없이 소년왕 안고 가는 홍상궁.

S#46. 교태전 (D)

홍상궁이 내려놓은 소년왕이 나겸을 노려보고 있다.

나겸	(미소하며) 어서 오세요, 조카님. 참으로 오래 기다렸답니다.

소년왕, 꼼짝도 않고 서 있는데... 나겸, 미소 식어가더니 그런 소년왕을 차갑게 보고.

S#47. 밀궁 (D)

자현과 기특을 심문하는 강.

강   계획이 무엇이었느냐! 능행에서 과인을 죽이고! 승평군을 복위시
            키려 하였느냐! 아니면! 소문대로 은성이 살아 있어! 새로운 왕으
            로 추대할 생각이었느냐? 궁에서 이를 알고 있었던 자가 누구냐!
            대왕대비전에서는, 이를 알고 계셨느냐!

기특   은성대군은 돌아가신 지 오랩니다! 우리는 다만! 돌아가신 은성
            대군의 원수를 갚고자 한 것이오!

자현   (기특의 주장에 동조하는) 은성대군의 유지를 받들고자! 억울하게 밀
            려나신 상왕전하의 보위를 돌려드리려 한 것입니다!

강   (배신감에) 중전을 폐해달라! 내가 국모가 되겠다! 과인을 그리 기
            망하면서!

자현   억울하십니까?

강   !

자현   분하십니까?

강   !!

자현   온 백성을 기망한 대감이! 왕실을 배신하고! 수많은 충신들을 도
            류한 장본인이! 고작 저한테 속은 말 한마디가 분하십니까!

열 받은 강, 별감의 칼을 뽑아 기특에게 향한다.

강   이번에는 진실을 말해보시오! 그래, 은성은 살아 있소?

자현   ......

기특   (의연한) 아씨, 저는 괜찮습니다! 제 걱정은 하지 마세요!

강, 기특에게 칼을 들이민다. 피가 흐르기 시작하고... 굳어버린 기특...

자현   (비명을 지르는) 박내관!

강   이래도 괜찮으냐!

기특   ...... 아씨, 굴하지 마세요! 가까운 이들의 고통으로 겁박하는! 잔
            인한 수에 넘어가지 마세요! 저는 기쁘게 죽을 것입니다!

자현	박내관!
강	오냐, 죽는 게 소원이라면 죽여주마!

칼을 드는데! 무릎으로 기어가 기특을 막아서는 자현!

자현	죽이고 싶은 건 제가 아닙니까!
강	......
기특	아씨!
자현	(기특을 지키듯 가로막으며) 알고 싶은 게 무엇입니까? 좋습니다! 제가 다 말해드리죠! 진실을! 알고 싶다 하셨나요?
강	(칼 내리며) 진실은 내가 알려줘야 할 것 같군.
자현	...... (긴장하며)

자현과 눈높이 맞추는 강. 자현, 두렵지만 의연하려...

강	은성이 살아 있든 죽었든 간에... 능행에서 일을 벌인 역당들은... 모두 개죽음을 당했을 것이오.
자현	!
강	역도들을 일거에 쓸어버리고자! 병판이 군대를 몰고 갔으니!
기특	! (좌절하고)

자현, 심장이 내려앉지만 강에게 티내지 않으려는 안간힘!

좌절하는 기특. 처연해지는 자현.

자현	백성들은... 또 일어날 것입니다.
강	......
자현	모두가 죽어도! 오늘 모여서 목숨을 걸었던 의인들의 뜻은 죽지 않습니다. 오랑캐에게 나라땅을 팔아 지천을 죽이는 왕! 죄 없는 대신들을 죽이고 어린 조카를 죽이는 왕 따위! 백성들은 섬기지 않을 거예요!
강	(일어나며) 과인의 발아래 모두가 무릎 꿇으며! 살려달라 애걸하는 꼴을 보게 될 것이오! 천하가 내 것인데! 그대만이 눈 감고 귀 막

으며 우기고 있소이다!

자현   (노려보고)

강, 자현에게 칼을 날릴 기세인데! 문밖에서 다급한 보고가 고해진다.

내관(소리)   전하! 능행 현장에서 전령이 당도했습니다.

강, 칼을 거두고 돌아선다. 내관들이 문을 열면. 강 앞에 부복하는 내금위.

강   (보면)
내금위   전하! 어가가 도강하기 전, 나루터에서 역도들의 습격이 있었으
            나 내금위와 병판의 협공으로 모두 궤멸시켰다 하옵니다.
자현   ! (무너지고)

기특도 절망하는데...

내금위   살아남은 잔당을 내금위장이 뒤쫓고 있다 하옵니다.
강   궁 안팎으로 수비를 강화하고! 수괴의 머리를 가져오너라.
내금위   예! (읍하고 나가는)

강, 자현을 다시 본다. 자현, 잔당을 추적한다는 소식에 희망을 갖는.

자현   두려우실 것입니다.
강   !
자현   살아남은 자들이 있으니.
강   ......

S#48. 궁 안팎 (N)

- 궁문 근처에 부총관 홍구표가 병사들을 대기시켜놓고 있다.

- 건춘문 수비를 위해 보충되는 병사들.

- 궁 안을 가로질러 뛰어가는 한 무리의 병사들.

- 각 전각 앞으로 달려와 경계를 시작하는 병사들.

S#49. 건춘문 안 (N)

문이 닫히고 있다. 종사관이 병사들을 이끌고 당도한다. 호군에게 다가가는 종사관.

종사관	변란이 일어났소. 도총관이 오위의 군사들을 이끌고 도착하면 문을 열어주어야 하오.
호군	궁문을 지키는 것은 내 소임이오. 오위의 군사들은 궁 밖을 지키라 하시오.
종사관	! (낭패인데) 궁 안을 수비할 병력의 보충이 필요하오.
호군	지원군이 도착하면 편전에 고하고 어명을 기다리겠소.
종사관	……

S#50. 대왕대비전 (N)

장상궁이 대왕대비와 김씨에게 바깥의 상황을 고하고 있다.

장상궁	전하께서 승평군을 교태전으로 보내시고 성소저를 밀궁으로 끌고 가셨습니다.
김씨	(다급한) 어마마마! 우리 명이는! 우리 명이는 어찌 되는 것입니까!
대왕대비 심씨	주상에게 가야겠다. 승평군을 지켜온 성소저가 다치는 일이 있어서는 안 될 것이야.
김씨	(안타까운) 어마마마! 저도 가겠습니다!
대왕대비 심씨	기다리세요, 명이를 데려오겠습니다.
김씨	……

밖으로 나가는 대왕대비 심씨. 장상궁 따르고. 남은 김씨는 애가 타는데!

S#51. 동 앞 (N)

대왕대비 심씨가 밖으로 나온다. 따르는 장상궁. 별감들이 막아서고.

별감	마마! 오늘은 전각 밖으로 나오시면 아니 됩니다.
대왕대비 심씨	주상을 만나야겠다!
별감	대왕대비전에서 찾으신다는 전언을 넣겠습니다.
대왕대비 심씨	내가 직접 가겠다!
별감	아니 되옵니다, 마마!

그냥 전각을 나서는 대왕대비 심씨! 다급히 따르는 장상궁! "마마!" 막아서는 별감들!

대왕대비 심씨	비켜라! 늬들이 감히 주상의 어미를 해하겠느냐!
별감	......
대왕대비 심씨	한시가 급하니 길을 막지 마라!

별감들, 할 수 없이 길을 트고. 대왕대비 심씨, 다급히 간다. 장상궁, 긴장한 채 따르고. 별감들, 대왕대비를 호위하듯 가는데...

S#52. 궁 근처 (N)

부총관 홍구표가 군대와 함께 기다리고 있다. 당도하는 도정국과 휘, 말에서 내린다.

홍구표	(나아가 맞이하며) 능행을 나갔어야 할 왕이 궁 안에 있습니다. 어찌 되신 겁니까?!
도정국	계획이 누설됐소.
홍구표	!
휘	능행에서 형님을 빼돌려 상왕전하를 복위시키려 했던 작전은 실패입니다.
도정국	이제는 전면전으로 나가야 합니다.
휘	병사들의 희생을 줄이고자 어가를 빼돌렸던 것인데...

| 도정국 | 혈육을 차마 죽일 수 없는 대군의 마음은 알겠으나... 대통을 돌려받기 원한다면... 서로가 목숨을 거는 수밖에 없습니다. |
| 휘 | ... 갑시다. 이제 우리에게, 실패는 없을 것이오. |

도정국과 홍구표, 다짐하듯 눈빛 주고받고. 다시 말에 오르는 도정국과 휘, 홍구표. 군대와 함께 나아간다.

S#53. 길 (N)

어을운이 남은 내금위와 자준의 부대를 데리고 오고 있다. 인질로 잡은 루시개의 다친 팔에서 피가 흐르고. 뒤로 손을 묶인 채 끌려가는 루시개, 어지럽다.

S#54. 밀궁 (N)

휘의 가장 소중한 두 사람, 자현과 기특을 두고... 강이 묻는다.

강	이제 그대의 선택은 무엇이오? 역모는 실패하고, 역당들은 모두 죽었는데!
자현	... 우리의 선택은 어젯밤에 이미 끝났습니다. 성공하기를 기대하고 궁에 들어온 게 아닙니다! 실패하더라도! 가야 할 길이기에 온 것입니다!
강	그대가 꼭 나섰어야 했소? 조용히 기다렸더라면! 역모에 연루되었어도 빠져나갈 길이 있었을 것을!
자현	대감 같은 사람은 죽어도 이해가 안 되겠지요!
강	!
자현	나 혼자 사는 것보다! 같이 죽기를 원하는 사람들! 내가 죽어서라도! 내 님은 살려놓고자 하는 단심을!
강	승리한 것은 나요! 역사는! 승리를 기록할 것이오!
자현	역사의 승자는! 당대에 기록되는 것이 아닙니다! 먼 후일! 사람들은 알게 될 것입니다! 동생을 죽이고 조카를 밀어낸 패륜의 찬탈자가 있었으나! 끝까지 포기하지 않고! 타협하지 않고! 왕조를 바로잡으려 했던 곧은 이들이 있었다고!
강	은성이 가는 길만이 정도요? 대체 늬들의 사랑이 무엇이관데!

자현	옳은 길을 함께 가는 것!
강	!
자현	둘이서 잘 먹고 잘 살자고 사랑한 게 아닙니다! 나만 위해달라 발버둥치는 게 사랑인 줄 아십니까!
강	은성이 죽은 줄 알았을 때는... 그대를 남겨두는 일이 형벌이라고 생각했소.
자현	......
강	이제야 알겠소. 그대를 먼저 죽여 은성에게 선물하는 일이! 은성에게 가장 큰 고통임을!
자현	!
기특	(질려서) 아씨...
강	은성을 죽이고... 그대를 살려두고자 했소. 그대를 죽이고 은성을 살려두는 일이... 두 사람 모두에게 가장 큰 벌이 될 것 같구려.
자현	......

강, 자현을 향해 칼을 드는데!

| (소리) | 그만두지 못할까! |

강, 돌아보면. 대왕대비 심씨가 와 있다. 칼 내리고 쳐다보는 강.

대왕대비 심씨	(다가가서) 성소저는 죄가 없다! 내가 승평군을 데려다 달라 했을 뿐!
강	알고... 계셨던 겁니까! 이 모든 사단을! 다 알고 계셨냐구요!
대왕대비 심씨	은성은 주상을 시해하고자 한 것이 아니오!
강	(더해지는 배신감) 그러니까... 은성이 살아 있는 것도 알고 계셨군요.
대왕대비 심씨	주상이 능행 나간 사이! 궁으로 들어와 상왕을 복위시키는 것! 은성이 원한 것은 그것이었소!
강	그게 결국 소자를 죽이는 일이 아닙니까!
대왕대비 심씨	보위가 아니면, 너에게는 죽음뿐이더냐...
강	!
대왕대비 심씨	모든 죄는 어미가 받겠다. 애꿎은 사람에게 칼을 휘둘러... 죄 없는 죽음을 늘리지 말거라.

강	제 손으로.... 백부도 죽였습니다.
대왕대비 심씨	......
강	어찌 이리 잔인하십니까! 자식을 몰아내는 어미라니요! 제 손으로! 어마마마까지 폐하려는 겁니까!
대왕대비 심씨	...... (아들을 보는데)

S#55. 궁문 앞 (N)

휘와 도정국이 부총관 홍구표와 함께 궁 앞에 당도했다. 지휘관들 뒤로 열을 이룬 병사들!

닫힌 궁문 앞에 병사들이 긴장한 채 휘의 군대를 보고 있다.

도정국	도총관 도정국이다. 문을 열어라!

안에서 대답하는 호군.

호군(소리)	도총관은 밖에서 궁을 지켜주십시오. 역도의 무리가 어가를 습격하여 궁문을 닫아걸고 경계를 더욱 강화하라는 어명이 있었습니다.
휘	(도정국 보면)
도정국	내금위 종사관이 어명을 받아 왔을 것이오. 문을 여시오!

S#56. 동 안 (N)

고민하던 호군, 종사관을 바라보는데.

호군	(병사들에게) 내 명이 없이는 절대로 문을 열지 마라. 편전에 사람을 보내 전하께 고하고 명을 받아 오겠다. (돌아서는데)

칼을 뽑아 드는 종사관! 놀란 호군도 같이 무기를 뽑아 들고! 대치의 형국을 이루는 종사관의 내금위와 호군의 병사들!

종사관	궁문을 여시오! 어명이 있다 하지 않았소!
호군	위기 상황에는 궁문을 닫는 것이 원칙이거늘! 어명을 확인하고 수행하겠소!
종사관	(칼을 휘두르며) 천명이 어명인 게야!
호군	!

호군을 베려는 종사관! 병사들! 종사관의 무리와 싸우는데!

호군	(싸우며 소리 지르는) 궁문을 열지 마라! 역도들이다!

S#57. 동 앞 (N)

안에서 들려오는 호군의 외침에 무기 잡는 병사들! 휘, 도정국과 시선 주고받더니 바로 공격 시작하는!

휘	궁문을 열어라! 진짜 역도는 궁 안에 있단 말이다!

공격을 시작하는 휘와 도정국! 도정국의 군사들이 밀어붙이니 싸우다 도망가는 문지기 병사들!

S#58. 동 안 (N)

호군과 병사들을 베어버린 종사관이 궁문을 연다. 궁문 사이로 보이기 시작하는 휘의 얼굴! 문이 모두 열리면, 당당하게 입성하는 휘의 일행!

휘	(지시 내리는) 부대의 절반은 도총관이 이끌고 나머지는 부총관이 데리고 남아서 궁문을 지키시오. 내금위장과 병판의 군사들이 몰려올 것이오.
홍구표	(읍하는)

부총관 홍구표를 남기고 도정국과 함께 종사관을 따라 궁 안으로 들어가는 휘! 남은 병사들이 목책을 세운다. 그 뒤로 도열하는 병사들!

다가온 종사관에게 궁 안의 상황을 묻는 휘.

휘	상왕전하는 어찌 되셨느냐?
종사관	교태전으로 보내졌습니다.
휘	대제학의 여식이 뫼시고 들어왔을 터인데!
종사관	진양대군이 밀궁으로 끌고 갔습니다. 박내관과 함께요.
휘	! (놀라고)
도정국	어서 가보십시오! 진양대군의 내금위들을 색출하고! 교태전으로 가서 상왕전하를 모셔 오겠습니다!
휘	부탁하오.
도정국	(끄덕이고)

휘, 종사관 무리와 달려가면. 도정국, 병사들 이끌고 교태전으로 간다.

S#59. 밀궁 (N)

강, 대왕대비의 유폐를 명한다.

강	아무리 어미라 해도 자식이 왕이면 당신 맘대로 할 수가 없는 법입니다. 보위에 올라 있는 군주를 폐하려 한 죄! 이는 비록 어마마마라도 용서해드릴 수가 없으니!
대왕대비 심씨	......
강	전각에 유폐하는 불효를! 헤아려주시지요.
대왕대비 심씨	주상!
강	뫼시어라!

별감들, 대왕대비 심씨에게 가까이 오면!

대왕대비 심씨	성소저를 데려가겠다!
강	아직도 모르시겠습니까? 어마마마는 이제! 소자한테 명을 내릴 처지가 아니십니다!
대왕대비 심씨	!

칼을 자현에게 들이미는 강!

강	소자를 능멸하고! 역도의 편에 붙어 군주를 해하려 한 이 여잔! 지금 당장 이 칼을 맞아도 할 말이 없는 겁니다!
자현	......
기특	(심씨 향해) 마마! (자현일 살려달라는)
대왕대비 심씨	나부터 베어라!
자현	! (놀라서) 마마!
강	... (기가 막히고)
대왕대비 심씨	형제도 죽이는데 어미라고 못할 게 무어냐! 어미부터 죽여!
강	미안하다고 하세요, 잘못했다고 하시라구요! 왜 저한테! 성군이 될 기회를 안 주시는 겁니까!
대왕대비 심씨	네 자리가 아닌데 보위를 욕심낸 그 순간부터! 네 인생이 비틀어지고 우리 가족 모두를, 왕실을 망친 것이다!
강	! 어마마마!
대왕대비 심씨	너의 왕재를 내가 안다.
강	! (이런 인정은 처음인데)
대왕대비 심씨	장자로 태어났더라면 모두가 우러르는 강건한 왕이 되었겠지!
강	... (흔들리고)
대왕대비 심씨	허나 신하들도! 백성들도! 보위에 올라 있는 널 왕 대접하지 않는다. 네가 사도를 통해 그 자리에 올랐기 때문이다!
강	!

고통에 찬 강의 얼굴 뒤로! 우와아! 병사들의 함성 소리! 모두가 멎는데! 강, 밀궁의 문을 박차고 나가보면!

S#60. 밀궁 마당 (N)

밀고 들어오는 횃불의 무리들. 그 선두에 휘가 모습을 드러내고. 드디어 조우하게 된 강과 휘, 두 형제!

강	살아... 있었느냐...
휘	지켜야 할 사람이 있으니, 죽을 수가 없습니다!

강	결국 이리 될 것을. 내 손으로 널 베지 않으면! 영원히 끝나지 않을 싸움인 것을!

강, 칼을 들고 휘를 향해 달려 나가는데! 휘, 지지 않고 맞서 나간다! 마당 한가운데! 격돌하는 강과 휘!

강의 내금위와 별감들이 긴장한 채 무기 들고 노린다. 종사관도 여차하면 움직일 기세로 병사들 앞에서 대기 중인데!

대왕대비와 자현, 기특이 밖으로 나오고. 대치 상황에 놀라는 세 사람! 기특, 두 여자 보호하려 애쓴다.

강의 칼이 휘의 옷자락을 스치면!

강	포기하시게, 아우님! 너는 나를 이긴 적이 한 번도 없어!
휘	이제는 다를 것입니다! 형님이 나를 강하게 만들어주셨으니!

공격하는 휘! 강 막아내며!

휘	포기해.
강	무엇을 말이냐. 보위! 아니면 네 여자를!
휘	아무것도 못 가져!
강	넌 날 벨 수 없어! 넌 끝까지 망설이기만 할 것이다!
휘	(다시 자세 잡으며) 형은 날 이기지 못해!
강	!
휘	습사장에서 연습이나 하고 사냥터에서 다진 무예로는! 실전에서 수없는 적군을 베어가며 피로 물들인 내 칼을! 막을 수 없을 테니까!
강	이야! (다시 달려드는)

휘, 강의 칼을 막아내고 강을 쓰러뜨린다. 강의 목에 겨눠진 휘의 칼날! 서로를 노려보는 형제! 휘, 차마 형을 벨 수가 없는데!

강의 병사들, 강을 구하러 달려오고! 종사관도 달려온다! 강의 호위들, 수에서 밀려 제압되고.

홍상궁, 병사들이 싸우는 틈에 도망간다.

휘   형님을 밀궁에 뫼시어라!

강, 병사들에게 끌려가고.

강   놓아라 이놈들! 나는! 이 나라의 왕이니라!

덧없는 외침이 공중에 퍼지고. 밀궁에 넣어지는 강. 이를 지켜보는 대왕대비 심씨, 자현...

S#61. 궁 일각 (N)

궁 안을 지키던 강의 병사들을 가차 없이 베어버리는 도정국.

S#62. 동 안 (N)

홍상궁이 와서 나겸에게 고한다. 놀라서 떨고 있는 부들이.

홍상궁   마마! 몸을 피하셔야 합니다. 정변입니다!
나겸   전하는요?!
홍상궁   은성대군이 살아 있지 뭡니까! 전하와 싸우고 있어요!
나겸   !

구석에 앉은 소년왕을 부르는 나겸.

나겸   이리 오세요, 숙모와 같이 있어야 합니다.
소년왕   (뒤로 더 깊숙이 물러나는)
나겸   (앙칼진) 이리 오라는데두!

소년왕, 나겸을 노려보는데!

S#63. 밀궁 (N)

밀궁에 혼자 넣어지는 강. 형을 보고 선 휘.

강   차라리 죽여라.
휘   단 한순간도! 형님을 해치려 한 적 없습니다.
강   !
휘   (그러니 죽지 말고) 살아서 갚으십시오. 형님의 죗값을!
강   (네가 다를 게 뭐냐는) 너도 이제! 왕이 되려는 게 아니냐!
휘   (진짜 하고 싶었던 말을 시작하는) 다들 형님처럼 사는 줄 아십니까!
강   밟히면 꿈틀하고! 무시당하면 위로 올라가고 싶고! 갖고 싶은 게
        있으면 욕심을 내는 게 사람이다!
휘   형님을... 이해해보고자 했습니다! 생각하고 또 생각했습니다!
강   !
휘   상처받으면 한이 생기고! 결핍이 있으면 욕망이 깊어지게 마련이
        지만! 결국 선택은 자기가 하는 것입니다.
강   ......
휘   어린 날... 연이가 죽었을 때!
강   (OL) 그건 사고였어!
휘   인정하고 잘못을 빌었어야 합니다!
강   !
휘   백부가 옆에서 사도를 부추길 때! 그분을 멀리하며 가족을 지켜
        야 했습니다!
강   ......
휘   죽어가는 큰형님이 어린 세자를 부탁할 때! 그 유지에 진심으로
        귀 기울여야 했습니다!
강   ......
휘   동생의 여인이 탐이 나도! 절제하고 눌러야 했습니다! 그것이 사
        람입니다!
강   ... 네 속에는 욕망이 없느냐? 네 안에는 더러운 게 없어? 내 눈에
        는 다 보인다! 위선과 가식 속에 가려진 너의 참모습이!

휘	맞습니다.
강	!
휘	저에게도 시기와 질투가 있고! 누가 알까 두려운 추한 모습들이 허다합니다! 하지만 애써 누릅니다! 가립니다! 사람이니까!
강	누르면 없어지느냐! 가리면 사라지더냐! (나는 그리 되지 않더라는)
휘	형님이 원하는 대로 다 가졌다면... 다른 사람이 되었을 것 같습니까?
강	!
휘	한때는 형님의 궤변에 속아 그릇된 연민을 품은 적도 있었지요.
강	......
휘	형님의 인생은! 지금 이 자리는! 오로지 형님 스스로 만들어간 길입니다!

강, 무참하고 뼈아픈데... 그런 형을 두고 밀궁에서 돌아 나가는 휘!

S#64. 동 앞 (N)

밀궁의 문이 잠긴다.

S#65. 동 안 (N)

혼자 남은 강, 고통스런 포효를 내지르는데!

S#66. 동 앞 (N)

강의 비명이 퍼진다. 대왕대비 심씨, 강도 자식이다. 밀궁 문에 얼굴을 기대어 울고... "마마..." 자현이 위로하는데...

휘, 그런 두 여인을 지켜보다 돌아서는.

휘	(종사관에게 명하는) 형님을 지키던 내금위와 별감들을 모두 가두고 궁 안의 경비를 우리 사람들로 교체합니다. 곧 병판이 올 겁니다. (대적할 준비를 하자는)

종사관　　　예, 대군!

휘, 대왕대비 심씨에게 다가간다.

휘　　　　대신들에게 내릴 자교[1]는 준비되셨습니까?
대왕대비 심씨　(울음을 추스르고/소매에서 꺼내 주는)
휘　　　　(받아 챙기며) 교태전에 가서 상왕전하를 모셔주세요! 병사들을 내
　　　　　어드리겠습니다.
대왕대비 심씨　알겠다...
자현　　　... 다른 사람들은요? 루시개는 어디 있습니까?
휘　　　　... (차마 대답을 못하고) 어마마마와 같이 계시오. 사태가 정리되면 그
　　　　　리 가겠소.
자현　　　! (불안한데)

돌아선 휘, 병사들과 함께 멀어져간다. 보고 선 자현인데...

S#67. 궁 일각 (N)

휘가 병사들을 데리고 궁문으로 가고 있다.

S#68. 궁문 앞 (N)

어을운과 자준이 수하들과 도착한다. 피를 많이 흘려 기력이 없는 루시개. 말에
서 내려 궁문으로 다가가는 어을운과 자준! 그러나 궁문 앞에 깔린 병사들! 부
총관 홍구표가 어을운 무리 향해 무기를 향하고.

어을운　　내금위장이다! 문을 열어라!
홍구표　　역모가 일어나 궁문을 닫으라는 어명이오!
자준　　　우리 손으로 역도를 처단하고 오는 길이오! 궁으로 들어가 전하
　　　　　를 지키려 하니 궁문을 여시오!

---

1) 살아 있는 대왕대비의 지시나 분부

홍구표	쇄문령이 내린 뒤로는 그 누구도 궁 안으로 들어갈 수가 없소이다!
자준	전하의 명을 다시 받아 오시오! 나는 이 나라의 병판이며! 주상전하의 처남이오! 내금위장과 함께 궁으로 들어가겠다는데! 궁문을 열지 않는 부총관의 저의가 무엇이오?!

문 주변에 호군들이 하나도 없다! 어을운, 이를 의식하고...

어을운	(전투태세 들어가며) 궁문을 지켜야 할 호군들은 어디 가고! 어찌하여 오위의 군사들이 몰려와 있는 것이오!
홍구표	... (긴장하는데)
어을운	(깨닫고) 바로 늬들이 역도가 아니냐!
자준	! (경악하고)

양측 군대! 일촉즉발의 상황 되는데! 모두가 무기를 들고 일전 태세 갖추는 병사들! 루시개, 긴장해서 보고...

S#69. 교태전 마당 (N)

도정국이 나겸을 지키는 별감들을 해치우는 동안, 홍상궁이 몰래 빠져나간다.

뒤이어 대왕대비 심씨와 자현이 병사들의 호위를 받으며 오고. 대왕대비 심씨, 그대로 교태전으로 들어가는.

자현	(도정국에게) 상왕전하는 대왕대비전으로 뫼시겠습니다.
도정국	알겠습니다.

S#70. 교태전 (N)

대왕대비 심씨와 자현의 출현에 경악한 나겸.

소년왕	(달려가는) 할마마마!

나겸이 잡아채 제 품으로 끌어온다.

자현	(다칠까 놀라) 전하!
나겸	(노려보는)
대왕대비 심씨	우리 손자를... 나에게 돌려다오...
나겸	(거부하는) 전하께서 승평군의 보호를 제게 맡기셨습니다!
자현	진양대군의 세상은, 끝났습니다.
나겸	! 은성대군이 살아 있다고 이제 네 세상 같니?
대왕대비 심씨	세상이 변한 건 맞다.
나겸	!
자현	상왕전하께서 복위되셨으니... 교태전을 비워주셔야 합니다.
나겸	! (진양이 걱정되는) 전하는 어디 계십니까! 우리 전하는요!

자현, 소년왕을 빼앗아 대왕대비의 품에 안겨준다.

나겸	(자현에게 다가와) 네가 기어이... 우리 전하의 앞길을 망치는 것이냐!
자현	진양대군과 너의 욕심이... 파국을 자초한 거야.
나겸	!
대왕대비 심씨	진양의 처우가 정해질 때까지! 중전은 교태전에 유폐될 것이오.
나겸	어마마마! 전하와 소첩에게 이러실 수는 없음이옵니다!
자현	... 이제 알겠어? 네가 그렇게도 원했던 교태전이! 바로 네 감옥이 된 거야.
나겸	!

S#71. 궁문 앞 (N)

어을운, 궁을 공격할 기세다. 이때 성억과 심정이 이끄는 대신들 무리가 도착하는데!

어을운	(수하에게) 군기시의 문을 열어 공성병기를 가져오너라!
성억	(듣고) 공성병기라니! 범궁이라도 하겠다는 말이오!

자준과 어을운, 돌아본다.

자준   역도들이 궁을 장악했소! 궁문을 부숴서라도! 전하를 지켜드려야
                   하오!

어을운   (수하를 재촉하는) 어서 가라!

부총관 홍구표가 이를 막고.

홍구표   무슨 자격으로 군기시를 열겠다는 거요! 한 발자국이라도 움직이
                   면 모조리 벨 것이오!

S#72. 궁문 안 (N)

휘가 당도한다. 뒤이어 도정국도 다가오고.

S#73. 동 앞 (N)

일전을 각오하는 어을운, 칼을 드는데... 궁문이 열리고... 대신들, 병사들 모두 궁
문을 쳐다보면!

도정국과 병사들의 호위 속에 궁 밖으로 나오는 휘! 자준과 어을운, 강이 무너졌
음을 직감하고 주춤하는데! 루시개, 휘를 보니 반갑고. 심정, 휘가 나와서 당황
한다.

정연   (놀라서) 은성대군?

휘   상왕전하를 모시고 환궁했소이다! 대왕대비전에서 자교가 내려
                   왔으니! 대신들은 모두 들으시오!

대신들, 긴장한 채 주목하고! 자준과 어을운도 보는데!

휘   (자교를 펴는) 조정 대신들에게 이르노니! 진양대군 이강이 오랑캐
                   와 야합하고 역모로 보위를 찬탈했음이 밝혀져 선대왕의 적장자
                   이명을 복위하려 하노라! 이에 조정 대신들은 편전으로 들어와

복위한 왕에게 충성을 맹세하라! 진양대군의 편에 서는 자는 역도로 간주하리니! 삼족을 멸하여 대대손손 역사의 경계를 보이고자 하노라!

대신들, 경악으로 웅성거리고!

자준   누가 역도라는 것이오! 바로 저 은성대군이 역도요!

은성대군에게 힘을 실어주고자 옆으로 가 서는 성억. 대신들, 놀라서 보고.

성억   대왕대비전의 내락이 있었던 일이오! 곧 명나라에서 사신단이 올 터인데... 하루빨리 정국을 안정시켜 조선의 단합된 힘을 보여주어야 하오!

대신들, 하나둘 눈치 보다 은성대군에게 몰려가는데!

자준   (당황한) 이 간신배들 같으니! 전하의 성덕으로 호의호식하며 광영을 누렸거늘! 하루아침에 역도에게 붙는단 말이오?
휘   누가 역도요! 맹약서를 쓰고 회맹까지 해가며! 나의 혼례를 피로 물들여! 누명까지 씌워가며 차지한 자리가! 그리도 떳떳하시오!
정연   ... (겁에 질리고)

대신들, 수런거리는데... 어을운, 잡아 온 루시개를 끌고 온다.

기특   루시개! (뛰쳐나가려는데)
휘   (기특을 막으며/위엄 있게) 내 사람이다! 손대지 마라!

루시개 잡고 노려보는 어을운!

루시개   ... (긴장한 채)
휘   내금위장의 신의는 가상하다만, 그것은 충이 아니다. 형님은 이미 역사의 심판을 받아 보위에서 내려졌고! 지금은 유폐되어 처분을 기다리고 있단 말이다!

어을운	전하를! 전하를 모셔 오시오! 계집이 죽는 꼴 보고 싶지 않으면!
기특	(악쓰는) 그 손 놓지 못해!
루시개	……
휘	루시개를… 놓아라.
어을운	(루시개에게 칼 바짝 들이대며) 전하를 모셔 오라니까!

루시개, 마지막 힘을 모아 어을운을 들이받고! 휘에게 달려가려는데! 동시에 휘와 기특이 뛰쳐나가지만! 당황한 어을운, 반사적으로 루시개의 뒷목을 베어버린다! 멎는 루시개! 경악하는 휘! 울부짖는 기특! 루시개! 휘와 기특이 그녀의 이름을 부르고! 루시개, 피를 흘리며… 죽어가며… 달려오는 휘를 본다!

이를 신호로 어을운과 자준의 병사들 향해 달려가는 도정국과 홍구표의 병사들! 자준과 어을운의 병사들, 다 달아나고!

어을운, 루시개를 버리고 자준과 함께 말을 타고 달아난다!

도정국	잡아라!

홍구표, 병사들과 함께 달려가고. 도정국은 휘의 곁에 남는다.

휘의 품에 떨어지는 루시개! 울부짖으며 다가온 기특!

루시개! 부르짖는 휘의 얼굴에서 엔딩!

20부

S#1. 궁문 앞 (N)

도정국과 병사들의 호위 속에 궁 밖으로 나오는 휘! 자준과 어울운, 강이 무너졌음을 직감하고 주춤하는데! 루시개, 휘를 보니 반갑고. 심정, 휘가 나와서 당황한다.

정연   (놀라서) 은성대군?

휘   상왕전하를 모시고 환궁했소이다! 대왕대비전에서 자교가 내려왔으니! 대신들은 모두 들으시오!

대신들, 긴장한 채 주목하고! 자준과 어울운도 보는데!

휘   (자교를 펴는) 조정 대신들에게 이르노니! 진양대군 이강이 오랑캐와 야합하고 역모로 보위를 찬탈했음이 밝혀져 선대왕의 적장자 이명을 복위하려 하노라! 이에 조정 대신들은 편전으로 들어와 복위한 왕에게 충성을 맹세하라! 진양대군의 편에 서는 자는 역도로 간주하리니! 삼족을 멸하여 대대손손 역사의 경계를 보이고자 하노라!

대신들, 경악으로 웅성거리고!

자준   누가 역도라는 것이오! 바로 저 은성대군이 역도요!

은성대군에게 힘을 실어주고자 옆으로 가 서는 성억. 대신들, 놀라서 보고.

성억   대왕대비전의 내락이 있었던 일이오! 곧 명나라에서 사신단이 올 터인데... 하루빨리 정국을 안정시켜 조선의 단합된 힘을 보여주어야 하오!

대신들, 하나둘 눈치 보다 은성대군에게 몰려가는데!

자준   (당황한) 이 간신배들 같으니! 전하의 성덕으로 호의호식하며 광영을 누렸거늘! 하루아침에 역도에게 붙는단 말이오?

휘	누가 역도요! 맹약서를 쓰고 회맹까지 해가며! 나의 혼례를 피로 물들여! 누명까지 씌워가며 차지한 자리가! 그리도 떳떳하시오!
정연	... (겁에 질리고)

대신들, 수런거리는데... 어을운, 잡아 온 루시개를 끌고 온다.

기특	루시개! (뛰쳐나가려는데)
휘	(기특을 막으며/위엄 있게) 내 사람이다! 손대지 마라!

루시개 잡고 노려보는 어을운!

루시개	... (긴장한 채)
휘	내금위장의 신의는 가상하다만, 그것은 충이 아니다. 형님은 이미 역사의 심판을 받아 보위에서 내려졌고! 지금은 유폐되어 처분을 기다리고 있단 말이다!
어을운	전하를! 전하를 모셔 오시오! 계집이 죽는 꼴 보고 싶지 않으면!
기특	(악쓰는) 그 손 놓지 못해!
루시개	......
휘	루시개를... 놓아라.
어을운	(루시개에게 칼 바짝 들이대며) 전하를 모셔 오라니까!

루시개, 마지막 힘을 모아 어을운을 들이받고! 휘에게 달려가려는데! 동시에 휘와 기특이 뛰쳐나가지만! 당황한 어을운, 반사적으로 루시개의 뒷목을 베어버린다! 멎는 루시개! 경악하는 휘! 울부짖는 기특! 루시개! 휘와 기특이 그녀의 이름을 부르고! 루시개, 피를 흘리며... 죽어가며... 달려오는 휘를 본다!

이를 신호로 어을운과 자준의 병사들 향해 달려가는 도정국과 홍구표의 병사들! 자준과 어을운의 병사들, 다 달아나고!

어을운, 루시개를 버리고 자준과 함께 말을 타고 달아난다!

도정국	잡아라!

홍구표, 병사들과 함께 달려가고. 도정국은 휘의 곁에 남는다.

휘의 품에 떨어지는 루시개! 울부짖으며 다가온 기특!

휘   루시개!

휘를 보는 루시개의 시선에서 암전.

S#2. 궁 일각 (N)

휘가 루시개를 안고(혹은 업고) 달리고 있다. 울면서 따르는 기특! 내금위 종사관이 이들을 호위하고.

휘   내약방에 사람을 보내라! 어의를 불러와!

기특, 울면서 내약방으로 달리고!

S#3. 길 (N)

- 도망가는 자준과 어을운. 따르는 소수의 내금위 병사들.

- 어을운의 무리를 뒤쫓는 홍구표와 병사들!

S#4. 궁 일각 (N)

루시개의 부상 소식을 들은 자현이 기특과 어의를 따라서 함께 달려오고 있다.

S#5. 궁/전각 (N)

죽어가는 루시개. 부상 부위는 처치가 되어 있으나 진맥하는 어의는 고개를 젓고.

어의   자상이 깊어 회생이 불가능합니다. 피를 너무 많이 흘렸습니다.

자현, 입을 틀어막고. 기특, 바닥에 무너진다.

휘	(인정할 수 없는) 치료를 하시오! 살려내란 말이오!
어의	......
휘	어서 피를 멎게 하고! 상처를 아물게 하란 말이오!
기특	(어의에게 매달려보는) 루시개 얘는요, 엄청 튼튼하거든요! 얘는 사람이 아니에요! 짐승 같은 애예요! 웬만한 사내들보다 더 강하단 말이에요! 살 수 있어요! 살릴 수 있다구요!

자현, 차마 두 남자의 아픔을 볼 수 없어 고개를 돌리고...

루시개, 북방에서 죽어가던 휘가 살아나 루시개의 손목을 잡던 그 순간처럼, 이번에는 자신이 휘의 손목을 잡는다.

휘	(다급하게 루시개의 손 맞잡으며) 정신이 드느냐?
기특	괜찮아? 많이 아파?
자현	... (울음 참으려 애쓰고) 다치지 말라구 했잖아... 내가... 면갑두 만들어줬잖아...

루시개, 마지막임을 느낀다.

휘	말하지 말거라, 기운을 아껴야 한다.

루시개, 휘의 손바닥 펴는. 휘와 기특, 보면. 자현도 보고. 루시개, 힘없이 웃으며... 그래도 웃으며... 아주 천천히... 휘의 손바닥에... 한자를 쓴다... 한 획, 한 획... 천천히... 쓰다 마는 徽...

후두둑 터지는 자현. 루시개가 쓰는 글자를 알아보는.

자현	아름다울... 휘... 마마의... 이름입니다.
휘	(가슴이 찢어지고) 그새... 글자를 배웠느냐? 내 이름을... 쓸 줄 아느냐?
기특	... (예감이 오고)

| 자현 | (가지 말라는) 루시개... |

마지막 획을 미처 다 쓰지도 못하고 툭 떨어지는 루시개의 손...

| 자현 | 안 돼! 루시개! 가지 마! |

오열하는 휘! 기특은 굳어버리고. 자현, "루시개! 루시개!" 그녀의 이름을 부르며 운다. 기특, 울지도 못하고...

사랑하는 사람들이 지켜보는 가운데... 숨을 거둔 루시개의 얼굴.

S#6. 전각 앞 (N)

휘와 자현, 기특에게 루시개와 작별할 시간을 주기 위해 나와 있다. 마루에 걸터 앉아 울고 있는 휘. 자현의 얼굴에도 눈물이 줄줄...

휘	너무 해준 것이 없소. 수없이 나를 구해주고... 3년을 따라다니며 온갖 고생을 다 했는데... 좋은 시절이 오면... 이제 은혜를 갚으려 했는데...
자현	누룽지 말고... 제대로 된 거 먹이고 싶었어요. 빛깔 고운 치마저 고리도 입혀보고 싶었고... 꽃신도 신겨보고 싶었어요... 갖구 다닐 노리개도 만들어주려 했는데...
휘	헌데... 고생밖에... 나눈 것이 없소.
자현	가여워서 어떡해요... 마마만 보다 갔어요... 우리한테... 주기만 했 어요...
휘	......

자현, 휘를 안아준다. 자현의 품에 안겨 섧게 우는 휘. 떠나간 루시개가... 아픈 휘가... 가여운 자현.

S#7. 동 안 (N)

루시개와 단둘이 남은 기특. 말없이 누워 있는 루시개의 이마에... 천천히... 입을 맞춘다. 이제야 비로소 해보는... 처음이자 마지막 애정 표현... 이마에서 입술을 떼고 천천히 머리를 들면... 루시개의 얼굴 위로 떨어지는 기특의 눈물방울...

기특   (하염없이 루시개 보며/만주어로) 바보.

루시개는 말이 없고... 그런 루시개의 손을 잡고... 일어나지 못하는 기특. 루시개의 손을 잡고 엎드려 운다... 들썩이는 기특의 어깨...

S#8. 대왕대비전 (N)

드디어 아들을 다시 만난 대비 김씨, 하염없는 기쁨의 눈물을 흘리며 소년왕을 끌어안고.

대비 김씨   그사이 많이 자라셨습니다. 키도 큰 것 같고... 몸도 무거워지셨습니다.
소년왕   (활짝 웃으며) 숙부님하구 숙모님이 잘해주셨습니다.
대왕대비 심씨   숙모라구?
소년왕   예쁜 숙모님이요!
대비 김씨   (울다 웃고)

같이 웃어주다 회한으로 가라앉는 대왕대비 심씨, 밀궁에 유폐된 아들 강 생각에 안색이 어두워지는. 이래도 저래도... 아픔이 남는 어머니일 수밖에 없다.

S#9. 밀궁 (N)

밀궁에 갇혀 있는 자신을 받아들일 수 없는 강, 자체가 치욕이다.

S#10. 산 일각 (N)

자준과 어을운 일행이 모여 있다.

어을운   신무문으로 들어간다.
자준   범궁이 가능하겠소?

어을운	산에서 내려오는 음기를 막기 위해 늘 닫아두는 폐쇄문입니다. 전하께서 평소 나갈 일이 있으실 때 쓰시는 비밀통로이기도 해서 제가 열쇠를 갖고 있습니다.
자준	! 궁으로 진입한 다음에는?
어을운	전하를 모시고 나와야지요! 전하께서 살아만 계시면, 후일을 도모할 수 있을 것입니다.
자준	중전마마는 어찌하고.
어을운	궁에 들어가면 2개조로 나누시지요. 제가 전하를, 대감께서 중전마마를 뫼시는 겁니다.
자준	허면 각자 양전을 뫼시고 신무문에서 다시 만납시다.
어을운	(끄덕인다)

다시 움직이기 시작하는 어을운 일행.

S#11. 신무문 앞 (N)

어을운이 신무문을 연다. 소리 없이 들어가는 자준과 병사들. 어을운, 문을 닫고 안으로 들어가면.

S#12. 동 안 (N)

어을운과 자준 일행이 조용히 들어온다. 교태전을 빠져나와 일각에 숨어 있던 홍상궁, 어을운 앞으로 나오고.

홍상궁	(자준에게) 대감!
자준	홍상궁!
어을운	전하는 어찌 되시었소?
홍상궁	밀궁에 갇혀 계십니다. 중전마마는 교태전에 유폐되셨구요. 아마도 날이 밝으면 처결을 내릴 듯합니다.

어을운, 밀궁을 향해 나아가고. 자준은 교태전을 향해 나아간다. 자준을 따라가는 홍상궁.

S#13. 밀궁 앞 (N)

병사들이 지키고 있다. 어을운의 내금위 병사들이 다가간다.

밀궁 병사	누구냐!
내금위 병사	번을 바꾸러 왔소.
밀궁 병사	(의아한) 번을 바꾼 지 얼마나 되었다고 벌써...

뒤로 다가와 밀궁 병사의 목에 칼을 꽂는 어을운! 내금위 병사들과 밀궁 병사들이 격투를 벌이고!

CUT TO

밀궁 병사들의 시체를 마루 밑으로 밀어 넣는 내금위들. 원래 번을 서던 병사인 양 밀궁을 지키는데! 안으로 들어가는 어을운.

S#14. 동 안 (N)

강이 뒤돌아 서 있다. 문소리에 돌아보는 강. 어을운이 읍하고.

어을운	늦어서 죄송합니다.
강	......
어을운	모시겠습니다.
강	어디로 가는 것이냐.
어을운	일단 궁을 빠져나가시면 신이 거처를 마련해보겠사옵니다. 궁가들 가운데 비어 있는 집이 있으니...
강	날더러 숨어 살라...?
어을운	...... 우상이 죽고 호판이 변심을 했습니다. 도승지가 전하께 밀고는 했지만... 지금 상황에서는 저쪽에 붙을 확률이 큽니다.
강	내 사람이 없다... 이 말이렷다?
어을운	......
강	(곱씹어보는) 평생을 후원해준 백부는 내 손으로 죽이고! 맹약을 나누었던 신하들은 죽거나 변심했으니! 도망가는 생쥐처럼 궁을 나

	가야 한다...
어을운	전하... 후일을 도모하십시오. 지금은 목숨을 보존하셔야 하옵니다.
강	(기가 막힌) 과인이... 이제 명줄이나 걱정하고 있어야 한단 말이냐!
어을운	......

S#15. 궁 일각 (N)

강을 데리고 가는 어을운 일행. 강, 군은 얼굴로 병사들에게 둘러싸여 가는데...

S#16. 교태전 (N)

나겸이 불안에 떨고 있다.

| 나겸 | 홍상궁은 어딜 갔느냐! 바깥 상황이 어찌 되는지 누구라도 알려 줘야 할 게 아니냐! |
| 부들이 | 마마, 고정하시옵소서... |

순간, 멎는 나겸. 밖에서 싸우는 소리 들리고.

S#17. 동 앞 (N)

도정국 무리와 자준의 무리가 싸우고 있다. 나와보는 나겸과 부들이. 일각에 몸을 피한 홍상궁!

나겸	오라버니!
자준	! (나겸 발견하고)
도정국	(보면)
자준	홍상궁! 마마를! 마마를 어서!

홍상궁, 나겸을 데리고 도망간다! 쫓아가는 부들이!

| 나겸 | (가면서도) 오라버니! |
| 도정국 | 중전이다! 잡아라! |

병사들, 나겸을 향해 가려는데! 자준, 그 앞을 막아서고!

자준　　　가세요, 마마!

홍상궁, 나겸을 끌고 가는데! 도정국이 자준을 베어버린다. 오라버니! 경악으로 부르짖으며 끌려가는 나겸!

누이가 간 쪽을 보며 무너지는 자준.

자준　　　중전마마...

도정국, 나겸을 쫓으려는데... 칼을 맞고도 도정국을 잡고 늘어지며 막아내는 자준. 도정국, 다시 일격을 가한다! 자준, 최후를 맞이하고...

도정국, 달려가 보지만 나겸은 이미 자취가 없고...

S#18. 신무문 (N)

신무문 앞에 강을 모시고 온 어을운. 병사들, 주변을 살피고. 어을운, 신무문을 여는데...

어을운　　　전하... (나가시라는)
강　　　　......
어을운　　　... (다시 재촉하는) 전하...

돌아서는 강.

강　　　　지금 궁을 나가면... 다시 돌아올 수 있겠느냐?
어을운　　　......
강　　　　은성도 승평군도... 다시 궁에 들어오기가 어려워 과인의 능행을 노린 것이 아니더냐.
어을운　　　......
강　　　　나갈 수 없다.

어을운	전하!
강	죽어도, 궁 안에서 승부를 봐야 한다.
어을운	... (승산이 없는데)
강	은성만 없으면 된다. 은성만 없으면! 그까짓 어린것이나 어마마마는 과인에게 대적할 수 없다.
어을운	허나 도총관이 오위를 장악했습니다. 내금위까지 반군이 있는 걸로 봐서는 누구도 믿을 수가 없습니다.
강	어차피... 나는 아무도 믿지 않았다.

홍상궁과 부들이가 나겸을 데리고 오는데... 강, 보고 놀라는.

강	중전!
나겸	(와서 매달리며/제정신이 아닌) 전하! 오라버니가... 오라버니가...
어을운	(홍상궁 보면)
홍상궁	병판이 도총관에게 당했습니다!
강	! (좌절하고)
어을운	(위기감에) 전하, 어서 나가시지요. 궁은 위험합니다.
강	홍상궁은 중전을 뫼시게.
나겸	전하!
강	중전은 먼저 나가 계시오.
나겸	!
강	처남의 원수를 갚아주리다.
나겸	전하까지 위험해지는 건 바라지 않습니다! 옥체를 보존하셔야 합니다!
어을운	병사의 수가 너무 적습니다. 원통하오나 역도들을 물리치기에는... 역부족입니다.
강	전쟁이 아니라 역모다. 역당의 수괴인 은성만 잡으면, 사태는 저절로 정리가 될 것이야!
나겸	신첩도 함께하겠습니다. 전하만 두고 혼자서 궁을 나갈 수는 없습니다.
강	중전은 회임 중이오.
나겸	!
강	복중 태아를 생각하시오. (홍상궁에게) 홍상궁. (부탁한다는)

홍상궁	(읍하고)
나겸	전하가 안 계시면 이 아이가 무슨 소용입니까! 전하가 계셔야! 그 다음도 의미가 있는 것입니다.
강	과인에게... 서운한 게 많았을 것이오.
나겸	!
강	차차 갚아주겠소. (먼저 돌아서려는데)
나겸	잠저 시절에 신첩이 전하께 충성맹약을 드린 것은...
강	(보면)
나겸	그렇게 해서라도 전하의 마음에 들고자 하는 안간힘이었습니다.
강	......
나겸	(글썽이는) 심중에 다른 여인을 두고 사시니... 신하가 되겠다는 맹세로라도... 진심을 보여드리고 싶었습니다. 지아비의 권력을 나눠 갖고자 하는, 그런 욕심이 아니었습니다.
강	(보는데)
나겸	(진심인) 신첩은 그저... 전하의 여인이고 싶었을 뿐입니다.
강	부인의 지지가... 그 열정이... 날 언제나 당당하게 만들어주었소.
나겸	! (울컥 오르고)
강	고마웠소. 다시 만날 때까지 몸조심하시오.
나겸	전하...

강, 어을운과 함께 멀어져가는데... 차마 문으로 나가지 못하는 나겸. 강을... 오래오래 보고 서 있다. 어쩌면 마지막일지 모를... 지아비의 뒷모습.

S#19. 동 앞/길 (N)

신무문을 빠져나온 나겸, 홍상궁, 부들이와 함께 가다가 뒤를 돌아본다. 어쩐지 다시는 돌아오지 못할 것만 같은 궁인데... 옆에서 재촉하는 홍상궁.

홍상궁	마마, 빨리 궁에서 멀어져야 합니다.
나겸	전하를... 전하를 이리 두고 가도 되는 것인가...
홍상궁	... 결심이 굳으십니다. 아시지 않습니까? 전하께서는... 당신이 결정한 일은 바꾸지 않으십니다.
나겸	곁에 있어드려야 되는 게 아닌지... 전하를... 이리 외롭게 해도 되

는 것인지...

부들이 　　(울면서) 후일을 기약하세요, 마마. 하늘이 무너져도... 솟아날 구멍
　　　　　이 있다 했습니다.

나겸, 마지못해 발걸음을 옮기고. 홍상궁과 부들이, 주변을 살피며 간다.

S#20. 신무문 안/궁 일각 (N)

어을운, 남은 병사들과 함께 편전으로 가는 강.

강 　　　　정전에 가서 기다리겠다. 은성을 찾아오너라.
어을운 　　(멎으면)
강 　　　　이 형이 정식으로 청하면, 거부하지 않고 올 것이다. 은성은... 그
　　　　　런 녀석이니까.
어을운 　　...... (수하들에게) 전하를 뫼시어라.

강은 정전으로 향하고. 그런 강을 잠시 보고 있던 어을운, 휘를 찾아 돌아선다.

S#21. 정전 앞 (N)

정전을 지키고 있는 군사들. 강이 오자 멈칫 놀라 경계 태세 갖추는데. 강, 가차
없이 그들을 베어버린다. 강의 수하들, 다른 경계병들 다 베어버리고!

망설임 없이 안으로 들어가는 강.

수하들, 베어버린 군사들 대신 정전을 지킨다.

S#22. 정전 안 (N)

강, 새삼 정전 안을 둘러본다. 자기의 공간이었던 이곳. 그 짧았던 영광을...

용상에 자리를 잡는 강.

S#23. 전각 앞 (N)

휘와 기특, 자현이 모여 있는데 도정국이 와서 중전의 도피를 알린다.

도정국	궁으로 잠입한 병판을 베었으나... 중전은 놓쳤습니다.
자현	!
휘	병판이 들어왔으면 내금위장도 들어왔을 거요!
기특	... (누군가 발견하고 눈 커지는)

일행들, 돌아보면. 어을운이 오고 있다.

동시에 칼을 뽑는 휘와 기특, 도정국! 휘, 자현을 자기 등 뒤로 돌리고. 기특, 루시개를 죽인 놈이다. 소리를 지르며 달려가는데!

무기를 내려놓는 어을운, 한쪽 무릎 꿇고 읍한다! 기특, 어을운의 기색에 베지 못하고 멈춰 서는데...

휘, 직감하고 다가선다.

휘	형님께... 무슨 일이 생겼느냐?
어을운	정전에서 대군을 기다리고 계십니다.
휘	(놀란) 밀궁을 파하였느냐!
어을운	전하를 살리는 것이 제 일입니다. 뫼시고 나가려 하였으나... 대군을 뵙고자 하십니다.
자현	!
기특	가지 마세요! 또 무슨 함정이 기다릴 줄 알고!
휘	... 형님은 마지막 자리를 보는 것이다.
자현	!
휘	이렇게 가시게 할 순 없다. 형님은! 끝까지 살아서 대가를 치러야 해!
자현	대왕대비마마를 모셔 오겠습니다.
휘	(보면)
자현	두 분이 같이 진양대군을 설득해보세요. 형님을... 핏줄을... 죽이고

싫지는 않으신 거잖아요.

휘   ...... (끄덕이고)

휘, 어을운 따라간다. 기특과 도정국, 병사들도 따라가고. 자현, 대왕대비전으로
달린다.

S#24. 궁 일각 (N)

휘와 기특, 도정국과 병사들이 어을운을 따라가고 있다.

S#25. 대왕대비전 (N)

자현, 대왕대비 심씨에게 상황을 전했다.

대왕대비 심씨   진양이 밀궁을 파했다고?
자현   은성대군과 독대를 원한답니다.
대왕대비 심씨   ... (일어나며) 보위를 넘겨주고... 조용히 나가 살 것을 명하려 하였
             는데...
자현   ......
대왕대비 심씨   내 아들이... 기어이 피를 보고자 하는구나.
자현   ......

나가려는 대왕대비 심씨.

자현   마마...
대왕대비 심씨   (돌아보면)
자현   두 아들을 다 살리시려면... 자애를 보여주세요.
대왕대비 심씨   !
자현   진양대군은... 막다른 절벽에 서 있는 심정일 겁니다. 거기에 마마
             의 나무람이 더해지면... 무슨 짓을 할지 모릅니다.
대왕대비 심씨   ...... 잘못한 자식에게는... 야단을 치면 되는 줄 알았다.
자현   ......
대왕대비 심씨   그래도 사랑한다 말해줄 것을...

자현	......
대왕대비 심씨	후회가... 가슴을 찢는구나.
자현	...... 늦지 않았습니다. 아직은... 기회가 있습니다, 마마.
대왕대비 심씨	... (나가며) 가자.

자현, 따른다.

S#26. 정전 마당 (N)

강의 수하들이 정전을 지키고 있다. 도착하는 휘 일행. 강의 수하들과 도정국의 부대, 동시에 무기 들고! 긴장된 대치 상태!

휘	(강의 수하들에게) 길을 터라. 형님을 만날 것이다!
기특	마마! (위험하다는/다시 한번 말려보는)
어을운	(수하들에게 눈짓하고)

강의 수하들, 길을 연다. 정전으로 들어가는 휘.

그 앞에서 대치하는 도정국과 어을운. 긴장한 기특.

S#27. 정전 앞/동 안 (N)

휘가 정전의 문 앞에 서 있다. 천천히 문을 여는 휘. 휘의 시선으로 문이 열리며 강의 모습이 천천히 드러난다. 정전의 문을, 휘를 강하게 노려보고 있는데.

S#28. 정전 (N)

용상에 앉아 있는 강. 휘, 그 앞에 선다.

휘	내려오십시오. 이제는 형님의 자리가 아닙니다. 원래도... 형님의 것이 아니었습니다.
강	너만 아니었다면... 나는 내일도 여기서... 문무백관들과 조회를 열었겠지.

휘	이제 다 끝났습니다. 형님은 보위를 되찾을 수도, 반정을 엎을 수도 없습니다. 저 때문인 줄 아십니까? 대통을 이어갈 조카가 있어서? 형님을 인정하지 않는 어마마마 때문에? 아닙니다! 민심이 형님에게 없기 때문입니다!
강	! 시간만 있었다면! 국정을 재편하고 나라를 제대로 다스릴 시간이 있었다면! 강건한 나라로 백성들에게 희망을 주고! 배불리 먹이고 잘 입혀서! 태평성대를 이루는 성군이 될 수 있었단 말이다!
휘	백성들은 어리석지 않아.
강	!
휘	오늘 형님을 내리고 전하의 복위를 위해 목숨을 건 백성들은... 잘 먹고 잘 살기 위해 나온 게 아니야! 반정이 끝나고 한 자리 차지 해보려고 일어선 게 아니야! 죽을 자리인 줄 뻔히 알면서! 이게 끝이라는 걸 알면서! 그래도 나간 거야.
강	......
휘	나라에 받은 것도 없으면서! 나라가 다급해지면! 목숨도 내어주는 게 이 땅의 백성들이야! 그 민심이! 형님에게 머물지 않았기 때문에! 형님은 정당한 방식으로는 왕이 될 수 없었고! 억지로 왕이 된 뒤에는! 보위를 지킬 수가 없었던 거야.
강	나도 이제... 안다.
휘	!
강	그래서... 사랑도 얻을 수 없었지.
휘	!!
강	처음엔 네 여자라 뺏고 싶었다. 이번에는 연이처럼 죽게 만들지 않고... 너한테서 빼앗아... 그 마음... 고스란히 내가 가져가고 싶었다. 그러면 증명이 될 거 같았지. 내가 그럴 만한, 가치 있는 사내라는 거...
휘	...... 형님한테는 이미 형수가 있어!
강	그런 마음으로 혼인을 하고... 혼인을 한 뒤에도 포기를 안 하고... 왕이 되면 그 모든 게 다 내 것이 될 거라고... 원하는 건 다 이루어질 거라고... 그렇게 믿었다.
휘	다시... 돌아오십시오.
강	!
휘	우리 식구로... 내 형으로...

강	......
휘	보위에서는 내려가지만... 국문도 받고 벌도 받을 테지만... 유배형에 그치면... 살 수는 있어. 왕이 아니어도... 식구들은... 형님 곁에 있을 거야.
강	그런 건... 다음 생에 하자꾸나.
휘	형님!
강	아니 다음 생에서는... 애초에 이런 선택을 하지 말아야겠지.
휘	......
강	날 죽여다오.
휘	!
강	치욕의 삶은 나에게 어울리지 않는다. 길고 긴 속죄보다... 목숨으로 갚겠다.
휘	(울컥 오르는) 끝내... 식구들 생각은 하나도 안 하는 거야?
강	......
휘	어마마마한테... 그런 못까지 박고 싶어?
강	...... (보는데)

S#29. 궁 일각 (N)

자현이 대왕대비 심씨와 함께 편전으로 향하고 있다. 장상궁이 나인들, 호위병사들과 함께 따르고 있다.

S#30. 다시 정전 (N)

강, 휘에게 다시 청하는.

강	못하겠느냐?
휘	길고 긴 치욕의 생. 그게 형이 받아야 할 벌입니다. 그냥... 받아들이세요.
강	그래 너는 그런 동생이지... 반듯한 대군... 착하고 맑은 사내...
휘	......
강	허나 너도 알지 않느냐... 나란 형은! 동생을 몇 번이고 죽일 수 있는! 천하의 악한임을! (소리치며 휘에게 칼을 휘두르는!)

반사적으로 받아치는 휘! 강, 계속 공격 들어가고! 휘, 막아내며 부탁하는데!

휘   이러지 마! 하지 말라구!

강, 아랑곳없이 계속 들어오고!

휘   (대치하며) 내 손으로 형을 죽이게 해야겠어!
강   안 하면 네가 죽어!

형제의 대치 계속되고!

S#31. 동 앞 (N)

대왕대비와 자현 도착하는데! 편전에서 들려오는 칼 소리! 여인들, 놀라고! 도정국과 어을운, 누가 먼저랄 것도 없이 뛰어 들어가는데!

정전의 문을 부수고 나오는 강과 휘!

도정국과 어을운, 각자의 주군을 지키기 위해 상대를 베는가 싶은데! 어을운, 달려들어 강을 베고! 어을운이 휘를 공격하는 줄 알고 베어버린 기특!

순간, 정적. 모두가 멎어 있다. 가장 먼저 정적을 깬 사람은... 대왕대비 심씨다.

대왕대비 심씨   ... 강아...

피를 흘리며... 죽어가는 강. 도정국, 강이 어을운의 공격을 받은 이 상황이 이해가 안 되고...

휘   ... 대체 왜! 왜, 왜, 왜!

휘의 비명이 궁을 울리고...

어을운   대군과 싸우게 되면... 대군이 못할 테니 저더러 베어달라 하셨습니다. 전하께서는... 죽을 자리를 찾아 들어오신 것입니다.

강   ...... (웃는 듯 우는 듯하고)
휘   !

인서트) 20씬. 궁 일각. 그 앞 상황의 대화.
편전으로 가는 강. 어을운에게.

강   마지막 자리는... 네가 거두어라.
어을운   전하!
강   휘는 못할 것이다.
어을운   신에게 어찌 그런 명을 내리십니까!
강   생각해보면... 내 사람은 오로지 너뿐이 아니냐.
어을운   ......
강   다른 이의 손에 가기는 싫다. 네가 해다오.
어을운   ......

강을 보면서 절명하는 어을운.

대왕대비 심씨, 강 앞에 주저앉는다!

대왕대비 심씨   ... 강아... 내 아들... 우리 강아...
강   어마...마마...
휘   (도저히 못 보겠다/외면하고/미어지는)

자현, 머뭇거리며 다가온...

대왕대비 심씨   미안하다... 이 어미가... 너를 잘못 키웠다...

강의 눈에 두 여인이 비친다...

강   (웃으며) 내가 사랑한 사람들이... 여기 다 있습니다.
휘   (무너지는) 형님...
강   울지 마라... 동생아...

자현도 울고 있는데...

강   그대도 울지 마시오... 그 누구도... 나를 위해서는 울지 마시오...

모두가 강을 보고 있는데...

강   다 놓으니 이렇게 자유로운 것을... 이렇게 편한 것을...

강, 눈을 뜬 채로 마지막 숨을 놓고.

대왕대비 심씨 강아!
휘   형님!
자현   대군!

자현, 강에게 다가간다. 미워도 했지만... 정인의 형제이며 원수였지만... 그가 자신에 대해 가졌던 마음을 알고 있다. 떨리는 손을 내밀어... 강의 눈을... 가만히 감겨주는.

강   (눈물 흘리며) 다시 태어나면... 사랑받으며 사십시오...

자현의 손길에 눈이 감긴 강... 그렇게... 떠나가고. 남아 있는 사람들...

편전 앞 허공으로 퍼지는 사람들의 울음소리...

S#32. 경복궁 전경 (다음 날 D)

S#33. 연못가 (D)

망연하게 서 있는 휘, 눈물도 말랐다. 다가오는 자현.

자현   궁에는 망자를 둘 수가 없으니... 루시개는 저희 집으로 옮겨 빈소를 마련하겠습니다.
휘   고맙소. 대군의 몸으로... 궁에서는 루시개의 장례조차 치러줄 수

	가 없구려.
자현	고맙다는 말은 당치 않으십니다. 식구나 다름없는 사람인데.
휘	......
자현	... 마마...
휘	대체 용상이 뭐라고...
자현	......
휘	형님은 왜... 식구들 가슴을 이리 찢어가며... 보위를 탐하셨는지...
자현	이해하기 어려운 분이었어요.
휘	(보면)
자현	늘... 슬픈 눈으로 절 바라보곤 하셨지요. 나쁜 사람인데... 왜 저렇게 속으로 울고 있는 것 같은지...
휘	......
자현	뭔가... 제가 잘못한 것 같았습니다.
휘	자책하지 마시오. 당신 잘못이 아니오.
자현	(보면)
휘	왕실에 태어난 것은... 축복이 아니라 비극이었소. 최고의 권좌가 너무 가까이에 있으니... 헛된 욕심이 생기기 쉽고... 가족애보다... 권력욕이 더 커져... 피바람이 분 것이지.
자현	......
휘	... (아픈데)

자현, 휘의 손을 잡아준다. 반정은 끝났지만 많은 사람을 잃었다. 상처가 깊은...
두 연인.

S#34. 안가 전경 (D)

S#35. 안가/나겸의 처소 (D)

안가에 숨어 있는 나겸, 평상복 입었는데... 홍상궁에게 강의 죽음을 전해 듣는다.

나겸	전하께서 승하하셨다구?
홍상궁	... (침통하고)
나겸	(믿을 수 없는) 나한테... 다시 만나자고 하셨는데! 다시 만날 때까지

	몸조심하라고... 그렇게 말씀하셨단 말이다!
홍상궁	...... 궁에 남으실 때... 이미 끝을 생각하신 것 같습니다. 어을운에게... 마지막을 부탁하셨다 합니다.
나겸	어떡하라구! 나는 어쩌라구! (강에게) 어쩌면 그렇게 마지막까지! 내 생각은 단 한 번도 안 하신 것입니까! 전하를 믿고 대업에 몸을 던졌습니다! 책임을 지셔야요! 차라리 같이 죽자 하던가!
홍상궁	마마, 몸을 피하셔야 합니다. 이 집도 곧 들통이 날 것입니다.
나겸	(기가 막히고) 어디로 가란 말이냐! 조선땅 안에! 내 한 몸 붙일 곳이 있기나 한 것이냐?
홍상궁	태중의 아이를 생각하십시오. 사내아이면 십중팔구 죽임을 당합니다.
나겸	! (놀라는)
홍상궁	승평군을 보세요. 전하의 보위에 위협이 되니 수없이 없애려고 하지 않았습니까. 전하의 후사는... 분쟁의 씨앗입니다. 만일 여자아이라면... 천비가 되겠지요.
나겸	... (기가 막히고)
홍상궁	전하는 가셨어도... 마마는 살아야 합니다. 이제 어미로서 자식을 지키셔야지요.
나겸	... (공포가 밀려오는데)

S#36. 경복궁 몽타주 (D)

언제 그런 비극이 있었냐는 듯 깨끗하게 치워진 궁 내부.

- 강이 그토록 탐을 냈던 정전의 용상...
- 비어 있는 강녕전. 주인 없는 용포가 걸려 있고...
- 강이 자현을 기다리던 연못가
- 강이 갇혀 있던 밀궁...

S#37. 편전/혹은 정전 (D)

제자리를 찾은 소년왕이 용상에 앉아 있다. 수렴 뒤에 대왕대비 심씨. 대신들 도 열해 있고 휘도 나와 있다.

대왕대비 심씨	대통을 바로잡고 보위를 되찾은 것은 기쁨이나... 죄 많은 어미인 나는 두 번이나 죽었다 살아난 은성대군에 이어... 진양대군을 눈 앞에서 잃은 참척을 당했습니다. 어리석은 여인의 몸으로 나랏일에 관여하였다가 이 지경을 당했으니... 연치 어리신 주상이 친정할 수 있을 만큼 자랄 때까지는... 은성대군에게 섭정을 맡겨 국사를 돌보게 할까 하오.
심정	하오나 마마... 고래로 대왕대비나 대비가 살아계실 적에 다른 사람이 섭정을 하는 경우는 없사옵니다. 힘드시더라도 마마께서 수렴청정을 하시는 것이 법도에 맞는 일이옵니다.
대왕대비 심씨	근자에 하도 큰일을 많이 당해 일어나 앉아 있을 기력도 없습니다. 주상이 친정을 하려면 10년도 더 있어야 할 텐데... 그때까지 내가 살아 있기나 하겠습니까?

대신들, 조용하고.

대왕대비 심씨	누명을 쓰고 유배를 가면서도 포기하지 않고 진실을 규명하였으며... 목숨을 걸고 이 나라 대통을 바로잡았으니... 왕실에 은성대군만 한 인물이 없습니다. 부디 조카가 자랄 때까지 성심껏 보좌를 했던 주나라 주공의 고사를 본받아... 은성대군도 아름다운 역사를 만들어 후세에 모범이 되기를 바래봅시다.
휘	여러 대신들이 무엇을 걱정하는지 압니다. 어리신 전하의 복위가 염려되어 반정의 기미를 형님께 고했던 신하가 있었고.
심정	(굳고)
휘	보다 강한 조선을 꿈꾸며 대안을 생각했던 대신들이 있었다는 거... 압니다.
정연	......
휘	허나 그 짐은 형님이 다 지고 가셨습니다. 형님의 신하였던 자, 반정을 밀고한 자... 그 모두가 입장은 다르지만 조정을 염려한 우국이라 여기기에... 대왕대비마마와 저는... 더 이상의 희생 없이 과거를 용서하고... 하나 된 조정을 만들려 합니다. (대신들 돌아보고) 도와주십시오.

대신들, 서로 쳐다보며 안도하고 공감한다. 성억과 도정국, 뿌듯하게 휘를 보고.

S#38. 궁 일각 (다른 날 D)

길 떠날 채비를 한 기특, 휘에게 하직 인사를 올린다. 휘, 아직 허락하지 않았다.

휘	가지 마라.
기특	......
휘	너무 많은 죽음과... 원치 않는 이별을 겪었다. 너마저 내 곁에 없으면... 버틸 수가 있겠느냐.
기특	죄송합니다, 마마.
휘	너도 나 없이 힘들지 않느냐! 어디도 가지 마라. 보낼 수 없다.
기특	마마를 보고 있으면... 자꾸 루시개 생각이 나요.
휘	! (굳고)
기특	지켜주지 못한 제가... 미워져요.
휘	...... (울컥 올라오는) 나를... 이리 벌주는 것이냐?
기특	그냥... 제가 버틸 수 없어서 가는 거예요.
휘	기특아...
기특	용서하세요. 지금은 마마에 대한 충심보다... 루시개에 대한 회한이 더 커서... 마마를 잘 모실 수가 없습니다. 아씨를 보는 일도 힘들어요.
휘	... (이해는 가지만/아픈데)
기특	세월이 지나 그리움을 잘 누르고... 아픔이 작아져서... 마마를 다시 잘 모실 수 있게 되면... 그때 돌아오겠습니다.
휘	... 약속하거라.
기특	......
휘	반드시 돌아오겠다고. 이게... 끝은 아니라고.
기특	......

S#39. 자현의 집 앞 (다른 날 D)

자현이 휘를 마중 나와 있다. 혼례는 올리지 않겠다는 자현.

휘	날더러 그냥 처가에 들어와 살라는 말이오?
자현	더 이상의 혼례식도 싫고 궁가도 싫습니다.

휘	......
자현	혼례복을 입으면... 사람들이 죽고 마마가 누명을 썼던 그날이 생각날 거 같고... 신혼집으로 받은 궁가는... 진양대군 생각이 나서 우울할 거 같고.
휘	......
자현	첫날밤도 치른 사이에 다시 혼례를 치르는 것도 이상하잖아요.
휘	(당황하며/주변 살피는) 아니 이 사람이 대낮에 못하는 소리가 없네...
자현	제가 궁에 들어가서 살 수도 없으니... 마마가 그냥 나오세요. 맘고생했던 저희 부모님께 효도도 하고 싶습니다.
휘	......
자현	저하구 떨어져 있는 게 좋으시면... 뭐 계속 궁에서 혼자 사시던가요.

휘, 자현의 손을 덥석 잡고 안으로 들어간다.

S#40. 동/안방 (D)

성억 부부에게 나란히 큰절 올리는 휘와 자현. 회한 어린 눈길로, 두 사람 바라보는 성억 부부. 휘와 자현, 절 마치고 앉으면.

성억	처가살이가 불편하진 않으실지...
안씨	불편해도 어쩌겠어요. 그동안 우리 딸 고생시킨 게 얼만데. 이 정도 편의는 봐줘야지.
성억	(나무라는) 어허, 부인!
안씨	제가 뭐 틀린 말 했나요?
자현	(그만하라고) 어머니...
휘	평생... 갚으며 살겠습니다.
안씨	......
휘	그간 두 분께 끼쳐드린 심려가 얼마나 큰지... 모르지 않습니다.
자현	(보면)
휘	두 분 그늘에서... 서로 아끼며 다복하게 사는 모습으로... 효도할 기회를 주십시오.
안씨	두고 보겠습니다?

| 자현 | 어머니, 자꾸 까칠하게 이러시면 우리 나가 살 거예요! |
| 안씨 | 아쉬운 게 누군데! |

성억과 휘, 모녀의 실랑이에 웃고.

S#41. 자현의 집/사랑 (D)

자현, 휘에게 방 하나 보여준다.

자현	여기가 마마의 처소로 준비한 방입니다. 궁처럼 넓지는 않지만... 그래도 깨끗하죠?
휘	(둘러보며) 좋긴 한데... 난 뭐 여기서 지낼 건 아니라서.
자현	? 처소를 안 쓰시면... 어디 계시려구요?
휘	당신 방.
자현	... (확 달아오르고) 아니 뭐... 서로 오가기야 하겠지만... 부부가 각방을 쓰는 게 반가의 법도고...
휘	우리가 그동안 떨어져 있었던 세월이 얼만데! 이제부터는 한시도 떨어지지 않고, 빈틈없이 붙어 있을 거요. 앞으로 내 인생에, 각방은 없소.
자현	식구들이 흉봐요.
휘	보라지. 우리가 어디 그런 거 무서워하는 사람들이오?
자현	섭정의 중책을 맡으셨는데... 저하구 한시도 안 떨어지면, 나랏일은 언제 보실 건데요?
휘	아... (미처 생각 못했다는)
자현	앞으로는 지킬 수 있는 약속만 하세요.
휘	... 섭정이 끝나면 조정에서 물러 나와 초야에 묻힐 것이오. 그때부터는 당신만을 위해 살리다.
자현	저는 괜찮습니다. 당연히 해야 할 일을 하시는 건데. 섭정이 끝난다 해도... 절 위해 사실 필요는 없어요. 마마가 행복한 길을 가세요. 그 곁에 제가 있을 거니까.
휘	... (미소로 보고)

S#42. 경복궁 외경 (D) - 10년 후

S#43. 편전 (D)

청년이 된 소년왕이 노기를 띤 채 용상에 앉아 있다. 노신이 된 성억과 심정 보이고. 새로 발탁된 젊은 신하들이 즐비한 가운데 섭정 중인 휘가 보인다.

청년왕	10년이면 오래 참았습니다. 언제까지 밑도 끝도 없는 여진족의 요구를 들어줘야 한단 말입니까!
성억	전하... 여진족과의 통상은 오래전 잠시 보위에 있던 진양대군이 잘못된 협약을 하고 사신을 베어 외교적 문제가 있었던 것을 무마하느라 계속 해온 것이옵니다.
청년왕	해서 우리가 얻은 게 무엇입니까. 양국의 무역에서 보다 큰 이익을 얻는 것은 우리가 아니라 저들입니다! 헌데 고마워하지는 못할망정! 해마다 요구가 더 늘어나지 않습니까!
휘	허면, 정벌이라도 하시지요.
심정	(말리는) 대군!
휘	10년 전, 저들의 도발을 막기 위해 재협상을 한 건 신입니다. 양국의 교역이 불공정하다 생각되시면 교린정책을 폐하고 강경하게 나가소서.
청년왕	(불쾌한) 숙부님께서는... 과인이 아직 어리고 군사 경험이 없어 미숙한 점을 꼬집어주시는 겁니까?
휘	망설이기만 하면 경험은 쌓이지 않습니다. 결단을 내리세요. 정벌이 필요하면, 하는 겁니다.
청년왕	...... (숙부의 진의를 알아내고자 시선 주는데)
휘	(담담하고)

S#44. 동 앞 (D)

대신들이 나온다. 휘를 걱정하는 성억.

성억	전하께서 왜 저러시는지 모르겠습니다. 올 들어 유난히 대군의 의견에 어깃장을 놓으시니... 저러다 결국 대군의 뜻에 따를 거면

서... 신하들 앞에서 굳이 반목하는 모습을 보이실 게 뭔지...

휘   (싱긋 웃는)

성억   지금 웃음이 나오십니까...

휘   아버님! 이제 때가 된 것 같습니다.

성억   (보면)

휘   그토록 쉬고 싶다 노래를 부르지 않으셨습니까. 곧 아버님의 소망
       이 이루어지지 않을까 싶습니다.

성억   ......

S#45. 대왕대비전 (D)

대왕대비 심씨와 대비 김씨가 앉아 있다. 섭정을 그만두겠다는 뜻을 밝힌 휘.

대비 김씨   아니 됩니다. 주상은 아직 숙부의 도움이 필요합니다. 이제 겨우
          국정이 안정되었는데... 주상의 곁을 떠나시면 다시 어지러운 세
          월이 될까 두렵습니다.

휘   전하께서는 선대왕의 어진 성정과 진양 형님의 강건함을 두루 갖
          추셨습니다. 내정뿐 아니라 외교적인 문제에도 나름의 식견으로
          판단을 내리시니... 더 이상은 섭정의 보좌가 필요치 않습니다.

대왕대비 심씨 네가 떠나면... 어린 주상이 노신들에게 휘둘리지 않겠느냐. 아무
          리 똑똑해도... 경륜은 속일 수가 없다.

휘   영상을 꺾으면서 시작하는 겁니다.

두 여인, 놀라서 보고.

대왕대비 심씨 영상을?

휘   섭정을 하던 숙부의 장인, 현 조정의 가장 강력한 실세를 잘라내
          면서 친정을 시작하면... 그 어떤 신하도 어리다는 이유로 전하를
          가벼이 보지 못할 것입니다.

대왕대비 심씨 ... (묘수이긴 한데) 영상이 순순히 물러나겠느냐?

휘   저한테 사직을 허해달라 청하신 게 열두 번은 됩니다. 전하를 위
          한 오욕은 감수해주실 겁니다.

대비 김씨   허면 주상이 가례를 올릴 때까지만이라도 기다려주십시오.

대왕대비 심씨	그게 좋겠다. 중궁이 세워지면... 그때부터 친정을 시작하시게 하자꾸나.
휘	...... (그것까지 거절은 못하겠고)

S#46. 강녕전 (다른 날 D)

청년왕과 마주 앉은 휘. 둘만 있을 때는 격의 없는 사이다.

청년왕	(근심스런) 영상을 파직하라니... 너무 세게 가는 거 아닙니까?
휘	그 정도는 해야 대 센 신하들 휘어잡고 국정을 보실 게 아닙니까.
청년왕	(한숨 쉬고) 그냥 숙부님이 계속 계셔주시면 안 됩니까?
휘	제가 왕입니까? 전하가 왕이지...
청년왕	대체 조정을 떠나서 뭐하시게요?
휘	신은 전하와 달리 어여쁜 부인이 있어서... 집에 가도 할 일이 아주 많습니다.
청년왕	(또 한숨)
휘	걱정 마십시오. 간택령을 내렸으니 전하께서도 곧 중전을 맞이하실 수 있을 겁니다.
청년왕	숙부님께서는 숙모님을 직접 고르셨다면서요.
휘	뭐 엄밀히 말하면... 그쪽에서 먼저 절 고른 거 같기도 하고... 그게 좀 애매한데...
청년왕	저도 신부는 제가 고르고 싶습니다.
휘	!
청년왕	안 됩니까?
휘	... (기분 묘하다) 참 이상한 게...
청년왕	(보면)
휘	전하는 어쩜 이렇게 우리 3형제를 골고루도 닮으셨는지...
청년왕	?

S#47. 길 (다른 날 D)

기특이 오고 있다.

S#48. 자현의 집 앞 (D)

손님들이 들어가는. 잔치가 열렸다.

S#49. 동 안 (D)

득식의 과거 급제를 축하하는 연회다. 성억과 득식이 자리를 돌며 손님들에게 인사하고. 자현, 머리 올린 끝단과 함께 손님상 오가며 접대하고 음식 나르고 있다.

끝단이 주목해서 보던 득식, 기회를 봐서 따라잡는다.

득식	배신자!
끝단	(어이가 없는) 제가 뭘 그렇게 배신을 했어요?
득식	내가 진양대군한테 받은 벼슬이 찝찝해서 사직하구 과거에 도전을 했으면 진득하게 기다릴 일이지, 그새를 못 참고 시집을 가?
끝단	도련님은 양반! 나는 하녀! 어차피 이뤄질 사이가 아닌데 뭘 기다려요!
득식	날 믿었어야지! 자현이는 정인이 죽었대두 기다리는데 넌 눈앞에 빤히 보이는 살아 있는 사람도 못 기다리니?
끝단	3년은 기다렸잖아요! 무슨 과거 급제를 10년 만에 해요!
득식	10년 만에두 못하는 사람 허다하거든!
끝단	장하십니다! 그러니까 이제 장가나 가세요!
득식	책임져! 내가 이 나이 때까지 이러구 있는 건 다 끝단이 너 때문이야!
끝단	책임을 어뜨케 질까요? 제가 뭐 이혼이라두 해요?
득식	...... (그건 아니다)
끝단	하여간 예나 지금이나 결정적일 때 비겁하시다니까.
득식	배신자!
끝단	비겁자!

S#50. 자현의 집 앞 (D)

입성이 허름한 소녀 하나가 서 있다. 눈 밑에 점이 있는 열 살 남짓의 소녀인데...

손에는 노란 노리개를 들었다. 자현이 나겸의 혼인 선물로 준 노리개와 똑같은데... 안으로 들어가지 못하고 계단 아래서 서성이는 소녀. 대문이 열리고... 안에서 먹을 걸 손에 쥔 어린 남매 정이(여)와 윤이(남)가 나온다. 소녀를 발견하고 다가가는 남매. 소녀보다 어리다.

정이	누구?
소녀	(입 꾹 다물고)
윤이	들어와! 오늘은 잔칫날이라서 누구든지 우리 집에 올 수 있어.
정이	그래 그래. 아무나 와도 돼. 먹을 것도 되게 많아~
윤이	(선뜻 손에 쥔 거 주면서) 이거 먹을래?
소녀	...... (배는 고픈데/받지도 못하겠고)

세 아이에게 다가오는 그림자. 기특이다. 앉아서 아이들과 눈높이 맞추며.

기특	말씀 좀 묻겠습니다.
정이	물어보세요.
기특	이 댁이 성억 대감 댁입니까? 은성대군과 자현 아씨 사시는.
윤이	어? 우리 아버지랑 어머니를 아세요?
소녀	(쫑긋하는)
기특	(웃다가/소녀의 다른 입성에) 아기씨도 이 댁 자녀분이십니까?
소녀	저는 숙모님을 찾아왔습니다.
기특	숙모님이요?
소녀	이 집에 숙모님이 사신다 하셨어요.

남매, 호기심으로 보고. 기특, 소녀의 얼굴을 본다... 나겸의 딸이구나... 직감하는데...

S#51. 길 (D)

초요경과 애랑이 오고 있다. 자현네 집 연회에 불려 가는 길인데... 평복을 입은 초라한 몰골의 한 여자가 지나간다. 멎어서 서는 초요경, 돌아보는. 나겸이다.

애랑	왜 그러세요? 누구, 아는 사람이에요?

초요경	...... 내 오랜 복수가 완성되었구나...
애랑	?
초요경	(돌아서는)

힘없이 걸어가는 나검, 밭은기침을 하고. 인생무상 느끼며 가는 초요경.

애랑	그게 무슨 말이래요?
초요경	인생이 허무하고 또 허무하니... 영욕이 치욕 되는 게 한순간이라...
애랑	그래서 면천 기회도 날리신 거예요? 난 반정 끝나면 기생 노릇은 안 하실 줄 알았는데...
초요경	상 받을 자격이 있어야지. 벌을 면한 것이 어디냐.
애랑	......
초요경	더 이상 귀해지려는 노력을 안 해도... 내가 기녀든 무엇이든 간에... 귀한 사람이라는 것도 알았고.
애랑	... (무슨 말인지)

S#52. 자현의 처소 (D)

휘와 자현 부부 앞에 앉은 소녀. 자현에게 노리개를 보여준다. 자현, 노리개 알아보고.

자현	그거... 어디서 났니?
소녀	어머니가 주셨어요. 친한 동무가 준 거라고.
자현	!
휘	... 이름이 무엇이냐?
소녀	... 소화. 소화예요. 이소화.
자현	작은 꽃... 어여쁜 이름이구나...
휘	이 집까지는 어떻게 왔느냐?
소화	어머니가 데려다주셨어요.
자현	!
소화	두 분이 정말... 제 숙부님, 숙모님 되세요?

자현, 다급히 뛰쳐나가는.

휘   부인!

S#53. 자현의 집 앞 (D)

대문 밖으로 뛰어 나오는 자현. 사방을 둘러보며 나겸을 찾는다. 어디에도 나겸은 없는데...

S#54. 자현의 집/마당 (D)

잔칫상 받아먹고 있는 기특. 오래 주린 듯 열심히 먹는다. 다가와 맞은편에 앉는 휘. 기특이 반갑고 그립고... 밉고...

휘   죽은 줄 알았다.
기특   세상은 넓구 갈 데는 많더라구요.
휘   십 년이다, 십 년! 적어도 일 년에 한 번은 연통을 해야 할 게 아니냐!
기특   밥 먹는데 자꾸 이러심 소화 안 되는데... 저 도루 가요?
휘   아직두 겁박이냐?
기특   ... (다시 먹기 시작하려는데)
휘   ... 이제... 다 잊은 것이냐?
기특   ... (멎었다가) 마마는 잊으셨습니까?
휘   슬픔은 가라앉았으나... 잊혀지진 않더구나. 루시개가... 준이가... 덕만이가... 호치가...
기특   ......
휘   아직도 눈에 선해.
기특   ... 마마를 보니까 좋네요.
휘   이제 나를 봐도... 아프지 않으냐?
기특   예. 이제는 아픔 없이... 마마를 다시 뫼실 수 있을 것 같아서요... 그래서 돌아왔습니다.
휘   ......

S#55. 강의 묘 (D)

무덤 앞에 바쳐지는 들꽃 다발. 나겸이 왔다.

나겸	우리 소화를... 자현이한테 보냈습니다. ... 저보다... 잘 키워주겠지요. ... 거기서는 어떠십니까? 원하시던 왕 노릇, 제대로 하고 계십니까? 아니면... 거기서도 외로워... 이승만 바라보고 지내시는지요... (보다가 괴로운 기침하고) 이제쯤은 저도... 데려가실 때가 되지 않았습니까... (사이) 보고 싶습니다... 그립습니다... 전하...

나겸이 놓은 들꽃 다발이 시들어가는데...

S#56. 동 (다른 날 D)

시들어 있는 들꽃. 자현이 시든 꽃다발 치우다 문득 멎는. 이걸 누가 갖다 놓았을까... 철없이 무덤 주변을 뛰어다니는 어린 남매, 정이와 윤이.

소화, 휘를 보면. 절하라고 지켜봐 주는 휘. 소화, 무덤 앞에 절을 한다.

휘	(무덤의 강에게) 형님, 소화가 왔습니다. 형수님을 닮아 어여쁩니다. 형님을 닮아 씩씩하구요.

절을 마치는 소화.

자현	(다가와서) 저희 딸로... 잘 키우겠습니다. 사랑을... 많이 주면서요...

잠시 말 없는 휘와 자현.

소화	아버지는 어떤 분이셨습니까?
자현	... (머뭇대면)
휘	형제들 가운데 가장 잘생기고 용맹한 분이셨다.
소화	......
자현	앞으로 네가 커가면서... 더 많은 것들을 이해할 때가 오면... 작은아버지께서... 아버지 이야기를 많이 해주실 거야.
소화	(휘를 보면)

소화의 머리를 쓰다듬어주는 휘.

S#57. 자현의 집 앞 (D)

휘와 자현 부부가 정이, 윤이 남매, 조카 소화를 데리고 귀가하는데... 대문 앞에 소녀 하나가 기다리고 서 있다. 자현의 외사촌 동생, 단비다.

단비   (자현 보고) 언니! (달려오는)
자현   단비 왔어?
소화   (누구냐고 휘를 보면)
휘   숙모 외사촌 동생. 숙모에게 그림 배우러 자주 온단다. 소화보다
          위이니 언니 동생으로 지내면 되겠다.

이모... 부르며 단비에게 달려가는 정이, 윤이 남매! 소화, 친해 보이는 그들을 보는데...

S#58. 자현의 처소 (D)

자현 앞에 앉은 소녀 단비.

자현   중전 간택후보에서 빼달라고?
단비   예! 저는 중전마마 되기 싫어요. 부모님께 왕실로 시집가는 거 정
          말 싫다고 단식농성까지 해봤지만 전혀 들은 척도 안 하셔서... 부
          득이하게 언니를 찾아왔습니다.
자현   중전 간택은 대비전에서 알아서 하실 일이라... 내가 관여할 일은
          아니야.
단비   그럼 떨어지는 방법이라도 알려주세요.
자현   중전 되기가 왜 그리 싫은데? 전하는 영명하고 강건하신 분이야.
          인물도 어디 안 빠지고.
단비   반가의 여식 노릇도 체질에 안 맞아 몸살이 날 지경인데... 하물며
          왕실이라니요... 중전이라니요... 왕실에서도 저 같은 며느리는 안
          보시는 게 이득입니다.

자현, 왠지 옛날의 자신을 보는 것 같고...

자현	우리 집안 피가 어디 가나...
단비	?
자현	...... 넌 왜 사촌끼리 날 닮고 그러니...
단비	(이해가 안 가는) 제가요?

S#59. 궁 일각 (다른 날 D)

청년왕이 휘를 조르고 있다. 나름 위엄을 보이던 편전에서의 모습과 달리 어리광 장착.

청년왕	숙부니임~
휘	몇 번을 말씀드립니까... 간택은 내명부의 일입니다. 떼를 쓰실 거면, 어마마마나 할마마마한테 가셔야지요.
청년왕	그분들은 말이 안 통하잖아요... 숙부님 정도는 돼야 제 심정을 알아주시고...
휘	만만하다는 뜻으로 들립니다.
청년왕	(애원 모드 버리고 반항 모드로) 숙부님은 간택 같은 거 없이 바로 숙모님 만나셨잖아요! 얼굴도 모르고 하는 혼인은 싫으셨다면서요! 근데 왜 절 이해해주지 않으십니까?
휘	저는 대군이었고! 전하는 왕이십니다. 이 나라 조선의 왕!
청년왕	그래서 제가 뭐 저잣거리에 나가 아무나 만난대요? 조정의 일은 다 집어치우고 연애나 한대요? 아니잖아요! 그냥 간택된 처자들 얼굴이나 한번 보고 최종 선택은 제가 하고 싶다구요... 이게 그렇게 큰 욕심입니까, 예?
휘	대체 어떤 처자하구 혼인을 하구 싶으신 건데요?
청년왕	일단 어마마마 취향하구는 전혀 안 맞구요, 저는 같이 말도 타고 사냥도 나갈 수 있는, 씩씩한 처자였음 좋겠습니다.
휘	...... (옛날 생각나고)

S#60. 자현의 집 앞 (다른 날 D)

곱게 단장한 어린 소녀들이 몇 명 들어온다. 문가에서 맞이하는 자현. 장상궁도 오는데... 서로 인사 나누는 두 사람.

자현	앞으로 잘 좀 부탁드립니다.
장상궁	(자신만만한) 걱정 마십시오. 루시개 같은 아이도 제 앞에서는 꼼짝을 못했습니다. 아무리 천방지축이라 하나 반가의 소저쯤이야... (문제없다는)
자현	장상궁만 믿겠습니다.

S#61. 자현의 처소 (D)

장상궁이 와서 초간택 후보들의 신부수업을 시키고 있다. 진지하게 시범 보이는 장상궁.

장상궁	앉을 때는 꽃잎이 바닥에 내려앉듯 살포시... 양 무릎을 바닥에 대고.

따라 하는 소녀들. 단비만 혼자 뒤로 꽈당! 넘어가는. 소녀들, 까르르 넘어가는데...

다가간 장상궁, 단비를 일으켜 앉힌다.

장상궁	초간택을 받으신 광영된 처자의 몸가짐이 이게 뭡니까? 천방지축 행랑 하녀도 이보다는 낫겠습니다.
단비	그러니까 마마님께서 윗전에 좀 고해주십시오. 단비라는 처자는 중전 자리에 정말 아닌 것 같다고. 왕실 말아먹을 애라고...
장상궁	! 그러니까 연습을 하세요, 연습을! 지레 포기하지 마시고!

신부수업은 재개되는데...

S#62. 동 앞/일각 (D)

휘가 미복한 청년왕에게 신신당부를 하고 있다.

휘	정말 보기만 하시는 겁니다. 사고 치시면, 큰일 납니다?
청년왕	숙부님, 걱정하지 마십시오! 미복잠행이 어디 한두 번인가요?

휘   ... (믿을 수가 없는데)

청년왕   ... (기대에 차 있고)

S#63. 다시 자현의 처소/동 앞 (D)

장상궁의 신부수업 진행 중이다. 일각에 미복한 청년왕 이명이 숨어서 처자들을 훔쳐보고 있는데....

신부수업에 관심 없는 단비, 하품을 쩍 하다가 숨어서 보던 청년왕 발견하고. 황급하게 몸을 숨기는 청년왕. 단비, 수상쩍은 기색에 따라가 보는데...

청년왕과 맞닥뜨리는 단비! 깜짝 놀라 비명을 지르는데! 당황한 청년왕, 비명을 막으려고 단비의 입을 막았다가 반사적으로 그 팔을 제압하는 단비의 방어에 당해 고통의 비명을 지른다! 으아악! 사내의 비명에 신부수업은 중단되고! 이목이 동시에 쏠리는데!

단비   어디 할 짓이 없어서 처자들을 훔쳐봐요?! 어디 사는 누구세요?! 아주 그냥 톡톡히 망신을 주구 말지, 내가!

청년왕, 에라 모르겠다! 도망가고! 거기 안 서! 야무지게 쫓아가는 단비!

장상궁, 단비의 패기에 고개를 절레절레...

S#64. 산 일각 (다른 날 D)

풍경이 아름다운 일각에 자리를 잡고 산수화 그리고 있는 휘와 자현. 깔끔한 휘와 달리 여전히 여기저기 먹칠한 채 그리고 있는 자현.

휘   (물끄러미 보는)

자현   왜요? 뭐 묻었어요?

휘   (끄덕이는)

자현   (포기하는) 저 보지 마시구 그냥 서방님 그림이나 그리세요.

휘   좋다...

자현	제가 꼴 더러운 게요?
휘	(웃으며) 이렇게 날 좋은데 나와서 같이 그림 그리는 거...
자현	그러게요, 이게 얼마 만인지...
휘	앞으로는 매일도 나올 수 있소.
자현	(안 믿는) 맨날 말로는 하늘의 별도 따다 준다지...
휘	내가 이제 섭정도 관두고 그래서 시간이 많다니까?
자현	... 섭정이야 관두신다구 해두... 전하께서 밤낮으로 불러대실걸요?
휘	그래서 말인데... 이참에 도성을 떠나 시골로 들어가는 건 어떻소?
자현	떠날 수 있으세요?
휘	대군으로서 왕실의 의무는 다한 듯하오. 남은 여생은... 당신과 약속한 대로 보내고 싶소. 함께 그림 그리고... 소풍 나가서 술도 마시고...
자현	(웃으며) 또 뭐 하기로 했더라?
휘	...... 기다려주어 고맙소.
자현	바닷가도 좋을 거 같아요. 물고기도 낚으러 다니고.
휘	...... (생각하니 벅차고) 애들도 좋아할까?
자현	우리 애들은 바쁜 아버지가 같이 있어만 준다면, 어디 산골 오두막이라도 좋다 할걸요?
휘	당신도?
자현	... (보는)

자현, 대답 대신 휘에게 입 맞춘다. 휘, 붓 잡은 손으로 자현 안다가 자현 몸에 붓질 거하게 하게 되고!

자현	어? (울상 되는)
휘	(당황해서) 미... 미안. 미안하오. 일부러 그런 것이 아니오!

자현, 각오했다. 붓에 먹 듬뿍 찍어 휘에게 달려드는데! 휘, 냅다 도망가고! 휘를 쫓아 달려가는 자현! 웃으며 도망가는 휘! 두 사람의 행복한 얼굴에서 엔딩!

대군, 사랑을 그리다 2

초판 1쇄 인쇄 2019년 2월 25일
초판 1쇄 발행 2019년 3월 5일

지은이 조현경
발행인 박효상
총괄이사 이종선
편집장 김현
기획·편집 김설아 김효정 신은실
교정 김정연
디자인 이연진 김성엽
마케팅 이태호 이전희
관리 김태옥

종이 월드페이퍼 **인쇄·제본** 현문자현
출판등록 제10-1835호
발행처 사람in
주소 04034 서울시 마포구 양화로11길 14-10(서교동) 3F
전화 02) 338-3555(代) **팩스** 02) 338-3545
E-mail saramin@netsgo.com
Homepage www.saramin.com

:: 왼쪽주머니는 사람in의 임프린트입니다.
:: 책값은 뒤표지에 있습니다.
:: 파본은 바꾸어 드립니다.

ISBN 978-89-6049-753-5(04680)
    978-89-6049-751-1(세트)